长刀之夜

从魏玛共和国
到第三帝国

The Death of Democracy:
Hitler's Rise to Power and the Downfall of
the Weimar Republic

〔美〕本杰明·卡特·赫特　著

舒云亮　译　——————

上海三联书店

雅众文化 出品

献给所有为自由、人权、民主、和平
与宽容而战的人。

王要回答说："我实在告诉你们，这些事你们既作在我这
弟兄中一个最小的身上，就是作在我身上了。"

——《马太福音》25:40

一位自由派的亲王：
马克斯·冯·巴登亲王看上去
一副无动于衷的样子。

政权更迭：革命战士驱车驶过勃兰登堡门，1918 年 11 月。

"洛迦诺精神"：德国外交部长古斯塔夫·施特雷泽曼（左）会见英国外交大臣奥斯丁·张伯伦（中）和法国外交部长阿里斯蒂德·白里安。

来自另一个时代的人：1925 年，保罗·冯·兴登堡陆军元帅在 77 岁高龄当选为德国总统。

"血腥五月"：柏林新克尔恩区街道上的路障，1929 年 5 月。

他"缺乏在极度裂变和政治化的时期所急需的天分和魅力"：在 1930 年到 1932 年间担任总理的天主教保守领导人海因里希·布吕宁。

"别再相信他了，他说的是实话"：1931 年 5 月 8 日，在伊甸舞宫的审讯期间，面对汉斯·利滕的质问，阿道夫·希特勒显得十分紧张。

"重要的是，媒体能够谈论我们"：1930年前后，如日中天的纳粹党宣传负责人约瑟夫·戈培尔。

"反资本主义的渴望"：1930年前后，格雷戈尔·施特拉塞尔是纳粹的政治战略家和最负盛名的发言人。

"德国的自主经济"：当"铁锋"的社会民主党人（左）遇上纳粹冲锋队员（右）的时候，讽刺杂志《简易》（Simplicissimus）把政治暴力与经济政策联系起来，图片下方的说明文字是："1914年以来的成就！在战争中德国人现在是完全独立于外国了。"

"我们的战役是通过海报来进行的":选民观看竞选战役的广告,1930 年。

即使是张贴传单,也要讲究秩序:像这样张贴了广告和竞选海报的"利特法斯圆筒",点缀了德国许多大城市的街景。

"万字饰帝国的工人":1932 年,由艺术家卡尔·盖斯绘制的社会民主党的竞选海报,显示了德国刻印艺术的较高水平。

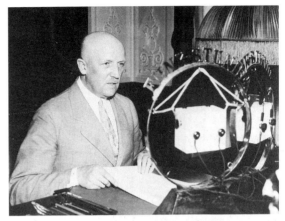

"社会将军"：
幕后阴谋大师库尔特·冯·施莱谢尔终于被迫亲自出任总理。这是1932年12月15日他在发表政府宣言的广播讲话。

"我们雇用了他"：
1933年1月31日，也就是当政的第二天，阿道夫·希特勒和他的副总理弗朗茨·冯·巴本在一起。

外交活动：
希特勒未来的外交部长约阿希姆·冯·里宾特洛甫（左）和法国大使安德烈·弗朗索瓦-庞塞，与他们的夫人一起出席音乐会。

"残酷的、危险的信号"：当上总理后不久，希特勒在柏林体育宫讲话。

德国民主的最后一个晚上：
1933 年 2 月 27 日国会火灾。

象征性的伙伴关系：1933年5月1日，兴登堡和希特勒出席德国劳动节庆祝。

"他的行为举止需要经常训导"：
20世纪20年代的右翼政治活动
家，埃德加·尤里乌斯·荣，大
约在那个时候，他把民主称作
"下等人的统治"。

内部抵抗的设计师：
1934年，冯·巴本的情报顾问，
弗里茨·君特·冯·切尔希奇。

目 录

主要人物表

（按原文姓氏字母顺序排列）

马克斯·冯·巴登亲王

Prince Max von Baden, 1867—1929

巴登大公的继承人，1918 年 10 月至 11 月任德意志帝国宰相。

马克斯·鲍尔

Max Bauer, 1869—1929

上校、炮兵专家，"一战"之前和"一战"期间的参谋军官。埃里希·鲁登道夫上将的政治和经济顾问。鲍尔在 1919 年初首先提出了"背后捅刀"的神话。

赫伯特·冯·博泽

Herbert von Bose, 1893—1934

情报官和保守主义活动家，1933 年至 1934 年担任副总理巴本的新闻秘书。

奥托·布劳恩

Otto Braun, 1872—1955

社会民主党人士，1920 年至 1932 年的大部分时间担任普鲁士州总理，此后到 1933 年初，他的权力受到了很大限制。

阿里斯蒂德·白里安

Aristide Briand，1862—1932

　　法国政治家，多次出任总理，1925 年至 1932 年任外交部长。
与古斯塔夫·施特雷泽曼一起致力于和平以及法德修好。

海因里希·布吕宁

Heinrich Brüning，1885—1970

　　魏玛共和国天主教中央党的领导人之一，也是共和国最重要的
政治家之一。1930 年 3 月至 1932 年 5 月间担任总理。

鲁道夫·迪尔斯

Rudolf Diels，1900—1957

　　普鲁士州官员，1931 年加入普鲁士州内政部警察局，报告共
产党的暴力活动。1932 年，他先是效力于巴本，后转而效力
于纳粹。被任命为普鲁士州秘密警察头子，该组织后来演变为
盖世太保。1934 年春天，他被排挤出局。

弗里德里希·艾伯特

Friedrich Ebert，1871—1925

　　第一次世界大战期间社会民主党领导人，1918 年德国革命
（十一月革命）之后的政府首任领导人，1919 年至 1925 年任
魏玛共和国总统。

安德烈·弗朗索瓦-庞塞

André François-Poncet，1887—1978

　　1931 年至 1938 年法国驻德国大使。

威廉·弗利克

Wilhelm Frick, 1877—1946

纳粹早期活动家之一，1933 年至 1934 年担任希特勒手下的内政部长。

约瑟夫·戈培尔

Joseph Goebbels, 1896—1945

1926 年至 1945 年柏林的纳粹党头目。1930 年起负责纳粹党的宣传工作，1933 年起担任民众启蒙和宣传部长。戈培尔极具演说天赋，是希特勒小圈子里最聪明的人之一，据说也是希特勒认为唯一能在交谈时让他感觉刺激的人。

赫尔曼·戈林

Hermann Göring, 1893—1946

希特勒早期的追随者之一，也是纳粹小圈子内的人物之一。1932 年担任国民议会发言人，1933 年担任德国的"不管部长"和普鲁士州内政部长。

威廉·格勒纳

Wilhelm Groener, 1867—1939

第一次世界大战期间担任参谋军官，1918 年接替埃里希·鲁登道夫担任德军后勤部长。1928 年至 1932 年担任国防部长，其中 1931 年至 1932 年兼任内政部长。库尔特·冯·施莱谢尔是他的得意门生。

弗朗茨·居特纳

Franz Gürtner，1881—1941

> 巴伐利亚政治家、德意志民族人民党党员，1932 年至 1933 年在弗朗茨·冯·巴本和库尔特·冯·施莱谢尔的内阁中担任司法部长，后在希特勒手下工作至 1941 年。

库尔特·冯·汉默斯坦-埃克沃德

Kurt von Hammerstein-Equord，1878—1943

> 高级军官，1930 年至 1934 年担任德国陆军总司令。他是反纳粹的军人，最后被撤职。

康拉德·海登

Konrad Heiden，1901—1966

> 社会民主党记者，1933 年后在法国和美国流亡，撰写了第一部关于希特勒的重要传记。

沃尔夫-海因里希·冯·赫尔道夫伯爵

Wolf-Heinrich Count von Helldorff，1896—1944

> 萨克森家族的贵族子弟，1931 年担任柏林冲锋队长，后任纳粹党辖下波茨坦警察局长（1933—1935）和柏林警察局长（1935—1944）。从 1938 年起倾向于抵抗，1944 年瓦尔基里阴谋失败后遭处决。

海因里希·希姆莱

Heinrich Himmler，1900—1945

> 1929 年起任党卫队指挥官，彼时党卫队只是规模较大的冲锋

队内部的一个承担保卫工作的小团体，后来希姆莱将党卫队发展成为纳粹德国最强大的组织，最终渗入所有的警察和安全机构、一些武装部队和一些重要的经济机构之中。

奥斯卡·冯·兴登堡

Oskar von Hindenburg，1883—1960

陆军军官，是陆军元帅及德国总统保罗·冯·兴登堡的儿子。奥斯卡是库尔特·冯·施莱谢尔的朋友和战友，也是他父亲在魏玛共和国最后几年里最有影响力的顾问之一。由于其教育和智力的局限，他被圈内人士称作"宪法没有预料到的儿子"。

保罗·冯·兴登堡

Paul von Hindenburg，1847—1934

职业军官，1911 年退休，但在第一次世界大战爆发后再次应召入伍。因 1914 年的坦能堡战役大捷使东普鲁士免受俄国入侵而声名卓著。1916 年至 1919 年间担任德军总司令。1925 年当选为德国总统，1932 年再次当选。1933 年 1 月任命希特勒为德国总理。

阿道夫·希特勒

Adolf Hitler，1889—1945

1920 年至 1945 年间的民族社会主义德国工人党领袖。1923 年在慕尼黑发动啤酒馆暴动。《我的奋斗》（*Mein Kampf*）的作者。1933 年起担任德国总理，1934 年至 1945 年担任"总理和元首"。

阿尔弗雷德·胡根堡

Alfred Hugenberg，1865—1951

　　企业家、媒体大亨，1928 年后成为右翼德意志民族人民党的领
袖。1933 年在希特勒的内阁短时间地担任过官员。

埃德加·尤里乌斯·荣

Edgar Julius Jung，1894—1934

　　右翼"青年保守主义"知识分子和政治活动家，以 1927 年的
批评民主的《下等人的统治》（*The Rule of Inferiors*）一书而出名。
1933 年至 1934 年间，他负责为弗朗茨·冯·巴本撰写演讲稿，
是巴本办公室抵抗活动中心的积极分子。

埃里希·鲁登道夫

Erich Ludendorff，1865—1937

　　高级军官，1916 年至 1918 年担任德军后勤部长，是"背后捅刀"
神话的设计者之一，也是"总体战"（total war），即"极权国家"
（totalitarian state）最重要的理论家。

卡尔·迈尔

Karl Mayr，1883—1945

　　德军参谋，1919 年时是希特勒的顶头上司，命令希特勒打入
德国工人党。

奥托·迈斯纳

Otto Meissner，1880—1953

　　分别在弗里德里希·艾伯特和保罗·冯·兴登堡，以及随后希

特勒当政时期担任国务秘书。

赫尔曼·穆勒

Hermann Müller，1876—1931

　　社会民主党政治家，1920 年担任总理。1928 年至 1930 年，他再次担任总理并领导一个"大联盟"（great coalition），那是魏玛共和国最后的完全议会制政府。

尤根·奥特

Eugen Ott，1889—1977

　　在库尔特·冯·施莱谢尔手下担任国防部参谋。1932 年下半年，他写了一份关于战争游戏的重要报告，声称德军会被同时发生的纳粹党和共产党暴动以及外国的入侵所压垮。

弗朗茨·冯·巴本

Franz von Papen，1879—1969

　　"一战"之前和"一战"期间的军官和中央党的政治家，1932 年担任总理，1933 年至 1934 年担任希特勒手下的副总理，此后至 1945 年间出任驻奥地利和土耳其大使。

恩斯特·罗姆

Ernst Röhm，1887—1934

　　职业军官，是希特勒的早期追随者，也是希特勒为数不多的朋友之一。1930 年至 1934 年担任冲锋队长。

阿尔弗雷德·罗森堡

Alfred Rosenberg, 1893—1946

来自爱沙尼亚的德国移民、纳粹党的早期积极分子，被称为纳粹的哲学家。他是《20世纪的神话》（*The Myth of the Twentieth Century*）的作者和纳粹报纸《人民观察家报》（*Völkischer Beobachter*）的编辑。

库尔特·冯·施莱谢尔

Kurt von Schleicher, 1882—1934

职业军官，1928年起担任军方的部长办公室主任，负责与政治家的联络工作，也是保罗·冯·兴登堡的重要顾问。1932年担任国防部长，1932年12月至1933年1月间担任总理。

卡尔·施密特

Carl Schmitt, 1888—1985

右翼法学家和政治理论家，库尔特·冯·施莱谢尔和弗朗茨·冯·巴本的重要顾问，以第三帝国的"桂冠法学家"（crown jurist）闻名。

卡尔·泽韦林

Carl Severing, 1875—1952

社会民主党政治家，1920年至1926年及1930年至1932年担任普鲁士州的内政部长，1928年至1930年担任德国内政部长。

格雷戈尔·施特拉塞尔

Gregor Strasser，1892—1934

　　纳粹活动家、组织者和政治战略家，1932 年与希特勒决裂。

古斯塔夫·施特雷泽曼

Gustav Stresemann，1878—1929

　　德意志人民党领袖，1923 年担任总理，1923 年至 1929 年担任
外交部长。被认为是魏玛最伟大的政治家，与阿里斯蒂德·白
里安一起致力于让德国回归欧洲和国际社会。

弗里茨·君特·冯·切尔希奇

Fritz Günther von Tschirschky，1900—1980

　　西里西亚家族的贵族子弟，1933 年至 1934 年间弗朗茨·冯·巴
本的副手和情报顾问，也是在巴本办公室开展抵抗活动的中心
人物之一。

魏玛共和国时期的重要政党

（从最左翼到最右翼顺序排列）

德国共产党

（Kommunistische Partei Deutschlands，英语：Communist Party of Germany）

致力于推翻现有的社会、政治和经济秩序，主要由失业的、没有技术的、贫穷的产业工人组成。该党在一些诸如柏林和汉堡那样的大城市力量特别强大，受共产国际（Comintern），即约瑟夫·斯大林的苏联集团的强力控制。

独立社会民主党

（Unabhängige Sozialdemokratische Partei Deutschland，英语：Independent Social Democratic Party of Germany）

社会民主党的一个分支，在第一次世界大战期间分裂出去。该政党反对继续支持战争，其基本力量是激进的工人和左翼知识分子。1922 年后，该党的大多数党员要么回归了社会民主党，或者加入了共产党，力量大为削弱。

社会民主党

（Sozialdemokratische Partei Deutschlands，英语：Social Democratic Party of Germany）

1875 年成立，简称"社民党"，是德国历史最悠久的活跃政党，其成员通过 1918 年革命成为德国领导人。该党最坚定地支持民主共和国，虽然其领导人自 1920 年后很少出任部长。党员大多是熟练工或参加工会的工人，从 1912 年到 1932 年，该党在党员数量上和在国民议会中的代表数量上都是德国最大的政党。

德意志民主党

（Deutsche Demokratische Partei，英语：German Democratic Party）

从战前左翼的自由主义人士中发展壮大，致力于民主和公民自由，代表了知识分子、独立职业者和小企业主。在 1919 年的第一次魏玛大选中大获成功，但此后很快失去了支持。1930 年后转向右倾，并把名字改为"国家党"（Staatspartei），但这已经无济于事了，在最后的大选中该党只获得了 1% 的选票。

中央党

（Zentrum，英语：Center Party）

该政党代表了大多数的天主教徒，占据了意识形态的中间地带，是魏玛共和国不可或缺的政党，1932 年之前参与了所有的政府部门，有多名党领袖出任总理，为各党数量之首。该党派坚定地主张民主，但在共和国的最后几年转为右翼。

巴伐利亚人民党

（Bayerische Volkspartei，英语：Bavarian People's Party）

中央党在巴伐利亚的姐妹党，也代表天主教徒的利益。历史上，巴伐利亚在德国一直寻求更大的自治权，因此相应地，巴伐利亚人民党对联邦制度更感兴趣，也比其全国性的姐妹党更为保守。该党在 1925 年竞选总统时支持保罗·冯·兴登堡，而不是中央党的候选人威廉·马克斯（Wilhelm Marx）。

德意志人民党

（Deutsche Volkspartei，英语：German People's Party）

右翼自由政党，党员主要来自大企业家，其重要性主要来自其领导人古斯塔夫·施特雷泽曼。施特雷泽曼是魏玛共和国重要的政治家之一，在 1923 年担任过总理，并在 1923 年至 1929 年担任外交部长。

德意志民族人民党

（Deutschnationale Volkspartei，英语：German National People's Party）

也叫德意志民族党，1918 年成立，由战前德国的保守党人士、自由保守党人士以及各种反犹党派合并组建。这是一个右翼政党，代表贵族地主、军官、高级公务员和一些大企业集团的利益。在 20 世纪 20 年代，德意志民族党人因是否务实地接受共和而发生分裂，但在阿尔弗雷德·胡根堡于 1928 年担任该党领导人之后，他们日益转为反对党。

民族社会主义德国工人党

（Nationalsozialistische Deutsche Arbeiterpartei，英语：National Socialist German Workers' Party）

即纳粹党，从 1919 年成立的德国工人党（German Workers' Party）转化而来，在 20 世纪 20 年代末期之前一直是个边缘化的政党，后来开始赢得广泛支持，先是在信奉新教的农村地区。1920 年希特勒成为德国工人党的领袖之后，在党的名字前面加上了"民族社会主义"。从 1932 年 7 月起，该党是德国最大的政党，从 1933 年 7 月起至第二次世界大战结束，是德国唯一的合法政党。

引 言

1 　　事情发生的最初迹象，在柏林一个寒冷冬日的晚上 9 点多钟
出现了。汉斯·弗勒特（Hans Flöter）是神学院学生，他在菩提树下
大街的国立图书馆上完夜自修，正走在回家的路上。穿越国会大
厦前面的广场时，他听到了窗玻璃破碎的声音。弗勒特将情况报
告给在大厦前面巡逻的警官卡尔·布维尔特（Karl Buwert），尽了公
民的义务之后，继续赶路回家。维尔纳·泰勒（Werner Thaler）是纳
粹报纸《人民观察家报》的排字工人，他也向布维尔特报告了火
情。两人走近大厦，透过一楼的窗户去看，他们认为看到里面有
人拿着火炬。布维尔特用手枪朝亮光开火了，但没有收到多大的
效果。

　　警报继续传来。一个穿黑大衣和军靴的年轻人，在晚上 9 点
15 分来到勃兰登堡门警署报告说，国会大厦起火了。警方仔细记
录了时间和信息内容，但在激动和紧张之余，他们忘了记下报案
人的名字。时至今日，他的身份依然是个谜。没过几分钟，国会

大厦会议大厅圆顶上方的火焰就已经明显可见。9 点 27 分，会议厅爆炸了。消防队和警方发现，火灾是从大厦的中心部位发生的。

在此之前的两分钟，警察逮捕了潜伏在放火的会议厅附近廊道上一个怪异的年轻人。证件显示他是荷兰莱顿人，名叫马里努斯·范德卢贝（Marinus van der Lubbe），是一个 24 岁的建筑工人。范德卢贝光着膀子，却大汗淋漓。他高兴地承认是他放的火。当时谁也不认为他是单独行动的。

消防队员立即开始工作，他们借助附近的施普雷河和大厦周围的消防栓接上水，从四面八方把消防水管向会议大厅铺设过去。水管都到位后，过了 75 分钟，火势得到了控制。

当火势还在蔓延的时候，德国的领导人就纷纷来到了国会大厦。最先抵达的是普鲁士州的内政部长赫尔曼·戈林。过了一会儿，新上任的总理阿道夫·希特勒，以及他的宣传部长约瑟夫·戈培尔，也乘坐一辆豪华的黑色奔驰轿车过来了。在现场的还有贵族出身、温文尔雅的副总理弗朗茨·冯·巴本，他与以往一样，衣着讲究，似乎相当淡定。32 岁的秘密警察头子鲁道夫·迪尔斯长相英俊，他在菩提树下大街著名的克兰茨勒咖啡馆与人约会（他后来说，这不像警察会去约会的地方）时，得到了消息。根据迪尔斯的说法，他赶到后正好听到了新总理的讲话。希特勒似乎已经知道是谁放的火。这位总理站在起火的国会大厦对面的一个阳台上，脸上映照着火光，他愤怒地说："从现在起，再也不能手软了……至于共产党干部，要抓住一个枪毙一个。今天晚上就把那些共产党的议员推上绞刑架！"

戈林很快举行了官方的新闻发布会，来表达希特勒的愿望。在描述了大厦遭受巨大损毁之后，戈林在声明中指责这场大火是"时至今日布尔什维克在德国采取的最邪恶的恐怖行动"，其目的是"煽动血腥的动乱和内战"。

但一个与官方的故事大相径庭的版本也在快速传播。奥地利人威利·弗里施奥尔（Willi Frischauer）是《维也纳综合新闻报》（Wiener Allgemeine Zeitung）驻柏林的记者，半夜之前，他向报社发去了电文："基本可以肯定，国会起火是希特勒政府雇凶干的。"弗里施奥尔认为，这些受雇的"帮凶"很可能是通过连接大厦与国会发言人官邸的一条地道进入国会的。而这个国会发言人就是赫尔曼·戈林。

媒体讲述犯罪故事，政府抓人。甚至当消防队还在灭火的时候，两波抓捕行动就已经开始了。柏林的警方根据仔细拟定的名单，开始拘捕共产党人、和平主义分子、牧师、律师、艺术家和作家——任何警方认为可能敌视纳粹的人。警察把他们押解到位于亚历山大广场的柏林警察局总部，对他们进行了登记，一切都按照官方的程序。在此同时，柏林的纳粹冲锋队也在执行他们自己的逮捕行动。冲锋队也有名单，但他们没有进行正规登记。他们把抓来的人带到废弃的地下室和仓库，甚至是水塔里。在那里，被抓者受到了各种方式的野蛮殴打和折磨，许多人死去了。柏林人很快就为这些地方起了个新名字"荒野集中营"。

那是 1933 年 2 月 27 日星期一。我们也许可以说，那是魏玛共和国的最后一个晚上，也是德国民主的最后一个晚上。

国会大厦起火的时候，阿道夫·希特勒担任德国总理正好四个星期。他以宪法规定的合法、甚至是民主的方式上台执政。前一年，他的政党通过两场选举崭露头角，在国会，即德国国民议会获得了最多的席位。在 1 月底的时候，德国总统——德高望重的 85

岁陆军元帅保罗·冯·兴登堡——虽然很不愿意,但还是邀请希特勒出任总理并组建内阁。兴登堡已经给自己保留了任命关键的国防部长和外交部长的权力,而且让在1932年短暂当过总理的弗朗茨·冯·巴本出任希特勒手下的副总理,这些都是交易的一部分。巴本信奉天主教,让坚定的路德会教友陆军元帅感到很不舒服,但他依然是兴登堡的门徒。

希特勒的新内阁在1月30日组建完成,看上去与民主体制的魏玛共和国其他任政府差不多,只不过比前一年巴本的"贵族内阁"(cabinet of barons)稍微右翼了一点。希特勒的内阁依然是一个联合政府,关键的部长职位是由执政的右翼德意志民族人民党和保守的退伍军人组织"钢盔"(Steel Helmet)的成员出任,另外还有几个无党派人士。除了希特勒本人,纳粹党在内阁中仅仅还有两个席位:经验丰富的纳粹活动家威廉·弗利克担任德国内政部长,希特勒的得力助手赫尔曼·戈林是"不管部长"(内阁成员之一,但不具体负责某个部门)。那时候,很少有人意识到一个重要的细节:戈林也是普鲁士州的内政部长。普鲁士的疆土和人口占德国五分之三,警察的数量有五万人,警力规模相当于德国军队的一半。

对几乎所有经验丰富的观察家来说,希特勒的政治地位在1月30日看上去十分微弱,这是故意设计成那样的。与之前三任总理一样,他也是由兴登堡那个势力强大的小圈子推上总理职位的。他们想利用希特勒的演讲口才和追随者众多的优势,来推进自己的计划。他们知道,如果没有像希特勒那样的人在前面冲锋陷阵,那他们除了能获得选举人的微弱支持,恐怕什么事情也干不成。他们认为已经把希特勒牢牢掌控住了,其理由是内阁中有副总理冯·巴本和总统冯·兴登堡那样的人,还有一些贵族出身的政治家和高级军官。希特勒是无名鼠辈,是奥地利一个海关小职员的儿子,缺乏良

4

好的正规教育。他在使用母语的时候都会犯语法错误。在西线战场上作战的差不多四年时间里，他从来没有晋升到下士以上的军衔。他的上级军官后来解释说，这是因为他被认为缺乏一个中士所具备的领导能力。兴登堡的身上混杂着阶级、等级观念和北德人的傲慢与偏见，在他的心目中，希特勒只是个"波西米亚下士"。没错，希特勒可以在集会时或在啤酒馆鼓动下层民众，但他不是绅士，他不可能治国理政。

这是德国政界广泛认可的观点。"我们雇用了他，"巴本是这么描写希特勒的，"几个月之内，我们就能够把他逼入绝境。"独立的民族主义政治家戈特弗里德·特雷维拉努斯（Gottfried Treviranus）多年后写道，他认识的人都认为，希特勒"会在兴登堡、军队和宪法之间疲于奔命"。社会民主党《前进报》（*Vorwärts*）主编弗里德里希·施坦普费尔（Friedrich Stampfer）询问一位外国记者是否相信"这个咆哮如雷的家伙能够治国理政"，他还补充说，希特勒的政府最多只能支撑三个星期。马克斯·菲尔斯特（Max Fürst）是一位年轻的木匠和家具制造工，在政治上他是同情左翼的；他的室友汉斯·利滕（Hans Litten）是一位激进的律师，两年前因在柏林的法庭质问希特勒而名声远扬。菲尔斯特认为，"希特勒政府很可能不会比巴本政府坏到哪里去"。

当然，大家都知道希特勒的花言巧语和唇枪舌剑。在他的演讲中、在他的杂乱无章的回忆录《我的奋斗》中，他愤怒地声讨"犹太人"和"马克思主义者"。1918年停战后在德国推行民主的那些人，只是些"十一月罪人"（November criminals）[1]，他们的和平方案是对德意志民族和英勇的德国军队的背叛。希特勒已经公开宣讲，需要发动

---

1. 1918年11月，"一战"的交战双方宣布停战。（若无额外说明，本书脚注均为译注）

一场战争来征服在"东方"的"生存空间"（Lebensraum）。尤其是在最近几年，他加强了对反对派的打击。希特勒威胁说，如果掌权，他还要变本加厉。"会有人头落地"，1930年在三个军官和纳粹分子接受预审时，他在法庭宣誓做证时这么说。

但激进的领导人掌权之后都会理性行事，难道不是吗？在政治生活中这几乎是一个普遍的做法。1933年，在承担了十五年的政治任务之后，德国的社会民主党显得苍白无力，成了1914年战前他们自己革命运动的一个微小的缩影。他们在选民中的支持率明显下降，在全国的选票比例，已经从1919年的39%下降到了1932年的20%。兴登堡的内层圈子认为，让纳粹进入政府，对希特勒的政党来说，就是当年魏玛共和国对社会民主党的做法。在1933年年初，许多德国人认同这样的设想。一位消息灵通和思维敏锐的观察员，对于希特勒当选总理后第一次演讲时的谦逊态度很是惊讶，他感到纳闷："与之前拉选票的希特勒相比，当上了总理的希特勒是不是有了不同的想法？"

然而，希特勒才当了几个星期总理，人们的担忧就更甚于对上届巴本政府的了。暴力行动增多了，而且新政府招募的纳粹冲锋队员大量进入了警察机构，反对派的报纸和政治活动报道被关闭了，其他政党要开展活动变得越来越困难。但真正改变进程的是国会纵火案。

火灾第二天的上午11点钟，希特勒召开了内阁会议。德国内政部长弗利克讲解了一份文件，标题是《德国总统冯·兴登堡关于保护人民和国家的法令》（Decree of Reich President von Hindenburg for the Protection of People and State），该法令后来广为人知的非正式名称是《国会纵火法令》（Reichstag Fire Decree）。法令表达了希特勒的理论，即国会纵火案标志着共产党暴乱的开始。国家应该有紧急权力来保护自身的安全。法令剥夺了《魏玛宪法》（Weimar Constitution）规定的公民自由权，如当局认定是政治威胁，可以未经审判而监禁任何人，这实际上意味着废除了言论、集会和结社的自由；当局可以检查邮件和电报通信，可以未经授权实施搜查。法令还授予德国政府可以取代联邦州行使职权的权力，如果该州"没有采取必要的措施来重建公共安全和秩序"。内阁批准了这个法令，当天的晚些时候，经兴登堡签署后，该法令成了法律。

用著名的法学家恩斯特·弗伦克尔（Ernst Fraenkel）的话来说，该法令是希特勒帝国的"宪章"。这是所有的逮捕和驱逐行动，以及建立集中营和臭名昭著的秘密警察盖世太保的法律基础。该法令实际上相当于允许了纳粹废除德国的联邦政体，把统治权扩展到全国的所有州。对生活在 1933 年的大多数德国人来说，国会纵火案及其法令是一个重大的转折点。瓦尔特·基奥伦（Walter Kiaulehn）是柏林一位经验丰富的记者，他在战后写了一本关于他的故乡城市的令人伤感的书，在书中他总结说："先是国会大厦的燃烧，接着是图书和犹太会堂的焚烧。然后是德国开始燃烧，以及英国、法国和苏联……"

7　这是怎么发生的？

这是人类历史上最大的问题之一。因为我们对希特勒当上总理的后果知道得太清楚了：这是世界上有史以来破坏最严重的战争，伴之以史无前例的大屠杀，法学家拉法尔·莱姆金（Raphael Lemkin）不得不创造了"种族灭绝"（genocide）这个新词来进行形容。

要回答这是怎么发生的问题，需要专门地、令人不安地回忆一下希特勒和纳粹成长的背景：魏玛共和国时期的德国。当然，这是人类文明的高峰之一。1919 年的魏玛共和国宪法，建立了当时先进的现代民主制度和极为公平合理的选举制度，保护个人的权利和自由，其中明确提出了男女平等。社会和政治活动家还进行了更多的努力，并取得了不少成就。德国有世界上最著名的同性恋权益运动。德国是女权主义运动的大本营，在取得了女性选举权之后，该运动还在积极推进堕胎权利。要求取消死刑的斗争在德国相当成功，实际上，监狱里的刽子手已经无事可做了。在共和国初期，工人已经获得了全职工资的八小时工作制。由于宽容和开放，德国吸引了波兰和苏俄的犹太人。

德国引领世界，不仅仅体现在政治和社会活动方面。甚至在1914 年之前，著名画家巴勃罗·毕加索告诉一位朋友，如果他儿子想学油画，他会把儿子送去慕尼黑，而不是巴黎。德国的表现主义和"新现实主义"画家（恩斯特·路德维希·基希纳、埃米尔·诺尔德、乔治·格罗兹、奥托·迪克斯）的油画，是那个时期最令人激动和最有争议的艺术作品。包豪斯学派培养出的建筑设计师的理念至今依然在这个领域发挥着影响。如果你关心音乐，那么没有一个国家可以匹敌德国卓越的管弦乐团、合奏组和独奏乐手。而且德国也在创造音乐的未来，无论是理查德·施特劳斯和保罗·亨德米特晦涩的古典音乐，还是贝尔托·布莱希特和库尔特·魏尔激动人心的现代混合音乐，德国人都很拿手。那么电影呢？柏林可被称为另一个好莱坞，拥有诸如弗里兹·朗、乔治·威廉·巴布斯特和弗里德里希·威廉·茂瑙那样的导演，作品的艺术水平甚至比美国影片还要高。有阿尔弗雷德·德布林、弗兰茨·卡夫卡（晚年居住在德国），以及托马斯·曼和亨利希·曼兄弟那样的作家的存在，意味着德国在文学方面可与任何国家相媲美。

德国在科学技术方面的声誉是无可匹敌的。在 20 世纪 20 年代，全世界物理学期刊大约有三分之一是用德文出版的。阿尔伯特·爱

8

因斯坦在柏林大学担任教授，他的朋友——诺贝尔奖获得者兼化学家弗里茨·哈伯则是达勒姆郊外的威廉物理化学和电化学研究所的负责人。很可能是科技和大学的优势，使德国能够在诸如化学和制药产业走在世界的前列，并能够在汽车制造业的质量甚至是产量方面与美国展开激烈竞争。

如果说德国一直为自己是"诗人和思想家的土地"而感到自豪，那么 20 世纪 20 年代的德国似乎尤其如此。然而，在这个开明的、富有创造力的、超级现代化的民主制度下，却滋生了人类历史上最邪恶的政权。希特勒的帝国摧毁了魏玛的创造力——永久地摧毁了。许多德国人仍在怀念他们所失去的。"举棋不定的德国人再也不会对欧洲构成威胁了，但他们也不会吸引任何人了。"出版商沃尔夫·约布斯特·西德勒（Wolf Jobst Siedler）在 2000 年悲叹道。我们依然感到纳闷：这是怎么发生的？野蛮居然在高度文明中生长起来，这似乎颠覆了我们的信仰和直觉。

在人类历史上所有的政权中，希特勒的德国至少在一个方面是独特的：严肃的历史学家一致认定，这是一场没有任何可取之处的灾难。希特勒领导下的德国是历史的罗夏测试（Rorschach Test）：我们把我们认为是最邪恶的德国政治面貌显示出来，你看到的是什么也许取决于你是什么人，不同的人可能会看到不同的东西。这种自我投射对希特勒政权上台的解释产生了影响，也意味着历史学家关于魏玛共和国垮台的说法一直是矛盾的。

9　　　德国在 1933 年的问题，是不是民主不够或民主过头？是不是因为未经遏制的精英执政或者是德国民众未能尽到公民的责任？纳粹是深陷泥潭的过往，还是现代性的威胁？纳粹是德国特有的问题，还是一个更广泛危机的表现？这是由几个"伟人"制造的一个历史案例，或者是有深层次的结构性因素使得希特勒能够上台执政？基督教徒，尤其是德国的新教基督徒是不是纳粹的重要支持者，或者，希特勒是不是在与传统的路德宗、加尔文宗和天主教的德国价值观的斗争中兴起？希特勒的兴起究竟是不可避免的——正如英国著名历史学家泰勒（A. J. P. Taylor）所称，这与江河流入大海一样丝毫不值得令人惊奇——还是不确定的、不大可能的、仿佛未曾发生的？

自 1933 年以来，历史学家、政治学家、心理学家、哲学家、法学家、艺术家、音乐家、作家、针砭时弊的喜剧演员，以及其他许多人都解释过希特勒的兴起。他们的答案堆积如山，大都具有启发作用。那为什么又回到了这个问题上，是不是还有什么可以说的？

这个问题有好几个回答。

首先，历史知识是慢慢沉淀堆积起来的，总会有新层面添加上来，20 世纪的德国历史尤其如此。许多重要的档案长久被控制起来，常人无法调阅，尤其是在德意志民主共和国和苏联。冷战结束后，我们对纳粹时期情况的了解才取得了重大的进展。历史学家依然在努力寻找和消化这些新得到的资料。

寻找过程中的一个结果是，我们认为自己知道的纳粹德国，似乎是纳粹宣传或者"二战"之后的那几年的观点的残留。在 20 世纪40 年代末和 50 年代初，希特勒帝国成千上万的追随者需要编故事，来使自己能够在战争罪的审判和"去纳粹化"的运动中幸存下来。许多令人尊敬的学者坚持认为，除了在集会上的演讲，希特勒是一个"被抹去的人"，一个"没有特性的人"[1]，这只是无意识地反映了纳粹的宣传，即希特勒牺牲了私人生活，把自己的一切都贡献给了

1."被抹去的人"和"没有特性的人"原文为"unperson"与"man without qualities"，分别可以参考奥威尔的小说《1984》与穆齐尔的小说《没有个性的人》。——编注

德国人民。

10   年代的变迁所造成的变化也是故事的一部分。每一个年代，根据我们的观察方法和自己的经验，我们都看到了不同的过去。一个时代会看到另一个时代未曾注意到的事情。这就是历史会经常重写和必须重写的原因之一。

例如在 20 世纪 90 年代，我们沉浸在冷战结束、民主和自由资本主义似乎终于胜利的喜悦之中。今天，世界已经发生了很多变化。我们更担心的是"全球化"及其对右翼民粹主义的刺激。1989到 1991 年的革命花朵已经凋谢，冷战后世界秩序的不稳定显现出来。我们为国际难民危机所困扰，深知这会导致大量的政治问题。我们已经看到，世界上的许多地方，一种新型恐怖主义占据了舞台中央。这一切意味着，我们这个时代在许多方面更像 20 世纪 30 年代，而不是 20 世纪 90 年代。

因此，现在应该以一种新的思路来说说魏玛共和国垮台和希特勒上台的故事。本书将在德国的国际背景下讲述德国的事情，检验德国的国际影响。与当时其他威权主义和民粹主义运动一样，纳粹是对第一次世界大战结束时全球自由资本主义大获全胜做出的一个反应。战后的英美主导秩序，把（由支付债务和战争赔款及回归金本位等举措所标志的）财政紧缩与民主制度的稳定性结合起来。按照这一政治逻辑，反对财政紧缩的人，也就成了自由民主的敌人。纳粹是对他们生活的这个世界的混乱现象的一种抗议，这些现象大都可以追溯到战争：为什么国界要以民族来划分？为什么国家要考虑少数族群的权益？应该怎么对待难民和其他移民？

如果从根本上来说，纳粹是对全球化及其后果的一种抗议，那么纳粹本身也是欧洲和全球总体趋势所塑造出来的。他们自觉地接受来自苏俄、意大利和土耳其的影响，接受来自英帝国和美国的影响。即使是纳粹冲锋队的暴力和恐怖行为，也与更广泛的影响有关。

　　没有第一次世界大战就没有纳粹。在某种程度上，这是因为许多纳粹领导人和积极分子都上过战场，已经习惯了暴力，无法安下心来过平民的生活。但真正对魏玛共和国的政治产生重大影响的并不是战争的实际经历，而是德国人对战争的开始和结束的印象：1914年8月的开始对比1918年11月的结束，灿烂的夏天对比萧瑟的秋天，欣喜的统一对比痛苦的割让，胜利的梦想对比战败的灾难——这些概念几乎贯穿了在魏玛发生的一切，最终造就了德国人关于政治生活的思路。关于魏玛的所有问题的答案，就在第一次世界大战之中。这样的说法并不是夸大。

　　国际形势和战争遗产可以帮助解释，为什么纳粹在德国能够得到许多人的支持和追随。但众多的追随者——1933年之前大约有三分之一的选民——是绝对不可能靠他们自己把希特勒推上政治舞台的。因此，希特勒必须赢得保守势力的支持，尤其是保罗·冯·兴登堡总统及其顾问和军队的支持，那是上台执政的关键。这些保守人士本可以在半路上把希特勒截停；然而，他们选择了利用他，虽然纳粹和保守派的联盟一直是一个怪异的联盟。

　　这个时候，故事中的个人人品就变得重要了。1930年之后，德国的政治逐渐陷入僵局。在议会中不可能组成稳定的多数去通过立法和支持政府。1932年年中，志在摧毁民主体系的纳粹党和共产党两个政党，合起来后可以组成议会中的多数席位。但他们是政治上的冤家对头，绝对不可能联合起来。冯·兴登堡总统和由他任命的总理越过了议会，他们依据《魏玛宪法》中关于紧急权力的规定，下达了行政令。这意味着一个领导小组可以获得特别的权力，他们的个人目标和怪癖产生了极其重大的意义。

　　保罗·冯·兴登堡总统生于1847年，在不同的时期有过不同

的身份：他是普鲁士贵族和德国最令人崇敬的军人；他是虔诚的路

12 德宗教徒，对天主教深表怀疑，对社会民主党人深感厌恶。宪法授予他任命和罢免总理的权力，自从 1925 年当选为总统起，他一直努力在政治上把共和国朝右倾推进，同时保持着他的德国英雄和团结者的形象。

兴登堡最亲密、最有影响力的顾问，是同为军人的库尔特·冯·施莱谢尔将军。施莱谢尔是国防部长办公室的负责人，这实际上意味着他是军队中主要的政治游说人。没有人能够搞清楚施莱谢尔究竟是个什么人。他讥讽、狡猾又聪明，总是筹划着什么事情，虽然"什么事情"常常是个谜。在现实中，与兴登堡一样，施莱谢尔也想创建一个更为威权和军事化的政权，而不是魏玛的民主。在从 1929 年到 1932 年的关键几年里，是施莱谢尔在任命和解职总理和政府官员，在使共和国走下坡路的过程中，他起到了重要的作用。

施莱谢尔的陪衬人物是海因里希·布吕宁。布吕宁是天主教联盟的官员和经济学家，他在魏玛共和国连续担任总理的时间最长。如果说施莱谢尔诙谐机智、能说会道、神秘莫测，那么布吕宁则是一个真诚、严肃、冷静和理性的人，他努力与面临的不利局面做斗争。布吕宁命中注定要在 1930 年到 1932 年"大萧条"的最严峻时刻出任总理，但解决经济萧条并不是布吕宁的目标，他想恢复德国的完整主权。这意味着要摆脱 1919 年《凡尔赛和约》(Treaty of Versailles)规定的战争赔款支付的负担。为达到这个目的，布吕宁不惜让德国的经济危机愈演愈烈。

布吕宁的总理接班人是弗朗茨·冯·巴本。巴本也是贵族和行伍出身，他在公众生活中的简历不外乎一家报社的所有人和普鲁士州议会的一名普通议员。巴本曾在骑兵部队服役，马术很可能是他最拿手的技能。因此，他被广泛地称为"业余骑师"。巴本能说会道，衣着讲究，能说一口流利的法语，希望看到法德关系的改善。即便他最亲密的支持者，也从来不会声称他拥有布吕宁那样的庄重。但在总理的任上干了几个月之后，他就迷恋上了权力的好处。结果，正是他失权和丢脸的愤怒，在魏玛民主消亡的过程中起了最后的推波助澜的作用。

当然，还有阿道夫·希特勒。在20世纪历史上的重要人物中，希特勒是一个强大的候选人，但他一直被误解。1919年开始从政的时候，希特勒没有经验，似乎也没有天赋。在接下来的十四年里，他经常受到讥讽和低估。人们说，他看上去像是车站饭店的服务员，或者是理发师。经济结构和国际事务的因素极大地促进了纳粹主义的生长，但历史为什么选择他，使之上升到了前所未有的权力顶峰？

当然，希特勒有一些绝技。他的演讲具有强大的磁力，能够吸引人们。他还有同代人所极少具备的怪异的本能，能够洞悉人们的感觉、人们想听什么，并能够预测人们接下来想干什么。他是一个老练的演员，能够修饰自己的行为去迎合环境和听众。与自己内层的几个人一样，他是一个聪明的政治战略家，能够看透夺权的方法，并制订相应的计划。

但这些技能还不能完全解释希特勒的成功。为什么那么多德国人能够支持他？关键在于纳粹拒绝了一个既定的合理局面。诚如他的传记作者约阿希姆·费斯特（Joachim Fest）所说的，希特勒"一直在思考不可思议的事情"，而且"在他的声明中，总是会出现一种拒绝接受现实的痛苦情感"。德国人在1918年之后所面临的现实是不可接受的：战争的失败夺走了这个国家几乎200万年轻人的生命，不受欢迎的革命运动四处爆发，看上去很不公平的和平条约，伴随着巨大的社会动荡和技术变化的经济混乱。千百万德国人得出了阴谋论的观点：正是"背后捅刀"，而非直接的军事战败，导致了战争的结束；或者，是因为共产党、资本家、犹太人和共济会阴谋集团的围困。只有希特勒能够将这些脱离现实的奇思异想表达出来，而当时其他的政治家则没有这个能力。

14　　　对现实的敌意，演绎成对政治的蔑视，或者是对那种从来就不存在的纯净政治的渴望。其实仔细观察，民主的做法——必要的交易、偏袒、妥协——也算不上正派，魏玛共和国当然也不例外。数量众多的政党，每一个都代表着经过仔细划分的社会权益；政党们竞相争权、滥用职权，在可能的情况下采用妥协和交易的手段——但这常常是不可能的，于是政府快速更迭：在十四年时间里有过二十一届政府。为使民主得以运行，所有政党至少有一些共同立场，因此妥协是可能的，也是必要的。然而，到了 20 世纪 30 年代，在德国的社会更加痛苦地分裂之后，这样的合作精神已经很少见了。共和国的卫士似乎比腐败体系的卫士好不了多少。民主的反对派在宣讲团结和复兴的"反政治"，好像他们是站在道德的高地上。种族主义的理论家休斯顿·斯图尔特·张伯伦（Houston Stewart Chamberlain）把希特勒称为"政治家的反面"，对此希特勒感觉极为激动。纳粹给魏玛共和国设定的代号是"体系"（The System）。从对"体系"的蔑视，到深信一位应运而生的领袖能够把国家从死胡同里解救出来，只是小小的一步。这是希特勒自始至终的诉求。当然，不是针对每一个人——德国社会的分裂从来没有停止过。但希特勒的信息使得足够多的德国人深信不疑。

自 1933 年之后，纳粹党为攫取权力所做的一切，无一不是精心策划的。敏锐的观察家可以看到接下去会发生什么，"独裁、废除议会、摧毁所有的知识自由、通货膨胀、恐怖和内战"，1931 年在为《法兰克福日报》(*Frankfurter Zeitung*)撰写连载文章的时候，小说家弗里德里希·弗朗茨·冯·翁鲁(Friedrich Franz von Unruh)这么写道。希特勒"从必须要有一场新的战争的观念开始"，目光犀利的自由主义政治家特奥多尔·豪斯(Theodor Heuss)补充说，他也注意到了纳粹的非理性行动。翁鲁只有一件事情搞错了：千百万坚定的反对派将会拥护希特勒上台。就此而言，不幸的是，魏玛共和国的现实亏空实在是发展得过于庞大了。

第一章
开战停战

那天的大部分时间，马克斯·冯·巴登亲王都在焦虑地等待德皇威廉二世（Kaiser Wilhelm II）的消息。

马克斯亲王打扮整洁，在面对照相机镜头的时候，似乎总是一副凶巴巴的样子，好像他已经见得很多、不为所动，对自己的同胞不抱什么幻想。他是一个自由派的亲王，享有不同寻常的声誉，所以10月份，51岁的他被任命为德意志帝国的宰相。后来，他会用干巴巴的、愤怒的语言，来记录他不得不与之打交道的几乎每一个人：皇帝、将军、温和的和激进的社会党人。

马克斯亲王的问题是，自15世纪起，其家族一直在柏林实施统治的德国世袭皇帝，对退位一事还在犹豫。德国国内的革命形势风起云涌，时间很宝贵。马克斯再次打电话到比利时斯帕的德军司令部，因为皇帝去了那里，但得到的回答只是迟延不决。亲王想尽自己的努力拯救旧日的秩序。他知道革命正在席卷德国大地。革命是"打倒"不了的，但"或许可以被扼杀"。唯一要做的事情是由皇帝来任命温和的社会民主党领导人弗里德里希·艾伯特为宰相，以此来遏制革命。

马克斯认为，不管以哪种方法，艾伯特很快就会成为宰相，16
如果不是由皇帝来任命，那么就由街头的革命来任命。"如果艾伯特以由民众推选的'护民官'（Tribune of the People）身份出现在我面前，那么我们就会走向共和"，马克斯心里这么想。更坏的结果也是可能的。如果民众选择了更为激进的独立的社会主义者卡尔·李卜克内西（Karl Liebknecht）而不是艾伯特，那么"我们德国就会成为布尔什维克国家"。但如果在最后的关头，德皇威廉二世任命艾伯特为宰相，"那么至少还有保留君主制的一线希望。或许我们还可以把革命运动分化成竞选的合法渠道"。

马克斯亲王不知道德皇的大本营里正在上演的戏剧。在比利时小镇斯帕，德军最高统帅保罗·冯·兴登堡陆军元帅清楚地知道两件事情：德皇必须退位，兴登堡本人必须逃避迫德皇退位的责难。皇帝正在考虑是否率德军返回德国去镇压革命。兴登堡知道，这样会导致内战的灾难。他不想为此承担责任。但兴登堡也是主张君主制的，他知道那些拥护君主制的人也许会指责他没有站到皇帝一边。兴登堡是坦能堡战役的英雄，那是德军在这场失败的战争中少有的几个大胜仗之一，他兴登堡现在不能让自己的名声受到损害。

兴登堡解决了问题，他把这项工作交给了他的副官——后勤部长威廉·格勒纳去做。格勒纳直截了当地告诉德皇，德军将在军事统帅的指挥下和平撤回德国，"但不是在陛下的指挥下，因为军队已经再也不听陛下的指挥了"。兴登堡暗地里开始安排德皇出逃去中立国荷兰，在那里，他会是安全的。

这些事件成了一种模式。十多年后，兴登堡会为潜在的内战问题而绞尽脑汁。他会努力寻找方法避免军队陷入内部争斗，同时能够保持自己的名声。他还会把棘手的任务推给下属去做。

　　由于没有得到斯帕方面的决定，马克斯亲王按捺不住了，他决定自己动手处理。他将亲自宣布德皇威廉二世的退位。马克斯亲王召来了艾伯特，问他是否准备按照"君主式的宪法"来治国理政。艾伯特是一位极为保守的社会民主党人，他更愿意保持君主立宪制，但事情发展得太快了。"昨天我是可以无条件同意的，"他告诉马克斯亲王，"可是今天我必须首先与朋友们协商。"马克斯亲王问他是否考虑摄政，代理未来的君主行使职权。艾伯特回答说，这样做"太晚了"。根据马克斯的记录，当时房间里艾伯特背后的其他社会民主党人齐声重复说："太晚了，太晚了！"

　　这个时候，艾伯特的同事菲利普·谢德曼（Philipp Scheidemann）站在国会大厦的阳台上高呼："共和国万岁！"这被认为是宣布德国事实上成为一个民主共和国，虽然谢德曼后来解释，他的意思只是这个想法的"信仰告白"。

　　在国会大厦东边相距约半英里[1]的皇宫，激进的卡尔·李卜克内西宣称德国是"社会主义共和国"。到了这个时候，德国皇帝威廉二世才最后宣布逊位。

　　下午晚些时候，马克斯亲王与艾伯特进行了最后的会面。艾伯特现在要求亲王作为"管理者"留下来，这是摄政的另一种说法。马克斯亲王僵硬地回答："我知道你马上要与独立党人（更为激进的独立的社会民主党人）达成协议，我不能与独立党人共事。"离开的时候，他转身说出了最后一句话："艾伯特先生，我把德意志帝国交给你来管理了！"

---

1. 1 英里约等于 1.61 千米。

艾伯特郑重回答道:"为了这个帝国,我已经牺牲了两个儿子。"

这是 1918 年 11 月 9 日。

两天后,由德国政治家和盟军谈定的停战协议生效了。第一次世界大战结束了。对大多数德国人来说,战败来得很突然、很令人震惊。其中有一位受伤的士兵因为遭受毒气攻击,正在帕瑟瓦尔克的一家医院里住院,接受康复治疗,那是波美拉尼亚的一个小镇,在柏林东北方向大约 75 英里。

"这么说一切都是白费了,"他写道,"所有的牺牲和努力……200 万人白白死掉了……"难道德军士兵的浴血奋战只是为了"让一些卑鄙的罪人来伤害祖国"?自母亲的葬礼之后,他从来没有哭过,但现在这位年轻人跟跟跄跄地退回自己的病房,把他那"发疼的脑袋埋进了毯子和枕头里"。

他的名字叫阿道夫·希特勒,是一名下士。

仔细观察就会发现,其实魏玛共和国的一切差不多都与第一次世界大战有关。

从来没有过这样的战争,在相对较短的时间里产生过如此重大的伤亡。在四年多的时间里,德国有 170 万人战死,是交战国中除了俄国以外伤亡人数最多的国家。包括妇女在内的平民被动员去从事军工企业和其他与战争有关的工作,这也是从来没有过的。战时的压力迫使国家需要更多的劳动力,迫使国民做出更大的牺牲。为此,维持公众的支持显得十分重要。新闻媒体提供了无数渠道来帮助国家"兜售"这场战争,其内容通常是鼓动人心和关于战事基本上不准确的意义,以及敌人的品性。战时的宣传在德国人民的心里留下了深刻的印象，这是其他国家的人民所没有的。

战争从 1914 年夏天拖延到了 1918 年深秋，但真正的关键时刻是在战争进行到一半，也就是在 1916 年年底的时候。完全出人意料的战争成本和国内持续不断的动乱，使所有参战国的政府都面临同样的抉择：让战争继续进行，直至赢得彻底的胜利，或者接受现在这个僵局开展和谈。要胜利就必须继续举债、接受更多的伤亡、加倍从现在所谓的"国内战线"（the home front）征用劳动力和供给。在那些重要关头，各国政府都决定继续战争直至胜利，更多强硬的领导人在各国走上了掌权的舞台。1916 年 12 月，精力充沛的大卫·劳合·乔治接替疲惫不堪的赫伯特·亨利·阿斯奎斯出任英国首相。1917 年 11 月，暴躁的乔治·克列孟梭（绰号"老虎"）成为法国总理，他做出了简单而郑重的承诺："我要作战。"德国的流程更为微妙。1916 年下半年，德军的两位最高统帅，保罗·冯·兴登堡陆军元帅和埃里希·鲁登道夫上将不但一直在指挥作战，还干预国内的政治事务。他们把德皇威廉二世的文官政府边缘化，代之以他们自己的"暗地里独裁"。有一个悖论，暗示了德国未来的命运。1916 年夏季，尽管遭到德皇的反对，但在民众的压力之下，兴登堡和鲁登道夫被任命为最高指挥官。因此，他们的独裁是一种民粹主义。

铁腕的领导也没能改变现代总体战争的基本事实。总体战争需要从全体公民中征用劳动力和战斗力。相应地，这也给了公民前所未有的与国家之间讨价还价的能力，迫使国家对胜利后的灿烂前景夸下了更多的海口。例如英国在参战的时候，政府只谈论条约权力的神圣，以及保护"勇敢的小比利时"免遭德国人的进攻。但为了条约权力的神圣，很难要求几十万年轻人去当炮灰以及他们的亲人去送葬。因此，到了 1918 年的时候，英国首相劳合·乔治与美国总统伍德罗·威尔逊一起呼吁成立"国际联盟"（League of Nations），声称这个斗争是"结束战争的战争"（援引英国科幻作家和社会批评家H. G. 威尔斯的话），劳合·乔治承诺开展广泛的社会改革，用他的一位内阁大臣的话来说，要把德国人打得屁滚尿流，"直至发出尖叫"。总体战争催生了一种更加民粹、更加平等的新型民族主义，减少了对精英和传统象征的尊重。

在德国，政府感觉必须承诺进行民主改革，尤其是改变普鲁士州的选举规则，因为那里的选举极大地偏重于富人的选票。古斯塔夫·施特雷泽曼是帝国议会议员，后来成为魏玛共和国外交部长和共和国最重要的政治家之一，他在1917年告诉议会的同事，战争已经改变了人民和国家的关系。他说，战后的国家应该变得更为民主。即使是兴登堡和鲁登道夫在1916年引进的《爱国辅助服务法》（Patriotic Auxiliary Service Law），看上去也像是民主的进步，虽然该法律征用工人从事军工产业。帝国议会中的民主党派共同参与起草了这部法律，它为工人参与企业的决策提供了保障。

战时的其他事件发展都不是什么好兆头。德国政府答应人民，胜利将为帝国带来新的荣耀。德国将成为欧洲的大国、强国，从比利时和法国吞并领土，从俄罗斯帝国的西部获取更多的疆土。这样的愿景，在1918年俄国退出战争的时候短暂地实现过，德国直接或间接地控制了现在的波兰、波罗的海国家、白俄罗斯和乌克兰。一个叫祖国党（Fatherland Party）的新党派在1917年成立了，该政党号召继续战争，直至德国取得完胜，并且粉碎国内的温和派，把自己建设成为主宰欧洲的力量，并扩展"到印度的大门口"。祖国党有一名党员，叫阿尔弗雷德·胡根堡，他是钢铁联合企业的资本家，也是媒体大鳄，后来在魏玛共和国时期领导政府中的主要右翼势力——德意志民族人民党。祖国党还有一个成员是慕尼黑的机械钳

20

工和锁匠，名叫安东·德莱克斯勒（Anton Drexler）。1919 年，为实现祖国党的愿景，德莱克斯勒将成立一个叫德国工人党的政党。再过一年，在把年轻的退伍军人阿道夫·希特勒招募到党内后，德国工人党将改名为民族社会主义德国工人党——纳粹党。

战争把一些人变为极右派，也把另一些人变为极左派。社会民主党是战时幻想破灭的一个受害者。社会民主党在战前的德国一直是最大的政党，也是世界上最大的社会党，党员数量有 100 万。1912 年，社会民主党在帝国议会选举中获得了最多的席位。虽然该政党的社会主义意识形态应该是致力于和平，但他们坚决支持德国的战争，他们在帝国议会的代表投票赞成所有必要的战争拨款。部分是由于战争，战时他们的党员数量骤降，到 1917 年的时候，下降到了 25 万人。那一年，社会民主党的一个派系分裂出去，反对进一步的军事拨款。这个新的派系就是独立社会民主党。到 1917 年年底，独立党拥有了 12 万名党员，差不多是主流的社会民主党党员数量的一半。独立党是 1918 年后德国共产党发展的根基。德国的工人运动现在已经彻底分裂了。

但政治中心还能够控制局势。1917 年 7 月，帝国议会中最民主的三个政党（社会民主党、左翼的自由派和天主教中央党）控制着几乎三分之二的席位，这三个党派通过了一个决议，赞成和平谈判，不附带割让领土或强制赔款的条件。该决议约束不了兴登堡和鲁登道夫，但可以吓唬他们。毕竟，帝国议会的多数派应该是表达了大多数德国人的观点。决议刚刚通过，将军们就开始安排成立祖国党。他们还解除了倒霉的政府首脑特奥巴登·冯·贝特曼-霍尔维格（Theobald von Bethmann-Hollweg）的宰相职务，认为他太软弱了，控制不了帝国议会中任性的民主派议员。

和平决议的真正意义在于，它清晰地界定了德国政治的民主阵营。与之相关的三个政党在 1918 年之后将成为魏玛共和国民主制度的支柱 —— 他们后来被称为"**魏玛联合**"（The Weimar Coalition）。从 1917 年到 1933 年，德国的政治充斥着两个阵营之间的斗争 —— 这个民主阵营与支持战争的由保守和右翼自由主义者组成的民族主义阵营。

1918 年夏天，德军已经疲惫不堪，西线出现了战败的阴影。对此，兴登堡和鲁登道夫是很清楚的 —— 鲁登道夫将协约国在亚眠进攻的 8 月 8 日那天称为"德军的黑暗日子"。9 月下旬，他们告诉德皇，该是寻求与西方的协约国停战的时候了。将军们一贯很狡猾，他们拒绝自己出面谈判，而是把这事交给了帝国议会中的民主党派领导人。由于拒绝与德国"军国主义分子"谈判，美国总统伍德罗·威尔逊同意了这个安排。停战谈判通常由双方德高望重的军事指挥官参加，但这次，民主党派的政治家为德国接下了这个烫手山芋。而他们将因此而承受责备。

1918 年秋天，德军全都在外国的版图上，依然占领着比利时的大部分国土及法国北方的大片领土，也控制着东欧广袤的平原地区。德国的土地没有一寸被敌军占领。与第二次世界大战不同，当时飞机和炸弹的技术还没有发展到可以让协约国的空中力量对德国的城镇实施轰炸。德国的战时新闻检查很严格，媒体只报道胜利的消息和光明的前景。只有想象力特别好或消息特别灵通的平民才会明白，德国已经到了失败的边缘。可是突然间，国家的领导人要求停战。难怪大多数德国人感觉难以接受战败。

停战还没开始生效，德国国内却闹起了革命。先是海军的哗变，水兵们违抗命令，拒绝出海对英国人开展毫无意义的自杀式袭击。在一个厌战、饥饿和疲惫不堪的国家，革命从一个城市扩展到另一个城市，甚至蔓延到了在法国的部队。在 11 月初的几天时间里，

22

还在统治着德意志几个联邦州的古老王室，诸如巴伐利亚州的几个维特尔斯巴赫（Wittelsbach）王室和萨克森的几个韦廷（Wettin）王室，都退位了，最后连柏林的德皇威廉二世本人也被迫逊位。11月9日，社会民主党和独立社会民主党在首都接管了政权。这两个政党刚刚在一年前分裂，现在的革命形势促使他们重新临时联合起来。

国家的新领导人、社会民主党主席弗里德里希·艾伯特发现自己成了一个所谓的"人民代表委员会"（Council of People's Deputies）的负责人。这个机构由三个社会民主党人和三个独立党人组成，是现在德国政府的执行小组。艾伯特面临的问题很多：战争的失败、几百万军人要撤回国内和复员、英国海军的封锁造成的粮食短缺，以及获胜的协约国将会拟定的和约条款。

艾伯特和社会民主党人清楚地知道他们应该做什么。他们要让德国成为一个像西方那样的议会民主国家。在遥远的东方，俄国的革命是一个可怕的例子，如果事情做错，这样的革命也会在德国发生：内战、饥荒和国家恐怖。艾伯特不喜欢社会革命（意思是像俄国那样的革命，不但推翻政权，而且颠覆财产所有权和阶级关系）。"这是犯罪"，他说。他和他的政党想尽快举行国民议会的大选，以便起草新的宪法。

但并不是每个人都认为俄国革命是一个可怕的例子。对有些人来说，这是鼓舞人心的。在1918年年底的时候，德国依然有几个不同类型的革命运动活跃着。一个"大柏林工人与士兵代表会"（Greater Berlin Workers' and Soldiers' Council）按照俄国苏维埃的模式成立了，该组织的执行委员会声称其权力在"人民代表委员会"之上，执委会成员仿照俄国布尔什维克的做法，要对德国进行激进的改革。独立党内几个激进的党员也想那么做，还有其他诸如斯巴达克同盟（Spartacus League）那样的左翼团体。斯巴达克同盟的领导人是社会主义知识分子卡尔·李卜克内西和罗莎·卢森堡（Rosa Luxemburg）。

在这样的形势下，艾伯特的联合政府注定不会长久。紧张的形势还波及了与军方的关系。在上任的第一天，艾伯特与威廉·格勒纳上将达成了协议。格勒纳已经替代鲁登道夫成为部队的后勤部长，他同意军队支持艾伯特政府，而不是"大柏林工人与士兵代表会"。作为回报，艾伯特同意不对军队和军官进行改组。12月，一支叫"人民海军师"（People's Marine Division）的左翼革命部队占领了柏林的皇宫，并把几位社会民主党的政治家扣为人质。艾伯特根据他与格勒纳达成的协议，授权军队去镇压暴动。为此，独立党人与艾伯特决裂，退出了艾伯特政府。工人运动的制宪派和革命派之间的裂痕越来越大。

革命派也对自己进行了重组。在岁末年初的时候，独立党的左翼与斯巴达克同盟等几个激进的团体合并，仿照苏俄的原创模式，组建了德国共产党。1919年1月4日，卡尔·李卜克内西宣布举行革命起义，要推翻艾伯特政府。这场起义很快就被认为是"斯巴达克暴乱"（Spartacus Revolt）。艾伯特再次向格勒纳求救。在军队和新成立的"自由军团"（大都由退伍老兵和错过了战争的学生组成的准军事组织）的协助下，艾伯特政府平定了暴乱。自由军团士兵逮捕并杀害了卡尔·李卜克内西和罗莎·卢森堡。这样的事件（左翼起义和自由军团的血腥镇压），还会在1919年春天的柏林和慕尼黑重复发生（后者导致大约600名左翼人士被杀）。

1919年1月19日，德国人民投票选举国民议会。艾伯特的社会民主党赢得了约39%的选票——这个纪录在自由选举中没被德国任何的政党，包括希特勒的政党所超越，一直保持到德意志联邦共和国总理康拉德·阿登纳（Konrad Adenauer）在1957年第三次当选时取得压倒性胜利。其他政党也承诺要创建一个新型民主政体，天主教中央党和左翼自由的德意志民主党，分别获得了19.7%和18.6%的选票，意味着超过四分之三的德国人支持进步的民主政治。

1919年2月初到8月之间，在持续不断的政治动乱和起义中，在关于《凡尔赛和约》条款的激烈争辩中，国民议会为现代的民主起草了一部具有先进水平的宪法。《魏玛宪法》的主要设计师是一位叫胡戈·普罗伊斯（Hugo Preuss）的法学教授。几年后，普罗伊斯告诉前来采访的两位美国记者，照搬照抄美国的宪法让他感觉压力很大。"大会召开期间，美国总统威尔逊处在事业的高峰，"他说，"然后是威尔逊的失势（普罗伊斯指的是，威尔逊的和平纲领在国会遭到了失败），总统与国会之间存在着死结；显然，你们的体系有缺陷，这个是我们应该尽力避免的。"他起草的宪法可以避免死结是个笑话：1930年恰恰出现了死结。然而普罗伊斯有充足的理由认为，他的体系可以避免这样的问题。

新宪法确实借鉴了美国的一些元素：总统强大的权力和逐项列出的个人基本权利。同时，它阐明了沿用英国模式的议会政府规则——又是一个笑话，因为英国人从未将这些规定写入成文宪法。有些条款是根据德国历史，另有些则是真正的创新。

宪法的中心是国民议会，应至少每四年由年满20岁的所有男女公民选举产生。议会选举的亮点和新点是比例代表制，意味着选民把选票投向列表政党的候选人，而不是像英国下院或美国众议院选举那样把选票投向一个选区的某个候选人。然后每个政党将会获得在议会中的席位数，与得到的选票比例相适应。

比例代表制在今天的欧洲是很普遍的。德国依然在实行这样的选举模式。其优越性是经选举产生的议会能够确切反映投票人的选择。相比之下，英国的选举制度，能够为那些获得40%左右选票的政党，或者在地区中心很强大的政党，带来很大的优势，同时使那些在全国各地获得均衡微弱支持的政党处于不利地位。即使是通常只有两个政党竞争的美国国会选举，其结果也常常不能反映全国多数选票的意愿。比例代表制的缺点，是会产生一个有许多不同政党组成的议会，有些政党很小。这就难以产生一个稳定的政府。魏玛共和国为此吃了不少苦头。

其原因在于宪法第 52 条和第 54 条的综合作用。第 52 条规定，联邦政府——指的是执行小组——由总理及其内阁组成。第 54 条说，总理和内阁需要得到议会的信任，否则就必须辞职。具体来说，这意味着政府需得到议会多数的支持。如果 50%以上的国会议员投票反对，那么总理及其内阁就失去了议会的信任，他们必须辞职。这是议会政府的一个基本原则，看上去是合乎逻辑的，也是合理的，其目的是保证对执行小组实施民主监督。在魏玛，此举打开了几乎是永久性的危机大门，在共和国的最后几年，还形成了死结，差点爆发内战。

《魏玛宪法》中的其他主要人物，当然还有总统。总统应由全体公民选举产生，与议会选举分开进行。总统的任期为七年。

总统是国家元首。宪法规定了总统的一般职责是"极尽全力"为"德国人民谋求福祉"，使之"免受伤害"，并遵守宪法和法律。让国家走向世界，是总统的工作。总统要负责批准有关条约和结盟，还要接受外国使节"递交国书"。在国内的政治事务中，总统要任命总理（总理依然需要获得议会多数的支持，这是不能改变的）。总统还要任命内阁部长，但这方面他似乎应该听从总理的建议。 26

总统职权中最有争议的是宪法赋予的处理紧急状态的权力。

宪法第 48 条是最重要的，有些人说这是《魏玛宪法》中最臭名昭著的条款。该条款说，如果"公共安全和秩序发生严重混乱或危险"，总统可以"采取必要的措施"，包括"在武装部队的协助之下"。该条款还规定，如果联邦州政府没有履行宪法的义务，那么允许总统"强制"其履行，再次"在武装部队的协助之下"。这有一个制约：无论总统根据第48条采取了什么行动，都可以被议会的多数票推翻。

在宪法授予总统的权力中，还有一个可笑之处。制宪者的一次争辩是关于新体制应该把更多的权力赋予议会还是总统。普罗伊斯先是主张议会应该具有最高的权力。但他后来认为，一个强大的、有指挥力的总统职权，比一个急躁的议会更有利于克服德国的宗教（天主教对新教）、社会阶层和地区的差异。还有一个更为重要的因素。与其他制宪者一样，普罗伊斯也是一个自由党人，不是社会党人。在1919年的条件下，社会党人似乎能够在新的国民议会中获得永久的多数。普罗伊斯担心，社会党人的永久优势也许会建立起一个"反向的威权国家"。所以普罗伊斯认为，一位强势的总统——拥有在必要时凌驾于各党派之上的紧急状态处置权——是民主的卫士。

1925年，前来采访的美国记者询问普罗伊斯，他是不是认为总统可以滥用职权。普罗伊斯说不。他在最后分析的时候说，总统要听从议会。他的所有命令，包括根据宪法第48条的命令，必须由总理或一位部长共同签署——当然，总理或部长必须获得议会的信任。普罗伊斯没有料到，魏玛共和国的其他制宪者也没有料到的是，一个反对民主的人能够当选总统，然后也许试图颠覆这个体制。很少有人想到过，敌视民主体制的政党能够在国民议会中成为多数党。这是一个很好的例子，所以美国法学家小奥利弗·温德尔·霍姆斯（Oliver Wendell Holmes Jr.）说，为安全起见，起草法律的时候，必须心里装着"坏人"，而不是好人。

不管怎么说，书面的法律其本身并不意味着什么，或者说能够意味许多，这其实是同一回事。法律不能自己施行自己。重要的是，容易犯错的人类要去执法的整个文化和政治环境。《魏玛宪法》不得不在基本上是第一次世界大战前形成的政治文化背景中去实施。

1914 年之前，很难说德国是一个真正的民主国家，但确切地说，它也不是一个没有民主的国家。根据 1871 年的宪法，德国的统治者是世袭的皇帝。在从 1888 年到 1918 年的最后三十年间，末代皇帝是威廉二世。与美国一样，德国皇帝任命政府工作人员，主要是作为政府首脑的宰相和主管各部门的大臣。他们完全听命于皇帝。但德国也有一个经选举产生的议会，即帝国议会，年满 25 周岁的所有男子都有选举权。这是相当民主的做法，因为当时包括英国在内的许多国家，投票权仍与纳税或财产所有权挂钩。没有帝国议会的批准，不得通过法律，在德意志帝国四十七年的历史中，帝国议会对政府的影响稳步上升。

实际上，在德意志帝国成立的 1871 年到战争爆发的 1914 年之间，政治势头已经转为赞成具有自由或民主倾向的政党。相比之下，右翼政党持续失去势力。他们所代表的社会团体（贵族精英、高级军官、公务员和工商资本家，以及许多身份较卑微的农村和农业群体）能够看到他们的国家已经与他们渐行渐远。在德国的社会里，新的团体正在出现。有些团体本来一直是最贫穷和最弱势的：产业工人和诸如犹太人那样的少数民族。右翼政治开始发出愤怒的、常常是绝望的和拼命的声音。在 1871 年德意志帝国建立的时候，对君主和教会的忠诚一直是保守主义的印记。保守派的大报《十字报》（Kreuzzeitung）刊头有一句格言："为皇帝和祖国，我们与上帝一起前进。"但到 1914 年的时候，随着自由派和社会主义力量的兴起，许多极右翼人士受到了很大的挫折，他们很愤怒，转而反对传统。他

28

们公开反对这个体制，几乎闹成了革命运动，有时候甚至拿皇帝作为出气筒。

　　右翼也在文化斗争中遭到了失败。部分地，这场斗争是关于文学和艺术的新形式：针砭时弊的戏剧、公开描述性行为的小说和表现主义的油画。部分地，这斗争也是对新型媒体的担忧，比如电影和畅销报纸，版面上充斥着关于体育、犯罪和丑闻的内容，而不是政治和外交。有时候，这场斗争关于社会变革。逐渐强大的女权主义和同性恋运动，对正统男权身份提出了挑战。1906 年，一个很有天赋的骗子，即后来成为"科佩尼克上尉"而名声大噪的威廉·沃伊特（Wilhelm Voigt），用一套假军服和熟练的演技，说服一个班的轻信的士兵，协助他去柏林郊外的科佩尼克镇政府实施抢劫。他的胆大妄为和颠覆军纪很快使他成为民间英雄和媒体的超级巨星。但许多德国人感到纳闷，在巴赫、康德和歌德的土地上，一个罪犯怎么能够获得如此青睐和吹捧。1908 年，一份报纸哀怨地表达了人们的心声："为恢复我们人民的道德，需要来一场彻底震撼内部或外部的灾难。"

　　这样的灾难以第一次世界大战的形式来到了。然而，战争并没有改变德国政治文化的基本元素，反而加强了。在已经习惯群众政治动员和旗帜鲜明的政治立场的情况下，德国人进入了"一战"后的时期。对政治权利的强烈意识，使他们比以往任何时候都需要在文化和政治方面打一场绝望的、很可能会输掉的战争。

　　相比战争的过程，战争的结束和战后的状态对德国人的影响更为深远。保守的知识分子埃德加·尤里乌斯·荣写道："于我而言，新的世界图景起始于各条战线的崩溃、'十一月革命'和祖国被占领的那个悲惨时期。"

对德国人来说，战后秩序的主要因素是在 1919 年 6 月 28 日签订的《凡尔赛和约》。和约的条款把德国边境地区划分给波兰、丹麦、比利时和法国，限制德国陆军和海军的规模，禁止拥有空军，禁止与奥地利结盟。和约还把德国排除在新的国际组织"国际联盟"之外。但真正引起德国人注意的是第 231 条，即"战争罪行条款"，该条款要德国单独承担战争爆发的责任，还有第 232 条，它强迫德国向战胜国支付战争赔款。按照传统的官僚做法，法国领导人把这项任务交给了一个委员会。在以后的十三年时间里，支付的款项将定期进行重新谈判。

一种长久流传的神话是，《凡尔赛和约》极为严酷，这种严酷导致了德国人民的愤怒和纳粹的兴起。实际上，和约是"一战"战后最温和的安排。德国史和外交史专家普遍认为，欧洲两次战争期间的那些问题，并非都是由和约导致的。当然，几乎所有德国人都认为，和约是不公平的，不应该这样不公平。关键是德国人对和约的态度分成了两大派：他们应该是进行抵抗，包括武装抵抗，还是应该用耐心的外交斗争来进行抵制？

与和约促成了战后意见分歧至少同样重要的，是关于战争的两个神话。一个是"1914 年的神话"，这有关战争的开始。另一个是"背后捅刀"的神话，这涉及战争以革命和失败而结束。这些神话相互间存在着辩证的关系：团结对分裂、爱国对叛国、胜利对失败、右翼对左翼、8 月对 11 月。"战争是在阳光灿烂的夏天开始，而革命是在寒冷潮湿的 11 月的雾气中开始的，这对后者是个极大的不利条件。"德国记者和历史学家塞贝斯蒂安·哈夫纳（Sebastian Haffner）如是写道。战争结束的时候，他是柏林一个 11 岁的小学生。哈夫纳说，即使民主党人也感觉到了这样的对比力度。"他们从来没有真心希望回忆起 1918 年 11 月 9 日，也从来没有庆祝过这个日子。纳

30

粹用 1914 年 8 月来攻击 1918 年 11 月，一直能够轻易取得胜利。"虽然"十一月革命"意味着杀戮已经结束，"丈夫回到了妻子身边，人们回归了生活"，但没有欢乐的感觉，"只有沮丧、失败、担忧、毫无意义的枪战、迷茫和坏天气"。当然，战争带来了灾难。但战争的"爆发与几乎每个人的记忆相关联，还伴随着一些令人难忘的欢欣鼓舞的日子"，而革命只是唤醒了"大多数德国人心中黑暗的记忆"。

根据哈夫纳的说法，8 月和 11 月的这种对比，基本界定了魏玛共和国的政治。两个神话都没有坚实的现实基础，第二个甚至比第一个更没有基础，但更为重要的是，千百万人民深信这些不真实的事情。

根据 1914 年的神话，战争的爆发给德国人民带来了突然的大团结。原先存在于各社会阶层、政党、宗教和地区之间的往往比较尖锐的差别和分歧，都在热切的爱国主义高潮中消失了。后来成为剧作家的卡尔·楚克迈尔（Carl Zuckmayer），在战争即将爆发的时候才是一个十几岁的年轻人，全家居住在荷兰。乘坐火车返回故乡美因茨时，他看到一名骑兵军官刚刚与其妻子道别。这位年轻军官的命运"也是我的命运"，许多年后楚克迈尔写道，"再也没有分离和距离了"。这些情感"几乎像宗教力量那样"征服了他。

楚克迈尔的记述是 1914 年乐观主义的典型表达，虽然他还描述了几位似乎并不这么认同的正在哭泣的妇女。实际上，这样的感觉在楚克迈尔那样的中上阶层年轻人中间特别明显。所谓德国人普遍分享战争热情这一观点，是个彻头彻尾的神话。1914 年的时候还没有民意调查，所以历史学家是依赖群众的示威游行和报刊的社论文章，来测定人们的感觉。就前者而言，至少上街游行抗议战争爆发的柏林人，其数量与欢呼战争爆发的一样多。7 月 28 日，首都发生了有 10 万人参加的公开反战集会。就后者而言，报刊的不同观点主要体现在希望控制战争的规模和批评战争的野蛮。极少数报刊表达了对即将发生事情的真正热情。战争期间，随着一方面独立党的发展壮大和另一方面祖国党的发展壮大，德国人更加分裂了。但也许正是这个原因，消融分歧和全体德国人为共同的斗争而团结起来的梦想才有了坚实的基础。这是一个许多德国人渴望回归的理想状态，是德意志民族已经失去的某种伊甸园。1914 年的记忆，在魏玛时期被不同观点的政治家所引用，但真正充分利用它的是纳粹党人。

军队最高统帅兴登堡和鲁登道夫，以及他们这条线上的其他军官，应该对"背后捅刀"神话的产生负主要责任。1918 年 8 月之后，这些人认为，德国已经在军事上失败了，唯一要做的合理的事情是尽力摆脱与这事的干系。他们很聪明，召来了 1917 年和平决议的倡议人——中央党领袖马蒂亚斯·埃茨贝格尔（Matthias Erzberger），动情地要求他承担起爱国主义的义务，并把这个棘手的任务交给了他。埃茨贝格尔激动得热泪盈眶，他同意并去参加了停战谈判。他的回报是后来遭到右翼的诽谤和中伤。1921 年，他被暗杀了。

1919 年春天，一个叫马克斯·鲍尔的陆军上校出版了一份小册子，其标题为《我们能否避开、赢得或停止战争？》。鲍尔担任过鲁登道夫的政治和经济管理高级顾问。他对自己小册子上这个问题的回答是清楚的：德国在一开始就可以轻易地打胜这场战争。即使在后来，前景也是好的。"战争失败了，"他说，"只是因为国内出事了。尤其是在最困难的时候，革命决定了德国的命运。"

1919 年 11 月，在国民议会成立的一个调查德国战败原因的专门委员会的听证会上，兴登堡和鲁登道夫一起前来做证。两位高级军官都穿着便服。他们公开解释说，穿军服前来，意味着太尊重那

32

些要听取他们证词的国会议员了。当委员会的主席，一位叫格奥尔格·戈特恩（Georg Gothein）的自由党人询问兴登堡的时候，这位陆军元帅没理他，开始念一份由鲁登道夫起草的声明。戈特恩试图打断他，但兴登堡继续冷冰冰地念下去。"尽管敌人有兵力和装备的优势，"兴登堡说，"但我们可以把战争的形势转为有利。然而，不同的政党利益开始在我们中间显露。这些局面不久就导致我们失去了征服敌人的凝聚力。"然后就不可避免地造成了崩溃，而"革命只是最后的一根稻草"。兴登堡声明的最后一句话让人记忆深刻："德军遭到了背后捅刀。"

1914 年的神话和"背后捅刀"的神话，都有重要的相同之处。两者所依据的观点都认为，战争的决定因素是意志力，而不是兵力和装备——正如兴登堡所言。两者都可以导致一个保守的、反民主的政治战略。按照右翼的观点，1914 年 8 月的团结是对像 1918 年11 月那样的崩溃的回答。这个观点最重要的形式是纳粹的"人民共同体"（Volksgemeinschaft）概念。纳粹党明确声称，他们的"人民共同体"是 1914 年精神的再创造。

民主党人应该对战争失败负责的观点，以及认为《凡尔赛和约》是民主党针对军队的阴谋——"背后捅刀"——的结果由此开始成了一个谎言，军队高层把它用作自己在战争中表现的借口。民族主义者拿这个去攻击民主党人。如历史学家杰弗里·费尔海（Jeffrey Verhey）所写的，民主党人试图使用"在遇到极为不合理的说法的时候，理性的人们会采用的不予置信的语调"来回应。但不管怎么说，千百万德国人相信"背后捅刀"。他们不管这样的说法合理与否。这与他们内心深处的意识形态相吻合，甚至还迎合了他们的心理需要。他们乐意相信这个说法。

德国首个民主政体的关键问题，是对为什么战败或如何应对战后安排没有达成普遍的社会共识。那些接受战争结果的人认为，德国是被一个拥有更多资源、人力和海洋权的联盟压垮的。英美资本主义及其国际势力塑造了战后的世界秩序。英美列强创建了全球化，比人们使用这个词语还要早。第一次世界大战之后的世界力量不平衡程度是令人吃惊的。1922 年的《华盛顿海军条约》(Washington Naval Treaty)清楚地反映了这一点。在 20 世纪 20 年代，建造和维护成本以及复杂的技术使得战列舰成为最明显的国力标志。《华盛顿条约》把世界五大强国，即英国、美国、日本、法国和意大利的战列舰建造比例分别设置为 10∶10∶6∶3∶3。其他国家都不予考虑。

因此，德国要么接受英美的全球化，努力适应，最终使之有利于自己；要么，德国可以迎难而上，甚至不顾一切地反抗。这是魏玛共和国外交政策的根本抉择。

民主主义者和民族主义者之间的分歧，逐渐等同于接受和不接受战争结果的区别。顺应世界秩序是德国民主主义政治家做出的反应，而反抗则是右翼的民族主义者选择的道路。

其中含义仍由鲁登道夫将军这个人物来进行阐明，先是他在国民议会委员会的证词，接着是他的战争回忆录，以及几年后他的那本引人注目的专著——《总体战》(Der Totale Krieg)。翻译成英语后，图书的标题改为《战争中的国家》(The Nation at War)，这是具有启发意义的。更有启发、更为无意间精准的，是英文译者对鲁登道夫的德文术语 "Totaler Krieg" 的翻译。译者认为，这个术语不能照字面译为 "总体战争"，而应该是 "极权战争"(Totalitarian War)。鲁登道夫心里所想的正是极权社会。假如德国是因为国内战线的纪律崩溃而在第一次世界大战中战败的，那么国家的首要任务就是有效地控制社会，使这样的崩溃以后绝对不会发生。必须毫不留情地铲除异议。

为了战争的需要，必须以这各种方式动员全体人民。思想控制和有
效的宣传是十分重要的。只有独裁才能做到这一切，因此，对拒绝
接受战后秩序的民族主义者来说，德国的民主从来不是一个选择。

　　鲁登道夫的前顾问马克斯·鲍尔直截了当地指出："统治意味
着支配。"

　　在 20 世纪 20 年代初期，鲁登道夫开始与从帕瑟瓦尔克医院出
来的一个年轻士兵一起工作，并向他灌输自己的思想。这个年轻人
就是阿道夫·希特勒下士。

第二章

乱世政局

官员们担心他的安全。

之前接到过警告说，共产党人也许会攻击他。大量的人群聚集在柏林莫阿比特区图尔姆大街91号气势恢宏的刑事法院外面。人群中大都是纳粹的冲锋队员，但谁也不知道里面是不是混进了共产党人。这里也有众多警察，他们慢慢地把示威的纳粹分子赶进了旁边的小街巷里。

自1906年起，刑事法院就坐落在图尔姆街和拉滕诺维尔街的转角处。人们还是把它叫作"新"刑事法院。在街区的另一头，也就是拉滕诺维尔街与老莫阿比特街相交的地方，是"老"法院，它的历史可以追溯到19世纪70年代。两者之间是一系列拘押室，经由秘密通道可与两个法院相连。他们就是从这条通道把他带过来的，避开了外面的人群。

他今天没穿制服，而是标准的平民服饰——蓝色的西装。只是挂在纽扣孔的万字符表明了他的政治面貌。法警快步行走，把他和他的副官威廉·布吕克纳（Wilhelm Brückner）带到了三楼的 664号审判室。在他进入的时候，四名纳粹被告跳起来，抬起右臂高呼"希特勒万岁"，然后他们不肯坐下。"站直身子表现热切，"纳粹报纸《攻击日报》（Der Angriff）满意地报道说，"他们向元首展示，即使身陷囹圄，他们也是高贵的。"

1931 年 5 月 8 日，一张法院的传票，把民族社会主义德国工人党（纳粹党）的领导人阿道夫·希特勒带到法院，来为企图谋杀的四名纳粹冲锋队员的受审做证。他面临艰难的挑战。几个月前，共产党的远足俱乐部在一个舞厅举行聚会，冲锋队朝人群盲目开枪，击伤了三个年轻人。现在 27 岁的激进社会主义律师汉斯·利滕代表他们三人出庭指控。利滕想利用希特勒自己的证词来证明，纳粹的暴力不仅仅是一些头脑发热的年轻人的得意忘形导致的。这是有计划的和系统性的，而且来自希特勒的直接命令。

回答利滕的提问会迫使希特勒陷入进退两难的困境。事实上，他的确经常鼓动冲锋队员施展暴力。那是他们自己的观点。但纳粹党在 1930 年 9 月的大选获胜，全靠中产阶级的选票支持。为赢得胜利，纳粹党发誓绝对忠于《魏玛宪法》和德国法律。中产阶级的选民不喜欢咋咋呼呼的政治活动家。更多的纳粹暴力也许会再次把他们吓跑。但太忠诚于宪法则会激怒咋咋呼呼的革命冲锋队员。他们梦想发动暴力政变。不管希特勒怎么来执行党的纲领，他也许会顾此失彼，失去一批支持者，或者会让自己受到做伪证的指控。

在希特勒走进莫阿比特的法庭时，这还不是他唯一的问题。他不喜欢他不能控制的局面，那样的话，他精心培育的无所不知的力量光环也许会显得空洞。而且，他还对自己的受教育水平深感不安。相比之下，汉斯·利滕是名门望族的优秀后代，是法学院的尖子生。在法庭上，他精于司法辩论，毫不害怕法官、证人和对方的律师，不知疲倦地追求证据。他有着照相机般的记忆力。尤其关键的是，他有犹太血统。

询问延续了三个小时。利滕的沉着镇定和不依不饶的质问磨垮了希特勒。摄影师利奥·罗森塔尔（Leo Rosenthal）经常把照相机偷偷带进法庭，这一天也一样。罗森塔尔擅长在法庭里偷拍照片。他敏锐地注意到了希特勒的神态：躬身向前、双肩绷紧、表情紧张和焦虑，根本不是无所不能的元首的样子。

高潮出现在对一份小册子实施鉴定的时候。该小册子是纳粹党宣传头目约瑟夫·戈培尔起草的，其内容是给纳粹新党员的简要的意识形态培训教材，还包括了一个承诺，即如果纳粹不能通过选举取得政权，"那我们就闹革命！那我们就盯住议会不放，建立起以德意志拳头和大脑为基础的国家！"利滕想知道，如果希特勒的政党合法，那么这种小册子怎么可能由党指定的宣传家起草并由党的正式出版机构出版？在上午的询问中，希特勒回避这个问题，否认纳粹党批准过这个小册子。然后在午饭的时候，利滕获悉，这个小册子还在戈培尔召集的大会上和在纳粹党的所有书店里出售。希特勒能否解释一下这事？希特勒解释不了。他为自己的笨嘴拙舌感到愤怒，无助地咆哮起来。利滕平静地逼他回答问题。

法官库尔特·奥尼佐格（Kurt Ohnesorge）把救命索抛给了希特勒。与魏玛许多法学家一样，奥尼佐格也是属于保守建制派的德意志民族人民党。倒不是说他喜欢这些咋咋呼呼的纳粹党人，而是他必须做出选择，比起社会党人和共产党人，他宁愿选择纳粹。"这与本案无关"，他说，以此阻止了利滕进一步的质问。希特勒浑身发抖，相当狼狈，但他得救了。

　　关于这个情景的最深刻的评论，是由律师和自由报纸的专栏作家鲁道夫·奥尔登（Rudolf Olden）撰写的。在为次日的《柏林日报》（*Berliner Tageblatt*）写稿的时候，奥尔登叹息说："希特勒一再为纳粹党的合法性发誓，"然而，"没几个人相信他。"希特勒真的想让人们相信他？奥尔登认为，问题在于纳粹党的核心支持者们，尤其是冲锋队的年轻人，不想相信他。他们喜欢谈论暴力革命。但也有一些幻想破灭的前纳粹党人，他们认为自己参加的是一场革命运动，现在相信希特勒是忠于宪法的。于是他们"失望地离开了他"。

　　奥尔登注意到了汉斯·利滕的犀利战略：如果能让希特勒坚持自己的誓言、坚持纳粹党的合法性，并否认一直发电文给冲锋队煽动暴力，那么或许会使他失去支持。奥尔登总结了利滕希望传达给德国人的信息："别再相信他了，他说的是实话。"然而，奥尔登对德国同胞没抱太大指望。他写道，"人们没有那么快明白"。

　　德国人确实如此，而汉斯·利滕将为那一天在法庭上的表现付出代价。在差不多七年以后，34 岁的他在遭受多年的野蛮殴打、酷刑和苦役之后，将在一个新的地方，一个叫作集中营的地方黯然死去。

　　阿道夫·希特勒一直在说谎。但他也清楚地说过他在做的事情和打算做的事情。这就是阿道夫·希特勒的基本悖论。

　　我们可以从接近希特勒的那些人的回忆中看到这种悖论的运用。汉斯·弗兰克（Hans Frank）是希特勒后来的律师和被占波兰的总督。根据他的记忆，他第一次听到希特勒演讲是在 1920 年，当时他感觉"这个人是说话算数的,他自己不是全信的事情是不会去说服别人相信的"。康拉德·海登是社会民主党的记者和希特勒第一部重要传记的作者,他在慕尼黑当记者的时候,多次听过希特勒的演说。"在他演讲的高潮,"海登写道,"他被自己迷住了,不管他说的是绝对的真话或者是弥天大谎,那个时候,他说的话完全体现了他的存在……甚至从谎话中产生出一种本真性的灵韵,使听者为之沉迷。"另一方面,希特勒的财政部长鲁茨·什未林·冯·克罗西克伯爵(Count Lutz Schwerin von Krosigk)注意到:"他甚至对自己最亲密的朋友也不诚实……根据我的观点来看,他以假乱真,连他自己都分辨不清是真话还是假话。"

在《我的奋斗》中,希特勒相当诚恳地宣称自己缺乏坦率。希特勒写道,讲政治的时候,越不诚实越好。政治家撒个小谎或说个无关紧要的假话,是会犯错误的。小谎容易被发现,然后政治家的信誉就会毁灭。最好是说个"弥天大谎"。为什么呢?"谎言说大了,里面总归有一些可信的成分",希特勒解释,"因为广大人民群众的内心深处"会不知不觉地"更容易受到腐蚀"。"由于他们原始的纯朴幼稚,与小谎言相比,他们更愿意成为大谎言的受害者,因为他们自己有时候也撒一些小谎言,但太大的谎言就会让他们感到不好意思了。"

这些原始纯朴的人民从来没想过说"弥天大谎",人民不能想象其他人会那么做。事实无关紧要。"即使被告知事实真相之后〔是的,即便被查明/即便有启蒙(ja selbst bei Aufklärung)〕",这些普通百姓"还是怀疑和犹豫,还会继续相信至少某些(谎言)是真的。因为最无耻的谎言总会有一些成分经久不息,世界上所有说谎专家对这个道理知道得实在是太清楚了"。

然后希特勒的争论奇怪地转向了。刚刚还在说为政治目的要善于说大谎言，现在他指责他的主要敌人是"真正的"说谎者。"自古以来，"他写道，"最会说谎和造谣中伤的是犹太人。"希特勒说，著名哲学家阿图尔·叔本华把"犹太人"说成"谎言大师"。如果你不明白叔本华洞察的"真相"，或者你"不愿意相信"，那你就"决不会去帮助宣传真相"。至于这个需要你自己去说谎才能帮助宣传的真相究竟是什么，却没有人能说清。

另一个惊人的事实出现在这些段落里：希特勒对德国人民仅仅报以蔑视。这话也许显得令人惊奇。人们知道，希特勒是极端的民族主义者。他梦想使德国再次强大，增加德国的财富和扩大德国的版图，他孜孜追求建立一个德意志优等人种的帝国。难道德意志人不是优秀人种？然而，如果你仔细斟酌希特勒的话，你就会发现在他从头到尾的整个政治生涯中，他一直认为德国人是无知的、软弱的和愚蠢的。

"人民群众懒惰而懦弱"，他在《我的奋斗》中写道。没有必要把关于税率或税收水平或外交条约细节等一些复杂的情况告诉他们。通报政情是"资产阶级"（中产阶级自由党人）的错误做法。普通老百姓不可能理解这些事情，也不想去搞清楚。"让老百姓知道的事情必须是简单的。"这样的事情必须是情感性的——仇恨就很好——而不是知识性的，而且必须是无休止重复的。

确实，希特勒在其整个政治生涯中多次把自己的挫折归咎于德国人民的"素质"。《我的奋斗》中有一个段落生动描写了都市贫穷对一个工人阶级家庭产生的腐化影响。在他所谓的"第二本书"——第二次世界大战后才出版的《我的奋斗》的 1928 年续集——中，他抱怨德国人民连"英格兰人那样的平均素质都没有"，虽然"英格兰人……也许永远也不会陷入我们人民那样的危险深度"。当第二次世界大战开始对他不利的时候，一个典型且常常重复的说法是，

"如果德国人民是脆弱的，那他们只能被强者所灭；而人们是不会去同情他们的"。

关于阿道夫·希特勒还有一个悖论，那就是他在政治上取得的令人惊讶的成功。历史学家一直告诉我们，有这么一个人，他性格内向，不与人交往。他只爱自己的母亲，其他任何人都只是可以利用的人。他没有亲密的男性朋友，或者如果有的话，也最终与之分道扬镳，或者甚至把他们杀了。他与女人也没有罗曼蒂克的亲密关系［他的情妇爱娃·布劳恩（Eva Braun）只是他所利用的一个人］。与他相处过很长时间的人说，他一直是一个遥远的、不可知的人物。

但这个人对其他人或群体的思想、希望、恐惧和需求，有一种惊人的直觉。恩斯特·汉夫施丹格尔（Ernst Hanfstaengl）长期担任希特勒的对外宣传负责人，他用技术方面的类比来描述这种品质："只要有令他感兴趣的人——他对任何人都有一段感兴趣的时期——来与他相处，他会发动自己的内部机器。……询问的声呐就会发射出去，很快，他就会获得这个同伴的波长、渴望和情感的清晰形象。"然后与希特勒谈话的人就会开始想象，"希特勒的内心深处是富有同情和理解的"。汉夫施丹格尔总结说，希特勒"对我遇见的所有男人或女人都具有最可怕的说服力"。

汉夫施丹格尔注意到，这不仅仅是希特勒吸引群众的一个技巧。他还给诸如英国首相大卫·劳合·乔治和内维尔·张伯伦等一系列老练的政治家留下了很好的印象。有些好印象是与他的表演能力相关的——这是他的一个天赋，还有他的演说能力。根据需要，希特勒可以表现得沉着、谦虚和讲道理。同样，他那有名的突然发怒和同情的眼泪通常只是演戏，为的是增强效果，还有他与支持者握手的诡计，他会长久地深视对方的眼睛，一般都能给对方留下强烈的和持久的印象。

希特勒不知疲倦地表演，其目的是达到他想要的效果，包括对群体和对个人。他的个人摄影师海因里希·霍夫曼（Heinrich Hoffmann）拍摄了许多他在演讲时的姿态的照片，这样他可以精调手部的每一个姿势和脸部表情。他的传记作者康拉德·海登根据许多纳粹党内部资料，描写了希特勒为接待一位重要客人，在他的信徒鲁道夫·赫斯（Rudolf Hess）的协助下做准备的情况。先是希特勒派遣赫斯去会见该客人，这样赫斯就可以回来向希特勒做全面的汇报，然后两个人就会进行会客的排练，由赫斯扮演客人。赫斯告诉希特勒，客人会指望"自然的权威"，"您可以长篇大论，您的意志是不可动摇的。"那么他应该中气十足地说话，用不着叫喊？希特勒问道。"当然了。"赫斯说。希特勒试了试这个方法，赫斯则敦促他说话"更镇静些，不带感情，不用命令口吻。您并不求他。让命运来做决定"。最后，希特勒对这个方法满意了，在练习了一会儿之后，他停止了。他告诉赫斯："我们现在可以了。"

即使在出版了无数本传记之后，但在我们真正想了解希特勒时，他的许多事情依然笼罩着疑云、神秘和争论。在《我的奋斗》中，希特勒声称当他还是维也纳的一个年轻人的时候，他就学会了反对犹太人。他写道，战争是他人生中伟大的经历，他是带着勇气和荣誉感去参战的。他解释说，令人震惊的停战消息使他决定投身政治，使那些"十一月罪人"得到惩罚，因为他们背叛了德国的战争努力，在这个国家建立了一个不合法的政府。

42　　最近的研究几乎在每个方面都把有关希特勒的情况搞得支离破碎。那我们该如何描述这个人呢？

1889 年 4 月 20 日，阿道夫·希特勒出生在奥地利因河之畔的布劳瑙。他父亲阿洛伊斯·希特勒（Alois Hitler）是奥匈帝国海关的一个小职员。作为农场的一个穷男孩，阿洛伊斯没有受过高等教育，在社会阶梯上奋斗了很长时间。希特勒的母亲原名克拉拉·波尔兹尔（Klara Pölzl），比阿洛伊斯年轻23岁，而且是他的外甥女和第三任妻子。希特勒是这对夫妇所生的第四个孩子，也是第一个存活的幼儿。

一开始我们就发现，有一个重要的含义不够确切。希特勒的父亲阿洛伊斯是非婚生的孩子。广泛的研究从来没有完全澄清阿洛伊斯父亲的身份。他的母亲是玛利亚·安娜·席克尔格鲁贝（Maria Anna Schicklgruber），阿洛伊斯在39岁之前一直使用的是席克尔格鲁贝这个姓氏。他父亲最有可能是希德勒两兄弟之一，即约翰·格奥尔格·希德勒（Johann Georg Hiedler）或约翰·内波穆克·希德勒（Johann Nepomuk Hiedler）。在阿洛伊斯出生之后，约翰·格奥尔格娶了玛利亚·安娜，但从来没有把自己的姓氏给过妻子的孩子。只是在约翰·格奥尔格去世之后，约翰·内波穆克才安排阿洛伊斯成为约翰·格奥尔格的合法儿子，因此只是在那个时候，阿洛伊斯才改姓为希德勒，但他把姓拼写成了希特勒。这样的异体拼写在当时的奥地利农村地区是很普遍的。

当代的研究有效地驳斥了由汉斯·弗兰克等人提出的一个流传已久的推断，即阿洛伊斯的父亲来自格拉茨的一个犹太家庭，玛利亚·安娜曾经是那个家庭的女仆。但希特勒本人似乎非常害怕这是真的，而且这影响了他的举止行为：也许正是为此，他才特别关注血统的纯洁，包括他自己的血统，并且通过1935年《纽伦堡法令》（Nuremberg Laws）禁止了“雅利安”人种的女子在犹太人家庭当仆人。希特勒一再下令盖世太保调查他自己的身世，但该调查从来没有得出结论。最令人瞩目的是德勒斯海姆的命运，那是奥地利的一个村庄，是希特勒父亲的出生地和祖父的埋葬地。德国在1938年3月吞并奥地利之后，希特勒立即把德勒斯海姆交给了德国陆军作为炮击的靶场。村庄的人口都被疏散，然后军队用炮火把它抹去，包括村庄的公墓地。

希特勒后来说，他父亲的改姓是阿洛伊斯为他做出的最好的事情。很难想象狂喜的人群高喊"席克尔格鲁贝万岁"的景象——除非在讽刺作品，比如查理·卓别林的电影《大独裁者》(*The Great Dictator*)中。

阿洛伊斯的工作和忙碌意味着希特勒家庭经常搬家——搬迁到德国边境内的帕骚（希特勒就是在那里获得了他以后一直不离嘴的巴伐利亚口音），然后到奥地利的林茨。与许多广为流传的说法相反的是，希特勒童年的早期似乎相当快乐。阿洛伊斯的独断独行和偶尔的家庭暴力，与那个时期其他许多父亲的做法并没有什么不同。在大多数时间里，希特勒在学校里表现良好。希特勒后来在《我的奋斗》中说，与父亲的主要冲突是关于阿道夫的未来。他说他梦想当一个艺术家，而阿洛伊斯希望他当公务员。这是希特勒关于自己的又一个真实性不大的故事。如果阿洛伊斯想让阿道夫成为公务员，那么他应该把男孩送去普通高中读书。然而，实际上他把阿道夫送进了一所"实科中学"(Realschule)，相当于职业高中。或许，这满足了阿道夫的部分愿望，使他有条件成为建筑师。

当然，这并不意味着希特勒的生活由此展开。阿洛伊斯在1903年1月去世，当时阿道夫13岁。对希特勒打击更大的是差不多五年后他母亲的离世。1907年初，克拉拉被诊断出得了乳腺癌，并在当年的12月病逝。为她治疗的医生回忆说，希特勒伺候母亲的时候表现得特别孝顺，他从来没有看到过有人在母亲死去的时候，像阿道夫那样悲痛欲绝。

希特勒去了维也纳，想进艺术学院就读。学院两次拒绝了他的申请，由此标志着希特勒为期七年的漂泊生活的开始。他有一些积蓄，还有他姨妈给的一份津贴，但钱渐渐地花完了。几年后他不得不自食其力，为此，他画招贴画和维也纳街景，住到了城市北郊的单身公寓里。1913 年，他迁居慕尼黑，但因为逃避奥地利的兵役，他遇到了麻烦。

关于他在这些年的生活，流传至今的说法从各方面来说都是不可靠的。有些是来自单身公寓的其他租客，或者为他兜售画作的小贩的回忆集锦。希特勒想用《我的奋斗》表明，他是一个崭露头角的天才；通过从圣奥古斯丁（St. Augustine）到马尔克姆·X（Malcolm X）几位传记作者的传统方式，把自己作为一个教学例子来强调他的政治信息。但是我们可以肯定地说，没有第一次世界大战的爆发，希特勒很可能会在余生继续漂泊，在维也纳或德国南方某个城镇以一个卖招贴画勉强糊口的小画家的身份默默地死去。

但第一次世界大战打响了。当德国在 1914 年 8 月宣战的时候，希特勒回忆说："我俯下身子，衷心感谢老天爷让我生活在这样的一个时刻。"

希特勒蔑视奥匈帝国的宗教和民族多样性，他拒绝在这个国家的武装部队服役。相比之下，1914 年 8 月他立即自愿报名参加巴伐利亚的军队。（与萨克森一样，巴伐利亚也保留了自己的一支军队，独立于普鲁士－德国的主力部队。）希特勒依然是奥地利公民，巴伐利亚本应该拒绝他。但在战争爆发的混乱时期，他混进了部队，被分配到巴伐利亚后备步兵第 16 团，该团也叫"利斯特团"（List Regiment），是以第一任团长的名字命名的。10 月 29 日，希特勒所在的营在比利时伊普莱斯附近参加了战斗。他后来写道，经过四天激战，3600 名官兵只剩下了 611 人。团长尤里乌斯·利斯特上校（Colonel Julius List）也阵亡了。

希特勒以惊人轻松的形式，写下了他对这次战火洗礼的反应：

"一种恐怖感替代了浪漫的战斗精神。热情逐渐冷却，生气勃勃和欣喜若狂被死亡的恐惧所掩盖。"他说，所有的士兵必须参与到"保命本能与军人使命之间的斗争之中。我也参加了这次斗争"。当死神"来追猎"的时候，他继续写道，"一个不确定的东西反叛了"，试图来说服"虚弱的身体"，这才是真正的"理性"，但"这其实只是胆怯"。

他对这个个人危机的解决方法就不是那么令人惊奇了。最后，他写道："思想斗争结束了，军人使命胜利了。在 1915 到 1916 年冬天的时候，我就解决了这个内心的思想斗争。意志在最后取得了绝对的胜利。"意志战胜现实——我们也可以说，固执地拒绝承认现实——将成为希特勒生活和政治生涯中一个长期的主题。也就是说，他将"胆怯"和"理性"视为对立的。

希特勒在部队里担任一项特殊的工作：他是传令兵，或者说"团部的通信员"。这意味着他从团部把信息带给各营。1916 年下半年，希特勒受伤了，他获准回德国进行一段时间的康复疗养。1918 年下半年，他遭到了毒气攻击，所以在 11 月 11 日签订"停战协定"的时候，他在帕瑟瓦尔克的医院里。不然的话，除了短期的休假，他应该继续留在西线参加持久战。在他的部队第一次参战之后，他就晋升为下士。后来他再也没有晋升过，然而因为作战勇敢，他获得过两枚勋章：先是二级铁十字勋章，再是一级铁十字勋章，这是他那个级别的士兵能够得到的最高荣誉。

这方面的记录是有些争议的。历史学家托马斯·韦伯（Thomas Weber）最近提出异议，希特勒在部队里的表现，并没有像他自己声称的那样勇敢和危险。团部通信兵在团部工作，不是在战壕里，所以与前线的士兵相比是较为安全和舒服的。团部军官颁发勋章给他们认识的人，不一定是战斗勇敢的士兵，这就能够解释希特勒的获奖。当然，通信兵也是一项危险的工作。希特勒有时候要去前线的战壕，甚至在后方也有遭到炮击的危险。假如我们是在谈论其他人，而不是希特勒，那么批评他在部队期间与步兵战士相比较不是最危险，就显得小家子气了。传记作者沃尔克·乌尔里希（Volker Ullrich）给出了一个平衡的结论："在总结所有信息的时候，我们可以得出结论，希特勒并不是特别勇敢，但也没有'逃避责任'，躲避危险。"

为什么1914年之后，希特勒再也没有得到晋升？这方面依然笼罩着迷雾。参加第一次世界大战的士兵，只有少数人在1914年上前线后依然活着，并且1918年还在前线。如果确实有那样的人，那么他们至少已经晋升到了初级军官的级别。弗里茨·魏德曼（Fritz Wiedemann）在1916至1917年间是利斯特团的副官，他在第二次世界大战后做证说，团部军官认定希特勒缺乏担任中士的必要的"领导能力"。魏德曼的证词中最可笑的是，其德语表述的确切用词是，希特勒缺乏"元首"的能力。这在纽伦堡法庭内引起了哄堂大笑。但利斯特团的一名中士及后来纳粹的出版商马克斯·阿曼（Max Amann）在做证的时候说，希特勒本人拒绝晋升为初级军官。希特勒有可能知道，军官的伤亡率按比例来说，要高于其他级别的人，他想避开危险的岗位。

就我们的故事来说，希特勒服役期间有两件重要的事情。第一是不管他在贡献和勇敢方面表现如何平淡，他可以把他四年的前线经历自夸为一次胜利。可以想象，他在战后德国的政治中持续上升，免不了要援引自己曾是战时一名卑微士兵这一身份。

第二件事是，他声称战争使他在政治上觉醒了。希特勒在《我的奋斗》中清晰地表明了这个观点。他把自己描述成一名勇敢无畏的士兵，与战友们一样，在前线浴血奋战了四年，却被"十一月罪人"出卖，那些罪人宣布了投降，带来了革命。希特勒自传中这一

46

章的结尾处，清楚地宣扬了右翼的政治纲领。战争的牺牲不可能只换来让"卑鄙的罪人"上台执政。那些"罪人"的身份被立即确定为既是社会主义者又是犹太人，这在他的声明中讲得很清楚，"要理解犹太人是不可能的事情。必须报以坚定快速的'是或否'"。这个段落以一个简短的宣言结束："于是我决定，我要投身政治。"

　　然而，希特勒政治方向的后面还有一个更为复杂的现实。战后时期，开始时希特勒确实是革命和社会民主党人的支持者，而不是反对者。1919年春天，他的战友两次推选他进入"士兵委员会"（Soldiers' Council），那是一个革命组织。根据可靠的选举资料，我们得知在1919年1月份，希特勒的部队大概有四分之三的人把选票投给了主流的社会民主党。如果认为希特勒有不同的观点，那他们是不会选他的。1919年春天共产党人起义并在慕尼黑建立"苏维埃共和国"（Soviet Republic）的短暂时期，希特勒的战友们举荐他为营副代表。在"苏维埃共和国"短暂的生存期间，希特勒的工作是苏维埃宣传部门的联络员。有一段电影胶片和一张静止的照片，显示他行进在为巴伐利亚独立领导人库尔特·艾斯纳（Kurt Eisner）送葬的队伍之中，他戴着一个黑色的悼念袖标，还有一个红色的表示支持社会主义政府。

　　我们该如何把这个与希特勒后来的记录连接起来呢？有可能的是，在早期，他就能适应任何政府，不管是右翼的还是左翼的，只要其倡导集体主义意识形态就可以了。更有可能的是，这只是机会主义的表现。希特勒下士不想回归战前的贫困和孤独生活。军队已经成为他的家和他的雇主，如果留在军队里意味着要为一个激进的社会主义政府服务，那又何妨？

　　希特勒对待犹太人的态度也基本上一样。在《我的奋斗》中，他声称他是战前在维也纳时形成了反犹主义的思想。他用一个故事描述这个观点，说是在维也纳市中心遇到了一个"穿着长衫和长有黑色鬈发的"外地人长相的"现象"。他说他的第一反应是纳闷，"这也是犹太人吗?"希特勒注视该人:"我偷偷地、仔细地凝视这张外人的脸和脸上的每一个特征，但我越看越对脑海里的第一个问题产生了疑问……这是德意志人吗?"在这段经历的驱动下，希特勒开始研究"犹太人问题"，他写道，这是为了认识犹太人在政治、社会生活、新闻和艺术各方面的"毁灭性的"影响。"渐渐地，我开始仇恨他们。"

希特勒在 1919 年之后仇恨犹太人的许多狂热的表述，可追溯到 1913 年前他在维也纳阅读过的一些特定的报纸、传单和书籍。当然，那时候他吸收了维也纳独特的反犹主义。但当时没有证据表明他持有这种观点。那时候有许多证据证明，不管是在维也纳和战时在部队里，他有好多犹太人朋友，而且总体上他是尊重犹太文化的。仇恨似乎潜伏着，就像照相底片的形象等待被冲洗出来。

由柏林的社会民主党政府派遣的军队，在 1919 年 5 月粉碎了慕尼黑的苏维埃政权，一个右翼的州政府开始在巴伐利亚执政。一个委员会开始调查军队是否支持苏维埃。希特勒还是渴望留在军队里，但他最近支持苏维埃的记录现在成了污点。他开始为委员会效劳，举报支持左翼的战友。马克斯·阿曼在 1945 年后做证说，在被部队开除之前，就是否支持苏维埃之事，他受到过希特勒的盘问。我们不知道希特勒是主动告密，还是调查组利用他的记录迫使他提供"证据"。不管怎么样，对希特勒来说，要掩盖自己讨好共产党的权宜之计是立即走到政治上的另一头。但即使在 1919 年的 9 月，当他在为委员会工作的时候，他写给上司的一份备忘录，其内容除了"使人们为更好的生活奋斗"的理想，还包括了"社会主义"和"民主"。

48

那个时候，希特勒在卡尔·迈尔上尉（Captain Karl Mayr）的手下工作，这是陆军在慕尼黑的一支反革命宣传部队。当时迈尔要求希特勒回复一封关于犹太人"威胁"的来信。希特勒的回信揭示了将会伴随他一生的一系列想法。他写道，"犹太人"是"水蛭"，只对金钱感兴趣，从来没有思想。德国的目标必须是"清除犹太人的权利"，最终"把犹太人全都清除掉"。这两个目标"只是在一个具有民族力量的政府领导下才能实现"。

希特勒从革命的社会主义向反犹的极右翼转变，对理解他本人和1919年发生在德国的事情是很重要的。上半年的时候，生活在神学家恩斯特·特勒尔奇（Ernst Troeltsch）称之为"停战梦境"中的德国人，对战后的世界前景充满了乐观的幻想。就是在这个时期，四分之三的选民在宪法议会的选举中支持民主党派。但在1919年，随着时间的推移，德国人获悉了《凡尔赛和约》的条文，而且得知协约国就此不接受谈判。后来，兴登堡和鲁登道夫开始提出"背后捅刀"的神话，以及在自由军团的协助下，中央政府暴力镇压了威胁到柏林和慕尼黑的极左翼起义这些事情。这是突然间出现的一个更为黑暗的世界。但与其说黑暗是战争本身的产物，倒不如说更像是战后的产物。

这些经历当然不会使所有德国人从政治上转向右翼，也不意味着德国的民主已经是注定要消亡的。实际发生的是对民主的幻想破灭和战后的秩序开始散播。1920年的德国议会大选表明了这样的一个现实状况：社会民主党的选票下跌了近一半，从39%跌落到了21%。失去的选票大都转向了独立党和共产党，而自由的德意志民主党的选票流向了更为右翼的德意志人民党和极为右翼的德意志民族人民党。

对德国人来说，这场战争似乎像希特勒在维也纳的时期：一系

列经历和波动，直至被后来发生的某事所限定。在 1919 年，革命
和《凡尔赛和约》的条款开始赋予战争一个更暗淡、更关键的意义。

　　下士希特勒的生活中也发生了一件重要的事情。

　　在为迈尔上尉工作期间，希特勒开始了"和平条件和重建""移
民""社会及政治经济流行语"等主题的演讲，听众是一拨拨军人。
他回忆说："我开始投入极大的热情和爱心，因为突然间我获得了在
人群前演讲的机会。这样的事情，我一直纯凭感觉设想，无法确信，
但现在得到了证实，我可以'讲话'了。"

　　希特勒无意中发现了他自己确实擅长的技能：他能够以自己
强烈的愤恨煽动听众进入狂热的状态。即使是在这个阶段，希特勒
的"演讲"就充满了愤怒，尤其是针对犹太人的。虽然没有保存下
这些讲话的档案，但根据这些演讲的题目，和他自己及其他人的描
述，很可能他开始把"犹太人"与战争的失败，以及《凡尔赛和约》
强加给德国的苛刻的条款联系起来了。希特勒的上司确实告诉他要
降低反犹的调子，以免他的演讲被认为只是反犹煽动。

　　迈尔上尉开始尊重这个人——他写信给他的时候，抬头的称呼
是"非常尊敬的希特勒先生"，在军队中上尉这么称呼一名下士是很
不寻常的——并开始把他作为线人派去参加在慕尼黑到处涌现出来
的许多小党派的会议。1919 年 9 月，希特勒被派去考察一个叫德国
工人党的社会团体。他的任务并不包括参加讨论。但一位发言人鼓
吹巴伐利亚从德国独立，这样的背叛使希特勒勃然大怒，他忘记了
自己的身份，起身用一连串恶语大骂该发言人。后来听说那人被骂
得像"落水狗"一样狼狈不堪。"这个人口才不错，"据说德国工人党
主席安东·德莱克斯勒注意到了希特勒，"我们可以·利用他。"

　　还是军人的希特勒成了德国工人党的党员，并开始定期在慕尼

50

黑周围的啤酒馆里发表演说。他的声望持续上升，工人党的形象和集会人群的数量也在上升。1920年2月24日，德国工人党在慕尼黑市中心著名的皇家啤酒屋的节日大厅举行第一次群众集会。参加大会的有两千人（或许五分之一是左翼的反对者）。为这次大会的召开，希特勒和德莱克斯勒已经起草了一份有25条的正式党纲——稍后在希特勒的敦促下，把名字改成了"民族社会主义"德国工人党。此后，该党简称为"纳粹党"（Nazis），就像社会民主党有时候也被简称为"索粹党"（Sozis）一样。

那天晚上，希特勒不是第一个发言的，但他是最精彩的。慕尼黑警方的一份报告为我们描述了他说的话。到处都是需要帮助的人，希特勒说，他们生活悲惨、忍饥挨饿。"这样的日子还有多久？人人都在纳闷。官员们对此做了什么？什么也没有！因为政府太懦弱了，不敢把真相告诉人民。"政府刚刚一遍一遍地告诉人民：更加努力地工作。"但他们忘了说，所有这些工作都不会把好处带给我们，而是带给我们的敌人，这份'和约'造成了新的巨大痛苦。"希特勒转向另一个目标——签订停战协定并敦促接受《凡尔赛和约》的政治家马蒂亚斯·埃茨贝格尔。曾经，他说，德国官员一直以正直而闻名。但政府里有一个像埃茨贝格尔那样的叛徒，我们还怎么去指望政府的真诚呢？希特勒故意利用了这样一个事实，即埃茨贝格尔虽是天主教徒，但他的姓氏发音在许多德国人听起来像是犹太人。警方的报告记录了集会群众对希特勒的评语发出了"雷鸣般的掌声"。"我们感到不可理解，"希特勒继续说，"这位绅士怎么还没有坐到监狱里去？"继之又是"热烈的掌声"。

希特勒说，工人一直被要求从德国移民去俄国。"如果东部的犹太人继续留在那里，如果那里有那么多的工作，这样是不是更加切实可行？"这里，希特勒说的是犹太人从苏俄移民到德国，这是战后几年里在德国人的生活中经常被谈论的事情。他的讲话再次获得了"热烈的掌声"。他又尖酸地补充说:"如果这些人是移民,你们可以想象他们会从事什么样的工作。"(又是掌声,还有"打倒犹太人!犹太人滚出去!"的尖叫声。)"对骗子和高利贷者,罚款是没有用处的",希特勒继续说,人群发出了"打死他们!吊死他们!"的喊声。希特勒宣读党纲的时候,人们又鼓掌了,但也被反对者打断过几次。警方的观察员认为,这个场面也许随时会暴发打架斗殴。希特勒总结说:"我们的格言只有斗争。我们将毫不动摇地朝着我们的目标前进!"

康拉德·海登是少数几个从一开始就认识到希特勒的重要性的人之一,作为在慕尼黑的年轻记者,他经常去观看希特勒早期在啤酒馆的活动。虽然海登是社民党人,但希特勒明白宣传的作用,即使是对他的批评性的关注。那个时候有谣传说,如果在听众席上没有看到海登,希特勒是不会开始演讲的。海登知道了希特勒获得演讲成功的诀窍:希特勒能够发出洪亮的声音,不然的话他就是一个没有特色的人。"在毫不起眼的双肩之间有一个发声器官,其发出来的声音实际上是力量、坚定、命令和意志的组合,"海登写道,"即使在休息的时候,也有一种丰富的激动的雷鸣声回荡在汽笛般的号叫之中;这是一个残酷的、危险的信号,但也混合着亲密、愤怒或蔑视的可变的人类潜在情感。"

随着自我膨胀和自吹自擂的持续发展,希特勒老是吹嘘纳粹党早期的故事与其中自己的英雄事迹,以及自己的政治天赋、当之无愧的领导地位和特立独行。但如果没有令他成长的环境——德国人心中经久不散的羞辱和恐惧感(这永远是最危险的政治感情),以及经济不振——那么他将一事无成。希特勒具有独特的能力,他抓住了因战争的失败、令人羞辱的和平条约、对未来的不确定和暴力革命及其后果（尤其是在巴伐利亚）而生成的一种独特的心情。他说服听他演讲的成千上万的人，他，只有他指明了救世的道路，不是因为他具有合乎逻辑的说服力，而是因为他有坚定的信念，可以为困惑的问题提供解决的办法。对1918年"背叛"的回答是，赶走"十一月罪人"：社会主义者和犹太人。德国需要像过去那样再次强大起来。只有那样，才能把战后的秩序颠倒过来。他一直拿1914年8月与1918年11月进行对比：前者是德国团结的伟大象征，后者是战败的时刻和内部敌人的背叛。

在很早的阶段，希特勒的某个特征已经清楚显现，并将继续塑造他所成为的领袖和他所领导的运动。最明显的是不安全感及各种伴随症状的混合：自夸为唯一的权威，不能容忍任何批评。他少年时代的挚友奥古斯特·库比泽克（August Kubizek）回忆说，在被维也纳艺术学院回绝之后，希特勒就会突然间"为芝麻绿豆的事情大发脾气"。"他诅咒学院僵化的官僚主义，认为那些人不能理解真正的艺术。他谈及卑鄙地设置的绊网……其唯一目的是要毁灭他的前途。但他要让那些能力低下的老糊涂睁开眼睛看看，没有他们，他照样能够进步。"当时库比泽克在维也纳攻读音乐，他的老师把几个私自招收的学生带过来跟他学习。希特勒更加愤怒了，他嫉妒他朋友获得的成功。"人们可以明白，他说……有一个反对他的大阴谋。"总而言之，库比泽克说："我的印象是，阿道夫已经心理失衡了。"

53　　希特勒也对自己受教育有限和知识有限极为敏感。"与大多数愚昧之徒一样，"恩斯特·汉夫施丹格尔回忆说，"他有自认为不需要学习任何东西这样的情结。"库比泽克有一次问希特勒，他是否打算继续通过书本自学。"他惊奇地看着我，然后咆哮：'当然，你是需要教师的，这个我是明白的。可他们都是多余的。'"他惯常地咒骂知识分子和专家。"自认为受过教育的广大人民群众，"他说，

"只是些肤浅的贱民和狂妄自大的笨蛋，他们甚至不知道自己业余到了什么可笑的地步。"他喜欢设想，他自己的经验足以应付所有的局面。他有一次宣称，唯一真正有价值的书，是他在"退休"以后要写的。但他渴望得到专家的认可。当波恩大学的一位心理学教授来讲授关于《我的奋斗》概念的时候，他显得相当激动和受宠若惊。希特勒说，这是一个"极大的享受"。

1923 年对希特勒来说，可能是而且也本该是个灾难的年份，结果却是一个怪异的胜利。为了让始于年初的战争赔款支付得到实施，法国占领了德国工业腹地鲁尔河谷，由此开始，德国经历了自战争以来最糟糕的一系列危机。鲁尔和德国中心地区再次发生了极左翼的起义，激进的政府在萨克森州和图林根州上台执政，莱茵兰地区的分离运动风起云涌。当通货膨胀变得恶性的时候，国家实际上已经完全没有货币体系了。1 月份，兑换率狂升到 1.7 万马克兑换 1 美元已经够糟糕了，但兑换率到 8 月变成了 460 万马克兑换 1 美元，9 月是 9890 万马克，11 月是 22 亿马克，12 月为 42 亿马克。

在这样的形势下，伴随着前一年墨索里尼的"向罗马进军"，希特勒决定，针对柏林政府的政变时刻已经到来。事情是 11 月 8 日在一家叫勃格布劳凯勒（Bürgerbräukeller）的慕尼黑啤酒馆的集会开始的。为使集会成功，纳粹党联合了另外一些右翼团体，以及第一次世界大战德军统帅埃里希·鲁登道夫。然而第二天，警察向希特勒及其追随者开火，造成了几个人的伤亡之后，起义彻底失败了。11 月 10 日，希特勒被逮捕。第二年春天，希特勒、鲁登道夫、准军事组织领导人恩斯特·罗姆，以及一些与希特勒串通的保守的领导人和军官，在慕尼黑的一个特别法庭受审。

这是从失败走向胜利的时刻。希特勒显然犯有叛国重罪，理应

54

为他在"啤酒馆暴动"中的所作所为而被判处重刑。由于他不是德国公民，法庭应该下令把他驱逐出境。然而，法官显然很是欣赏第一被告。在希特勒的第一次庭审辩护演说之后，一位法官说："这个希特勒是个了不起的家伙！"希特勒佩戴着铁十字勋章，充分展示了他的演说才能。预审被全国媒体广泛报道，使希特勒成了全国知名人物。法庭名义上判了他五年有期徒刑，但大家都明白他可以提前释放。鉴于他为德国服过兵役，法庭明确拒绝下令把希特勒驱逐出境。

监狱生活事实上对希特勒来说是某种疗养和休息。他的"牢房"看上去更像是一套舒适的公寓。追随者前来探视和参拜，巧克力、糕饼和其他精美的点心如雪片般地飞来，使希特勒的体重大有增加。有这么一个传说，说的是希特勒在监狱服刑期间向他的随从鲁道夫·赫斯口述了《我的奋斗》。实际上，希特勒先是用速记的方法把自己的思路写成提纲，然后看着打字机的键盘一个字一个字地把文稿打出来，这本书肯定是他在狱中写成的。

1924 年 12 月出狱时，希特勒发现德国已经与一年前大相径庭。与 20 世纪 20 年代前期危机四伏的国家相比，他要在这个新德国开展活动显然困难得多。许多变化都与 20 世纪 20 年代后期德国政治的风云人物古斯塔夫·施特雷泽曼有关，而这个人在每一件重要事情上都是希特勒的死对头。

施特雷泽曼在 1923 年当过几个月的总理，但从 1923 年到 1929 年期间一直担任外交部长（连续九届政府，包括他自己担任总理时的政府），他在魏玛共和国留下了最深刻的印记。倒不是说他的记录没有引起争议。开始的时候就有关于他的争议，而且那种争议贯穿了他的整个执政年月。他致力于与国外和好并在国内推行民主，是不是一个"好德意志人"？或者他是一只披着羊皮的狼，只是又一个民族主义者，用和平的花言巧语来掩盖他的扩张阴谋？两种观点各有真实的成分。但对施特雷泽曼来说——还有他最重要的搭档，法国外交部长阿里斯蒂德·白里安——德国的民族利益需要和平、与法国和好，以及融入世界经济。

对施特雷泽曼这个人的评价也是褒贬不一。英国记者克劳德·科伯恩（Claud Cockburn）认为，施特雷泽曼"相当有趣，只是不能信任他"。他有"一种精彩的表演，他假装自己不但是个胖子（他确实胖），而且是个好心肠的人，喝了啤酒后就会稀里糊涂达成协议了。实际上，他思维敏捷，锋利如电锯一样"。后来成为德意志联邦共和国第一任总统的另一位魏玛自由政治家特奥多尔·豪斯说，他"忍受不了"施特雷泽曼。另一方面，小说家托马斯·曼的描述是，"这个非凡出众的人"具有一种"理解力，同时充满了活力并经过疾病的提炼"。20世纪20年代初英国驻柏林大使艾伯农子爵（Viscount D'Abernon）的评价是很细微的。施特雷泽曼"鼓动仇恨的能力是很特别的"，他写道。或许是因为"他的思维太快了，来不及形成一个固定的印象——他的发音太洪亮了，短语太漂亮了，都是不假思索的"。他的才能"反倒使他获得了鲁莽轻率的坏名声——其实他根本没有这方面的缺陷"。

施特雷泽曼1878年出生在柏林，父亲是啤酒经销商——与当时欧洲各国的外交部长相比，施特雷泽曼的家庭条件不是很好。虽然施特雷泽曼是七个孩子中最小的，家里还是有足够的财力送他去上大学。他在柏林和莱比锡的大学攻读政治经济学，以一篇关于柏林瓶装啤酒工业的论文获得了博士学位。他是一个优秀的学生，本想走上学术道路，但他也要谋生，所以毕业后他参与了萨克森州制造业公会的组建工作，并以民族自由党人士的身份投身政治。

56

参加工作以后，他心爱的女人离他而去，因为他的前景过于不确定。她犯了一个错误。施特雷泽曼天资聪明，还有雄心壮志，加上努力工作，很快在工商界和政界都取得了成就。1907 年，28 岁的他出乎意料地击败了萨克森州一个贫穷地区的社会民主党议员，当选为帝国议会议员。那一年，施特雷泽曼是帝国议会中最年轻的议员。

一生中，施特雷泽曼的观点夹杂着自由主义和民族主义的矛盾。战争期间，他主张领土扩张和无限制的潜艇战，但也要求进行民主改革，这意味着他越来越多地受到帝国议会中两个大集团的攻击：民族主义的右翼想获得战争的胜利，但不愿改革；左翼则要求和平和民主。然而，战争的结束似乎带来了变化。施特雷泽曼开始愤怒地谴责德皇统治集团和德军总参谋部，只赞同马克斯·冯·巴登亲王、社会民主党人和弗里德里希·艾伯特。在试图团结战前左翼的自由党人和民族自由党人的努力失败之后，施特雷泽曼成了原先的民族自由党的改革版，即现在叫作德意志人民党的领导人。

在魏玛共和国的前两年，施特雷泽曼及其政党是民族主义右翼反对派的一部分，他们仇视《凡尔赛和约》和《魏玛宪法》。但施特雷泽曼的想法显然是在变化的，战争时期的民族主义变成了和平时期主张和好；在他的担任总理的短暂时期和担任外交部长的长时间内，他将领导这个国家经历类似的过程。他在任时的成就具有里程碑的意义。他在 1924 年结束了恶性通货膨胀，维持了德国经济的稳定。同年，由美国银行家查尔斯·道威斯（Charles Dawes）安排的《道威斯计划》（Dawes Plan），重新调整了德国的战争赔款支付，把德国的中央银行——德意志银行——置于协约国的管控之下。作为回报，法国结束在鲁尔工业区的占领。1925 年，在瑞士城镇洛迦诺，德国、法国、比利时、英国和意大利承认了巴黎和会（Paris

Peace Conference）给德国划定的西部边界，德、法、比三国同意相互 57
间永不交战，还设定了一个复杂的方案，使得德国不必与波兰和捷
克斯洛伐克签订关于东部国境的类似协定。《洛迦诺公约》（Locarno
Treaties）扫清了德国在 1926 年加入国际联盟的障碍。德国甚至还
获得了在联盟委员会（相当于今天的联合国安理会）的一个永久席
位。两年后，在阿里斯蒂德·白里安和美国国务卿弗兰克·凯洛格
（Frank Kellogg）的倡议下，法国、美国、德国和大多数其他大国签订
了《凯洛格-白里安协定》（Kellogg-Briand Pact），承诺不使用战争作为
国家政策的一个工具。1929 年又举行了一次关于战争赔款支付的
谈判，拟定了《扬格计划》（Young Plan），该计划虽然把支付期限推
迟到了 20 世纪 80 年代，但再次降低了德国的年度赔款额。白里安
通过在国际联盟的发言，提出一系列建议，迈出了欧洲整合的第一
步，包括同意结束协约国在莱茵兰的占领，以及讨论在法国管理之
下的萨尔地区回归德国的问题。总而言之，在短时间内，德国摆脱
贱民状态，回归到在欧洲和世界政治中一个受人尊敬的和重要国家
的地位。

　　这并不是说，这些成就都是施特雷泽曼一个人取得的。国内外
复杂的政治和经济因素起到了重要的作用。有能力的政治家和外交
官支持施特雷泽曼的工作，还有民主党议会代表的努力。《洛迦诺
公约》主要是由金融压力而不是理想主义推动的：没有公约带给西
欧的政治稳定，美国银行是不大可能借钱给法国或德国的。

　　还有施特雷泽曼与法国外交部长白里安的关系。白里安也出生
于普通家庭，曾经主张领土扩张。与施特雷泽曼一样，第一次世界
大战之后白里安开始明白，持久的欧洲和平只能通过法德和好来实
现。两人还极有幽默感。有一次，德国总理汉斯·路德（Hans Luther）
在演讲的时候谈到了德国问题的规模，白里安打断说，"你再讲下 58

去我们都要哭了"。路德不高兴了，但当白里安用一种夸张的受惊表情做出反应的时候，施特雷泽曼大笑起来。英国外交大臣奥斯丁·张伯伦（Austen Chamberlain）后来把他的这两位同事描述成"一位伟大的德国人和一位伟大的法国人，他们在过去浸透了鲜血的废墟上，寻求建立一座新的和平殿堂"。

施特雷泽曼认识到自己与白里安的契合，以及他们的共同政治挑战：使法德和好能为国内强硬的民族主义者所接受。在 1926 年的一次会议之后，施特雷泽曼写信给自己的儿子："白里安提到我们的会话，是以只有法国人听得懂的语言说的，他说我们的灵魂白如勃朗峰上的雪。"他与白里安谈了五个小时，一起喝了四瓶葡萄酒，但施特雷泽曼补充说，"我们都必须克服"在巴黎和柏林的"冰川"。对白里安来说，这个冰川的名字叫雷蒙·普恩加莱（Raymond Poincaré），是他的保守的民族主义对手，白里安担任外交部长的大部分时间里，普恩加莱是法国总理。对施特雷泽曼来说，这个冰川主要是阿尔弗雷德·胡根堡。

与施特雷泽曼一样，阿尔弗雷德·胡根堡出身平平，也是在政治经济学专业获得博士学位和在工商界获得成功之后投身政治的，但两人的相似也就到此为止。胡根堡 1861 年生于汉诺威，他父亲是公务员，却早早离世，从此家道中落。胡根堡长大后成为一名崇武的民族主义者，深信在世纪之交广为传播的"社会达尔文主义"的观念。1891 年，他成为"泛德联盟"（Pan-German League）的创建者之一，那是一个民族主义的游说团体，将会在德国政治中发挥险恶的作用，直至希特勒时代。同年，他获得了博士学位，论文是关于国家对农民的帮助以及德国扩展领土的需要，这是他在整个生涯中一直追求的理想，在当了一阵子公务员之后，胡根堡在一家银行获得董事会的职位，由此，他在 1909 年一跃成为赫赫有名的克虏伯钢铁和军工联合企业的董事长。在他任职期间，克虏伯的红利从1908 年的 8%上升到了 1913 年的 14%。

1916 年，胡根堡收购了奥古斯特·舍尔公司。舍尔公司是德国最大的媒体帝国之一，拥有许多报纸和杂志，其中最重要的是《柏林本地新闻》(Berliner Lokal-Anzeiger)，该报刊的每日发行量大约有 25 万份。另两个以柏林为基地的媒体大亨摩西(Mosse)和乌尔斯坦(Ullstein)，都是犹太人所拥有的，主张自由主义政治。奥古斯特·舍尔(August Scherl)不是犹太人，他的报刊是保守主义的。在 20世纪 20 年代，胡根堡在自己的股份中新增了电信业务——电报联盟(Telegraph Union)，还买下了"环球电影制片公司"(UFA, Universum Film Aktiengesellschaft)，使自己成为远超同行的德国最重要的媒体企业家。他用这些渠道推进自己的激进右翼、民族主义和反民主的政治运动。

胡根堡在 20 世纪 20 年代初期进入了德意志民族党的领导层，当时德国的几个民族党看上去似乎要合并成为一个右翼大党。他并不特别反犹，也并不怀念已经垮台的王朝。但在 20 世纪 20 年代，他是共和国最重要的激进反对派，也是施特雷泽曼战后重建政策的反对者。

20 世纪 20 年代中期，即使是德国的民族主义者也已经开始与新的民主政府和平相处。他们在 1925 年参加了汉斯·路德的政府，在 1927 至 1928 年间参加了威廉·马克斯的政府，以接受施特雷泽曼关于洛迦诺和国际联盟的政策作为加入政府的代价。但胡根堡没有。他要该政党不懈地追求激进的事业。在 1928 年的大选中，德意志民族党的得票从 20.5%下降到了 14.3%。温和派变弱之后，胡根堡夺取党的领导地位的努力成功了。对胡根堡来说，党的选票减少和党员数量减少都无所谓。他担心的是自己的政党已经变成什么

59

都不是，只是中产阶级的一个"聚合"，只是因为恐惧社会民主党人才团结在一起。然而他想建设一个"集团"，在其内部，"世界观的铁链把我们拴起来"，并让"软弱者和动摇派"坚定起来。他说，德国的其他民族主义者，要么站到旁边去，要么接受他的观点。

古斯塔夫·施特雷泽曼明白，对德国的新民主来说，国内外的政策是不能分离的。他所追求的外交目标将稳定国内的民主体系。再来一场战争只会使德国的分裂更加严重，民主政治无法贯彻执行。他在 1926 年说，"新德国和恢复工作"只能建立在和平的基础之上。反过来，和平只能是通过与法国的和好才能够实现。他想看到欧洲经济更为紧密地整合起来，但他也用全球的眼光来看，不想让这种整合影响到与英国和美国的贸易和金融关系。

施特雷泽曼取得的非同寻常的成功，甚至在他最大的反对者看来也颇为瞩目：希特勒后来告诉自己的外交部长约阿希姆·冯·里宾特洛甫（Joachim von Ribbentrop），他"不会"比施特雷泽曼"取得更多的成就"。但他取得的进展绝对不是容易的。施特雷泽曼在与白里安、奥斯丁·张伯伦和其他人打交道时，心头总是笼罩着来自战争的不信任、不确定和一股怨气。即使是在 20 世纪 20 年代后期，在"洛迦诺精神"（Spirit of Locarno）席卷欧洲的时候，困难依旧在增加。到 1928 年底，胡根堡在德意志民族党内的地位和他的媒体帝国的力量，是施特雷泽曼的主要担心对象。当胡根堡获得民族党领导地位的时候，施特雷泽曼写信给一位朋友说，"开始时是黑暗的，但结束时也许是内战"。那个时候，曾经打得火热的施特雷泽曼与白里安的关系也已经冷却。1929 年还发生了一件事情，那年的 7 月，施特雷泽曼告诉一位法国记者，阿道夫·希特勒"不但鼓吹反对和平条约，还反对社会秩序"，这是现在比胡根堡更让他担心的事情。

那个时候，施特雷泽曼已经有一年时间身体状况明显不好。

1929 年 10 月 2 日，他得了严重的中风。次日的第二次中风要了他的命，年仅 51 岁。他的去世立即引起了国内外的关注，这对魏玛共和国和欧洲的和平进程是一个沉重的打击。这方面，没有人比阿里斯蒂德·白里安更为清楚。据说在接到讣告之后，白里安喊道："订一口两人用的棺材。"

施特雷泽曼去世的时候，胡根堡正忙于组织一场运动，反对即将到来的关于重构德国战争赔偿支付的《扬格计划》。他的做法是争取获得足够多的签名，然后迫使在国民议会举行投票和进行全民公决。这场运动的其中一个事项是努力让议会通过一个法律，宣称德国官员以任何方式收取战争赔款都是叛国行为。胡根堡成功地招募了阿道夫·希特勒作为同盟。最近在施特雷泽曼原先的政治大本营萨克森州的一次选举中，希特勒的纳粹党选票增加了一倍。在 9 月 30 日他的最后一次讲话中，施特雷泽曼建议胡根堡要切实理解，无论他怎么反对，《扬格计划》肯定会获得通过。胡根堡的真正目标是联合纳粹党全面反对共和国。施特雷泽曼再次警告了发生内战的危险。

施特雷泽曼的时期对希特勒来说是个艰难的时期。他最重要的天赋是煽动那些自认为是政治羞辱和经济艰难的受害人的愤怒。这方面他做得好，因为他自己也是感觉愤怒的。但他是危机政治家，他适应不了温和的调子。1925 年 12 月，共和国已经脱离 1923 年的灾难，走上了恢复的道路，他只能说即将发生的"德国崩溃"。战争结束七年之后，他告诉慕尼黑的听众，"可以说我们已经下沉得越来越低了"。1926 年 4 月，他描述道，"老旧的产业造成了 1200 万人失业"，而事实上在那一年的无论哪个时段，德国的失业人数都没有超过 200 万。在"洛迦诺精神"的最高点，他把国际事务与

61

德国人的悲惨联系起来了。他提议说，《道威斯计划》和《洛迦诺公约》只是德国人受辱和屈从于其他大国的另一种表达。施特雷泽曼只是个叛徒。

"啤酒馆暴动"的失败使希特勒明白，他不能通过反对警方和军队来取得政权，只能联合他们。这就意味着要借助共和国的宪法，通过赢得选举来与共和国本身做斗争。或许他已经想到了如何施展诡计并颠覆这个保守的政府。与胡根堡合作，共同反对《扬格计划》，是有效的第一步。

但希特勒需要德国的形势再坏一些，比 1929 年秋季坏得多。对他来说幸运的是，各种力量已经在起作用了，这就会搅乱德国的形势。

第三章
血腥五月

　　警方已经准备了几个星期。他们要在首都的街道上布置总共
13,000 到 14,000 名警察。有些警察是从其他城市调派过来的，作
为增援警力。后来在回顾这一年发生的事件时，普鲁士内政部长
卡尔·泽韦林悲叹："在德国……政治反对派没遭到枪击、殴打
或刀刺的日子，是很少的。"一个叫马克斯·菲尔斯特的年轻木匠
和左翼活动家很可能说对了，"最后的战役开始了"。

　　尽管气氛紧张且有威胁，但这一天开始的时候是很平静的。
上午的时候，几个小团体在工人阶级的住宅小区集合后，开始走
向柏林市中心。但没走多远，他们都被警察拦住了。随着时间的
推移，警方与游行示威者的冲突开始升级。警察先是使用了警棍，
然后开枪警告。

　　马克斯·菲尔斯特和他的年轻妻子玛戈也在游行示威的队伍
之中。马克斯 23 岁，玛戈只有 16 岁，相当年轻。马克斯经常说，
她看上去一副"孤苦伶仃和瘦小纤弱"的样子。玛戈的长相具有

欺骗性。多年后，当她冒着生命危险去集中营营救一位朋友的时候，她将证明她是一个特别有道德、有勇气、坚韧、聪明的女子。但即使现在，警察也没有对她表现出丝毫的仁慈。马克斯叙说了他和玛戈不断遭受警察棍棒袭击的经历。他们不时地躲避着警察，有一次，站在他们身后的一个警察举起警棍要殴打玛戈，马克斯用自己的手臂挡开了棍子。

形势还在恶化。许多工会组织在室内举行了集会。集会结束后，更多的人拥到了街上。刚过中午的时候，就有人死了，是在哈克市场那边。警察声称，抗议者袭击一名警官，把他按倒在地上，所以他们做出了回应。几名警官盲目地朝人群开枪。一个示威者中了三发子弹后死了。另有四人受伤。

抗议者聚集的其中一个地方在科斯利纳大街附近，属于贫穷的维丁区，是市中心北边的一个贫民窟。下午的时候，警方不断地清理抗议者占据的街道。但根据一些人的说法，生活在这个贫民区的柏林人大声侮辱警察，并且根据一些人的说法，朝警察扔石块和玻璃瓶。警察拔出手枪，喝令居民留在家里，关好门窗。

有一个人没有立即服从命令。他是一个管道工，名叫马克斯·格迈因哈特（Max Gemeinhardt），是社会民主党人，也是该政党准军事组织"德国旗帜"（Reich Banner）的一名成员。格迈因哈特似乎想与警方说话，他留在了敞开的窗户边。一名警官直接向他瞄准开火，子弹击中了格迈因哈特的额头。他是在维丁区死去的第一个人，但不是最后一个。

面对警察的暴力，一些抗议者做出了反应，他们在维丁区狭小的街巷里设置了障碍物。除了原有的手枪，警方还调来了火力更猛的武器——机关枪和步枪。他们用装甲车清理障碍物，而且渐渐放弃了自卫这一借口。他们随意朝人群开火，并瞄准站在窗户边的其他人。晚上 10 时许，一个人在自己家里被穿门而进的子弹击中。他妻子后来解释说，他一直在家里，没有参加游行。当枪声稀少的时候，他想去附近他母亲的公寓，因为 17 岁的儿子已经在那里待了一天。他刚刚打开门，一颗子弹就射中了他的手臂。另有两颗子弹打在了他的背部。这些都不是致命伤——他的妻子说——但医生惮于中枪赶不过来，而警方根本不管。受害人在自己的"血泊中躺了约一个小时"，她说。等医务人员赶来的时候，已经太晚了。

这样的事情也发生在新克尔恩区的赫尔曼广场。一个叫保罗·潘德（Paul Pande）的 17 岁男孩出门去买香烟，半路上与人聊天。他母亲开始担心，走到楼下要去找他。警察没有警告就开枪射击。身子还在自家房子门内的保罗母亲被击中了。她被送到了医院，但很快就死了。

这是 1929 年 5 月 1 日。许多媒体很快就用上了"血腥五月"这一说法。不管怎么说，这是针对和平公民施展的特别严重的暴力。为什么会发生这样的事情？部分答案是警方对待柏林穷人和弱势群体的态度。警察仇视且恐惧诸如新克尔恩和维丁那样的地方，把它们看作犯罪分子和共产党人——警方常常将两者等同起来——的巢穴。《芝加哥每日新闻》（Chicago Daily News）驻柏林记者在这些地方进行了采访，报道中引用了警方的一个特别评论："我们本想用一种非常特殊的方法清理整个巢穴，可我们没得到批准。"

自 1889 年以来，在欧洲各地甚至美洲的工人一直把 5 月 1 日当成自己的节日来庆祝。社会主义的政党和工会每年都组织工人游行示威。1918 年之前，在德国，社会民主党一直保持着这个传统。但 1929 年，情况有所不同了。

一是社会民主党在普鲁士州和整个德国的掌权，他们必须为柏林市民的安全负责。柏林既是普鲁士州的首府，也是德国的首都，但柏林的暴力活动正在升级，主要是纳粹党和共产党两个极端政党发动的。为抑制暴力，柏林当局已经禁止在户外举行政治游行示威。由于在当局执政的是社会民主党，代表着工人阶级，所以许多人指望当局能够在"五一"节网开一面。但当局认为这样做言行不一和不负责任。

这就导致了第二个不同。1918 年之前，德国的政治左翼，都团结在社会民主党之内。1929 年，在社会民主党和共产党之间，左翼阵营中发生了痛苦的分裂。这个分裂是因战争期间社会民主党和独立党之间的分歧而产生的，是在 1918 年和 1919 年的暴力革命中加剧的。那时候弗里德里希·艾伯特的政府对自由军团采取宽容政策，允许他们打击左翼的激进分子。卡尔·李卜克内西和罗莎·卢森堡由此遭到了谋杀，还有其他几百个人。社会民主党和共产党这两个左翼党派是完全不同的团体。社会民主党是工人的政党，这些工人是体制内的熟练工人，工资较高，而且加入了工会。共产党代表的是下层社会：缺少职业技术的失业工人、穷人和弱势群体。这些人生活在维丁和新克尔恩那样的地区。与温和的改良主义者，也即现在掌控政府的社会民主党不同，共产党人明确表示要致力于苏俄模式的革命。他们最痛恨的甚至不是纳粹党，而是社会民主党。对共产党来说，社会民主党人不单单是敌人，也是叛徒。

1929 年，共产党坚持要组织他们传统的"五一"节抗议活动。如果能够让坚持禁止游行的社会民主党当局感到难堪就更好了。在快到 5 月 1 日的时候，他们的对手媒体发出了尖锐的指责。社会民主党试图"在普鲁士"搞"独裁"，共产党说。共产党喜欢把社会民主党人比作德皇的官员们，他们以同种态度对待政治游行。社会民主党回答，共产党搞这样的宣传"是在找死"。

事情闹得够大了。官方对 5 月 1 日的统计是，工人和积极分子死了 9 人，重伤 63 人，警察有 25 人受伤。在接下来的两天里，暴力更加严重了。到 5 月 3 日的时候，警方已经杀死 33 个平民，重伤 98 人，还逮捕了 1000 多人。警察受伤的人数是 47 个，没人死亡。一名警官遭受的唯一子弹伤口，是自己造成的。在"血腥五月"死去的人，按照记者卡尔·冯·奥西茨基（Carl von Ossietzky）的说法，是"社会民主党与共产党面子战役"的受害人。

共产党对纳粹党、共产党对社民党、警察对工人的冲突，都是尖锐的政治分歧引起的。1929 年的时候，这样的分歧正在撕裂德国社会。

罗曼咖啡馆是柏林的伟大——或自认为伟大——的艺术家和知识分子聚会的地方。为此，该咖啡馆获得了"妄想自大狂咖啡馆"的绰号。客人们并不能得到平等的接待。记者马特奥·昆茨（Matheo Quinz）把它比作一处"游泳设施，那里有一个大池给游泳者和一个小池给非游泳者"。门房决定哪些顾客去咖啡馆内哪个指定的区域。游泳者的池子是留给那些富人的，也就是电影导演、演员、广告商和少数几个大获成功的艺术家。在非游泳者的池子里，是作家、记者、其他艺术家、政治活动家，甚至还有犹太法典的学者。还有进一步的细分：共产党有一张桌子，艺术品交易商阿尔弗雷德·弗莱希特海姆（Alfred Flechtheim）占据了另一张，犹太法典的学者自然也有一张。各种小团体和小集团通常不会混杂在一起。只有记者埃贡·艾尔温·基希（Egon Erwin Kisch）具有"令人吃惊的能力，能在同时与各张桌子开展热烈的交谈"，同时还能阅读所有的报纸，并关注所有的女子。

罗曼咖啡馆也是一个不讲情面的地方。门房不认识的艺术家"都是不存在的"。咖啡馆只允许诸如剧作家贝尔托·布莱希特那样的少数几位客人，可以只点一杯饮料而在里面逗留一整天。大多数客人都会被告知尽快结账离开。历史学家埃里克·韦茨（Eric Weitz）称之为"魏玛共和国的完美象征——活泼、民主、热烈，有划定、有区分，但不能走出自己的圈子去说话"。

政治、宗教、社会阶层、职业和地区方面的分歧，变得越来越尖刻并且越来越难以调和，这是魏玛共和国的印记。长期担任德意志民主共和国对外情报局局长的马库斯·沃尔夫（Markus Wolf），在20世纪20年代是共产党积极分子家庭的一个小孩。许多年后他回忆起左翼与右翼之间的斗争，感觉"像是帮派争斗"，纳粹党"与我们的家庭完全不同，甚至像是不同的部落"。

由于共和国最终走上了希特勒的独裁道路，所以自然地应该关注魏玛的民主与反民主的区别。对柏林的政治家来说，民主与反民主的分裂无疑是最重要的。然而，从全国整体来看，情况更为复杂。那时候没有民意测验，所以我们不能确定在每次选举的时候，德国的选民是怎么想的。但关于支持共和国各政党的各个团体或地区，我们可以了解到的就比较多。

魏玛政治中最重要的分歧之一是关于"政治认信"（political confessionalization）。这与历史学家的术语有点关系，意思是人们在投票的时候往往是有条件的，他们会受到他们的社会环境、社区邻居、同事、教堂、俱乐部、报纸和其他媒体的影响。一旦政治认信确定，选民们会强烈抵制改变投票方向。这与固定教会社区类似，这个术语也是这么来的。

魏玛共和国的"认信"阵营有三个:社会主义阵营(基本上由社会民主党和共产党组成)、天主教阵营(中央党及其在巴伐利亚的姐妹党——巴伐利亚人民党)和新教徒中产阶级阵营[由保守倾向的德意志民族党、自由倾向的德意志民族党和德意志人民党,以及像"小业主党"(Small Business Party)那样的各种边缘团体组成]。

关键是魏玛共和国最高层的政治不稳定——在仅仅十四年多的时间里,就有过 13 位总理和 21 届不同的政府——这些阵营在1919 年到 1933 年之间是稳定的。每个阵营是一个大帐篷,容纳了民主和反民主的元素。选举运动通常在阵营内部进行,不会跨越阵营的界线。社会民主党流失的选票,先是去了独立党那里,后来流向了共产党,但可以预料的是(在 1919 年不寻常的高峰之后),社会主义阵营获得的选票保持在总数的 35% 到 40% 的范围之内。天主教阵营的得票变动范围更为狭窄——在 15% 上下波动。当纳粹党开始吸引大量选票的时候,其实它是接管了新教徒的中产阶级阵营,这个阵营的得票一般比社会主义阵营稍微领先几个百分点,在 40%左右。希特勒明白德国政治的这种基本结构,他在 1925 年告诉一位追随者:"我们必须捏着鼻子走进国会大厦,去对抗天主教和马克思主义的代表。"直至 1932 年,他的政党还没有从已经"认信"社会主义阵营的选民那里争取到许多支持,从天主教阵营挖来的选票就更少了。即使是在 1932 年到 1933 年纳粹选举获胜的高峰期,纳粹侵入其他阵营的情况也是有限的。

三个阵营的稳定和力量再次证明魏玛共和国社会分歧的普遍性,但还有其他因素。魏玛选民坚持自己认信阵营的事实,意味着那种使他们一开始加入这些阵营的社会化进程,与正式的政治意识形态一样,都能够解释他们的选票倾向——甚至可以解释得更加清楚。天主教徒把选票投向了中央党或巴伐利亚人民党,因为他们相信这是天主教徒应该做的合适的事情。都市工人投票给社会民主党或共产党，是出于他们对社会阶层的拥护。纳粹党能取得成功，是因为他们的纲领符合中产阶级新教徒已经形成的基本世界观。

德国政治中认信阵营的分歧，因德国的城乡差别——尤其是柏林和其他地区的差别——而更加明显。

我们对魏玛德国的印象，几乎都只关乎柏林：乔治·格罗兹的绘画、库尔特·魏尔和贝尔托·布莱希特的音乐、埃里希·门德尔松的建筑，还有克里斯托弗·艾舍伍德作品中的歌厅歌手莎莉·鲍尔斯，一个大型和公开的同性恋社群以及性方面的各种探索。但在1925年时，德国6250万人口中只有400万人居住在柏林。三分之一以上的人口生活在农村——如果居民人数在2000以下的算作村庄的话。他们的生活与摩登都市柏林大相径庭。

在20世纪初叶和中叶的城市中，阶级分化要比我们今天知道的大得多。而且欧洲人（当时和现在）对社会阶级的理解是与美国人不同的。美国人通常以收入来划分阶级；欧洲人较为复杂，他们讲究圈子、外观和经济关系。工人阶级只是在市场提供劳动力，而中产阶级则做生意，或有独立的职业，诸如法律或医药——不管收入多少。在20世纪20年代和30年代，工人阶级与中产阶级的界线，可立即从衣着、口音、身高，以及乔治·奥威尔所描述的气味分辨出来。这种都市社会结构反过来促成了都市政治的发展，工人阶级的政党和中产阶级的政党形成了明显的区别。

这种社会结构在农村地区是不存在的。与之正相反，乡村具有历史学家雪莱·巴拉诺夫斯基（Shelley Baranowski）所说的"乡村神话"。根据这个神话，农耕是最令人羡慕的工作形式，乡村生活是有益的本真性生活，促进社会稳定、和谐与和平。当然，乡村神话也是依靠等级的，尤其是从贵族地主到普通农民之间的等级。

受过教育的职业人员，诸如牧师和教师是中间等级。等级制度似乎是由社群感来维持的：在等级中，每个人都知道自己的位子，也知道自己的义务和责任。不可避免地，维持这样的信仰依赖于有一个"他者"作为对比。城市是敌人，用巴拉诺夫斯基的话来说，城市代表着"共和主义、多元主义、机械化、美国化、宗派主义、教育实验和道德腐败，尤其是两性之间界线的模糊"。

宗教信仰是乡下的一件大事。在农村地区，教堂的归属比城市要强烈得多。在有大量新教徒的普鲁士东部，第一次世界大战之后波兰的成立，增加了新教徒身份的重要性；因为波兰是信奉天主教的，这就导致普鲁士人作为新教徒的自豪感大为增强。

农村地区的人不喜欢魏玛共和国，这是可以理解的。社会民主党的力量意味着城市工人阶级的影响比战前增加了。这意味着政府要付出更大的努力来保持食品价格的低廉。出口产业也受到了影响，致使外贸政策更倾向于降低关税。进口商品关税和食物价格的提高会为农村人带来好处。而1929年的一笔外贸交易，要从波兰进口食物，则会大大激怒农村地区的人，这样的交易是不可能获得批准的。在1927年和1928年，世界粮食价格已经在走低了，但突然间又大跌。有些农民没钱纳税，还有些则破产了。 70

第一次世界大战也给农村地区带来了重大的影响。国内必须留下大批劳动力，以便维持枪炮和飞机等现代战争所需要的武器生产。这就意味着德国军队，与所有欧洲军队一样，从农村地区征募的兵员要比城镇更多——所以来自农村的士兵战死很多。农村对城市的愤恨相应地增强了，特别是对作为知识分子和企业家——他们躲过了战争——的大本营的柏林。

柏林的艺术和文化探索，基本上无关乎比较保守的农村人，但这并不是农村人不喜欢这座大城市的唯一原因。柏林是一个主要的工业基地，是诸如德国通用电气和西门子这样的大型电子产品制造商的所在地，还有机械制造和纺织工业等等。与大多数国家一样，自 19 世纪的工业化以来，许多德国人厌恶工厂，渴望返归农耕生活。柏林也是德国的金融中心，但银行和股票交易所对与此无关的人们来说，并不是很受欢迎。

柏林的社会成分，与其他地方有着明显的区别。柏林有德国最大的犹太人社群，大约占城市人口的 7%，远远超过整个德国平均 1% 的比例。由于柏林是制造业中心，所以也是大量的产业工人生活的城市，他们会把选票投向社会民主党或共产党。在魏玛的几乎所有选举中，社会民主党和共产党一起获得了大多数的柏林选票。纳粹党和其他的右翼政党把这座城市叫作"红色柏林"。

所以在许多德国人的心目中，柏林成了他们仇视魏玛共和国一切的象征。城市的名字是某种简称：反对柏林就是反对魏玛秩序。"柏林不是德国，"巴伐利亚作家路德维希·托马（Ludwig Thoma）说，"事实上恰恰相反——柏林已经被加利西亚人的肮脏给腐败和污染了。""加利西亚人"是犹太人的代号，因为许多犹太人从波兰的加利西亚地区移民到柏林。类似地，保守派记者威廉·施塔珀尔（Wilhelm Stapel）称柏林为"共和国的污水坑"。"太多斯拉夫人和放肆的东欧犹太人混杂进了柏林的人口之中。"他还补充说，这种"尴尬的混杂"决定了这座城市的特征。施塔珀尔不喜欢他认为是移民所带来的"自以为是的张狂和无休止的冷嘲热讽"以及柏林知识分子的傲慢，后者认为必须把农村全都"柏林化"。柏林还有救吗？在某种程度上，这是康德和歌德的德国文化传统；在另一种程度上，这是路德教会"铁的决心"。施塔珀尔说，"德国乡村的农民"已经开始造反了。

农村地区和柏林的教会，对大城市的性风俗开展了广泛批评。

这不仅仅是出于谨慎，还有更深层次的原因。对德国新教徒来说，男权家庭是社会秩序的核心。父亲不单单是一家之主，也在政治和经济生活中具有统治地位。这意味着，所有超出常规的性关系或家庭结构，都是对基础政治和社会权力的直接威胁。

有些柏林人对他们的乡村同胞做出的反应是傲慢，甚至是蔑视。诗人和儿童文学作家埃里希·凯斯特纳（Erich Kästner）想象，乡下来的游客被柏林车水马龙的波茨坦广场（有许多新玩意，其中之一是欧洲的第一盏交通信号灯）惊呆了，以致"笨手笨脚"，露出了"痛苦的微笑"，结果"他们被汽车撞了"。记者库尔特·图霍夫斯基（Kurt Tucholsky）描述了这些穿着过时的服装，居住在西里西亚、东普鲁士和波美拉尼亚农村地区的"市侩"和"荒唐可笑的人物"。他敦促柏林人"站出来说话"，把柏林的光明照耀到黑暗的外省。对前景，他还是比较冷静和现实的。"倡导民主的大报或艺术家及自由团体的威望，其实与他们的实际势力无关，"他写道，"反动的势力——一直存在着，而且运作得更为熟练且运用的手段尤其卑鄙——在股票市场和商人阶层的支持下，默默地起着作用。"

威廉·施塔珀尔说得对，农民是在开始造反。1928年，在德国农业遭遇经济危机期间，出现了一个激进的农村抗议运动。该运动自称"乡民"（Landvolk），是在普鲁士北部的石勒苏益格-荷尔斯泰因州（石荷州）开始的，后来扩展到了北部和东部的农村地区。乡民运动要求修订进口食物的新税率、放松信贷和削减社会福利项目（针对城市）。在政治上这个运动是极右翼的，采用了恐怖主义的手段来亮明自己的观点，还在政府大楼引爆炸弹。1929年，在针对他们所仇视的共和国及其首都的最后象征性的罢工中，造反者在国会大厦引爆了一颗炸弹。警方发现了"乡民"与当时依然不知名的纳粹党的联系。很快，纳粹党就会成功获得"乡民"选区的支持。

基督教的德国人对待犹太人的态度，也加剧了政治分歧。

在第一次世界大战之前的几十年间，反犹主义成了德国右翼政治的标记。一如历史学家舒拉米特·沃尔克夫（Shulamit Volkov）所写的，反犹主义是一个"文化代号"，是把信仰凝聚起来的胶合剂。

在这些信仰中，德意志的民族主义是最重要的，但还有对权力的崇拜、建立在"刚毅"和"男子汉雄风"基础上的坚实的价值、社会精英主义、自由主义和对女人的讨厌。民族主义右翼敌视民主、自由主义和社会主义，不喜欢城市而热爱农村。其价值是军事的，而不是商业的；其对事关荣誉的军事规矩的尊敬常常发展为反物质主义和反资本主义。由此，只要一小步就会走向反犹主义。政治上的反犹主义倾向于民粹主义：反犹主义声称把农民反对粮食商人、小微企业反对百货商店作为他们的事业。反犹主义是反精英、反资本主义和反现代主义的。

在这个范围的另一边，反-反犹主义与民主或社会主义政治态度、和平主义和女权主义紧密相连。最著名的例子是战前社会民主党领导人奥古斯特·倍倍尔（August Bebel），他声称反犹主义是"傻瓜们的社会主义"。像他那样的还有许多人：历史学家特奥多尔·蒙森（Theodor Mommsen）说，反犹主义仇恨的不单单是犹太人，还有"教育、自由和人道"。哲学家特奥多尔·莱辛（Theodor Lessing）是赞成女权主义的，他在 1910 年写道，妇女和犹太人因为共同遭受压迫，他们的道德更为高尚。

1918 年以后，这种反犹主义代号的用法及其作用的发挥，更加显著地确定了民族主义右翼的发展。反犹主义在"一战"前的爆发，总体上是体现在当地社区内，或者是在一个特别的行当内，对危机的反应。但在 1918 年之后，危机变得多样性和全国性了——

战败、革命、内战、失业和恶性通货膨胀 —— 反犹主义的反应相应地加大了。魏玛的政治结构对德国的犹太人来说不一定是好事。战前略为威权的德国并不支持民粹的反犹主义，而且各个政党的权力是有限的，因此反犹主义活动家很难产生影响。这一切在新的民主体制下都发生了变化。魏玛时期的共产党有时候似乎也是敌视犹太人的，但总的说来，反犹主义依然是由民族主义的右翼人士来定义的，也限制在他们的范围之内。这有点像关于堕胎的议题，界定了当代美国的民主党和共和党。对大多数人来说，亲犹或反犹根本不是最重要的问题。但这个问题的象征意义是你不得不接受的，这是站队到一边或另一边的代价。

代号设定之后，反犹主义修辞就可以有效地发挥作用了，而且还用不着提及犹太人，希特勒在许多演讲中就是这么做的。希特勒谈到"国际金融蜘蛛"，或者抱怨"今天国际金融巨头在掌控着德国"的时候，他的听众都明白他实际上说的是什么人。

魏玛的民主建立在没有什么前景的基础上：战争的惨败和仇恨满腔的和平条约，继之是政治和经济的大乱。然而尽管困难重重，共和国还是幸存下来了，而且在施特雷泽曼时期，甚至繁荣昌盛起来了。魏玛共和国能够幸存和融入国际社会，强有力地证明了共和国并不是从一开始就注定要灭亡的，这与另一个经久不散的神话是相反的。

共和国的稳定和成功，使得反对派更加痛苦和绝望。他们不肯妥协，最终采取的战略是打击业已证明是成功的民主。从 20 世纪 20 年代的中期到晚期，从四个方向发起的四个重要的运动，都致力于破坏德国的民主。每一个运动都在 20 世纪 30 年代初期促进了民主的灭亡。

最明显的是极端民族主义运动。在 20 世纪 20 年代的大部分时间里，领导这场运动的是阿尔弗雷德·胡根堡和德意志民族党。但他们绝对不是孤军作战。希特勒在 1923 年和 1924 年走红了，到 1929 年的时候，他似乎要再度辉煌。同时，"乡民"的民族主义暴力抗议也开始在农村地区爆发。

政治光谱另一端的共产党人，与民族主义的右翼一样，也致力于推翻民主体系。1928 年，由苏联领导的共产国际召开了第六次代表大会，宣称资本主义世界已经进入危机和革命的"第三个时期"。莫斯科指望，为保护自己而反对革命工人的大资本家，会转向法西斯分子寻求支持。他们也会求助于社会民主党和工人的败类，以及资本家的支持者。共产党人谴责社会民主党，把社民党人说成"社会法西斯分子"，并且像反对法西斯那样反对他们。共产国际的策略能够保证，即使在战争时期成立的左翼政党与斯巴达克斯联盟之间有矛盾，也会比魏玛的民主长久。

另外还有两个强大的团体，即大企业家和军队，他们出于不同的原因想做同样的事情：不让社会民主党分享任何权力。这意味着想办法取消，或者至少是削弱国民议会通过法律组建内阁的权力。企业家和军队想建立更加威权的统治。在由国家强制推行的许多仲裁案例中，提高工资的要求更加激怒了大企业。社会民主党不愿意投票批准军费开支的做法，使军队相当愤恨。20 世纪 20 年代末期，军队和企业家开展了一个新层次的政治活动：他们组建利益集团，游说具有共同诉求的政党，寻求合法的战略去中伤民主。

在魏玛"好"光景的时候，所有这些叛乱运动都有了新的手段并达到了新的高度 —— 这正是对那些好光景的反应。

还有一件事情促进了这些运动。所有的社会和所有的民主制度内都有分歧：阶级分歧、地区分歧、宗教分歧、性别分歧和种族分歧，等等。然而，除非这些分歧的群体能够互相包容、和谐相处，否则任何民主都是不会长久的。但在魏玛共和国，有两个重要的因素阻碍了民主生活的这个必要元素。一是结构性的。战争的压力把德国社会分裂成各种经济利己主义派别。在魏玛的政治体系中，每个利益集团都有一个政党，该政党只为自己的集团利益服务。其他团体（工人或职工、农民或企业家）的人都是外人，在任何情况下都只代表他们自己的党派。所以这些政党从来没有更多的愿望或能力"摒弃门户之见"。

这个问题还有一个意识形态上的，或者说几乎是哲学上的维度。不管是民主的还是反民主的，魏玛德国所有的阵营都有一个共同点，即对妥协的态度抱有强烈的文化偏见。在 20 世纪 20 年代有好几次，德意志民族党在国民议会中痛苦地决定直接违背他们的意识形态，支持事关全民利益的一项政策。这些投票本来可能导致该政党逐渐接受民主的共和国。在《洛迦诺公约》期间有一段时间，这样的事情似乎初见端倪。然而，民主的政党没有赞赏德意志民族党的大格局愿景，反而讥笑他们"断了脊梁骨"，而且感觉"如果民族党的投票人在这个行动之后依然忠于德意志民族党，那么其他政党可不会嫉妒这类投票人"。

社会民主党的德国总统弗里德里希·艾伯特在 1925 年突然去世，经过选举，陆军元帅保罗·冯·兴登堡当选为总统。这时候，民主党的卫士们开始担心了。这个兴登堡是六年前"背后捅刀"神话的主要作者之一。

1847 年 10 月，保罗·冯·贝内肯多夫-冯·兴登堡（Paul von Beneckendorff und von Hindenburg）出生在波森[1]的一个军人世家。他们家 76

---

1. 今波兰波兹南。

族的行伍历史可以追溯到 13 世纪。在这样一个普鲁士军人家庭，儿子只有从军的职业选择。据说在他小时候，他的保姆会喊叫"全体安静！"来压制他的抱怨。11 岁那年，他进入普鲁士军官学校，并在 1866 年晋升为中尉，正好参加了克尼格雷茨会战。在该战役中，普鲁士击败奥地利，为普鲁士领导德国统一奠定了基础。四年后在与法国交战期间，他再次表现出色。他获得了铁十字勋章，并被团部选派赴凡尔赛参加德意志帝国成立仪式。在此后的和平时期，虽然兴登堡没有特别辉煌的成就，但他的职业生涯继续平稳发展，直至 1911 年退休。

假如没有第一次世界大战的爆发，那么兴登堡的历史作用也就到此为止了。1914 年 8 月 22 日，在 66 岁的时候，他的生活在一夜之间发生了改变。他应召返回部队，指挥面临俄军入侵的东普鲁士战线，随即投入了战事。结果，德国在战争中获得的几次决定性的胜利，尤其是坦能堡战役永久终结了俄罗斯入侵德国的希望。因为胜利，兴登堡得到了极大的荣誉，虽然获胜主要依靠的是他聪明的部下——参谋长埃里希·鲁登道夫将军和副官马克斯·霍夫曼中校（Lieutenant Colonel Max Hoffmann）。霍夫曼后来评论，兴登堡对胜利所做的贡献与霍夫曼小女儿的贡献相当。但从坦能堡战役之后，兴登堡成了一个偶像，成了普鲁士和德国的救星。没有什么力量可以遮挡他的英雄光环。

兴登堡长得高大英俊，一副军人气概，直到去世身体一直很好。他惯常表情严肃，大多数德国人把这个作为一种忧郁的深沉，一种对职责的忠诚。他的样子看上去像是在用决心、勇气和镇静去面对悲剧。在他处于德国政治舞台中心期间（从坦能堡战役到他 1934 年去世），这个形象极大促进了在他身边发展起来的狂热崇拜。兴登堡象征着德国的历史，或许因此使他能够用自己的分量去熟练地、本能地操控政治。

1879 年，他娶格特露德·冯·斯珀林（Gertrude von Sperrling）为 77
妻，他们有四个孩子，其中三个活到长大成人：生于 1880 年的伊
门加德（Irmengard）、生于 1883 年的奥斯卡（Oskar）和生于 1891 年的
安娜玛丽（Annemarie）。兴登堡很顾家，很少参加社会活动，他为数
不多的几个密友都在他当上总统之前去世了。他是一个虔诚的新教
路德会教友，对天主教有所怀疑。对像他那样的阶层和出身的人来
说，他理应遵从普鲁士的职守、节俭、荣誉和牺牲的规矩。同样
地，他的政治观点也应该是非常保守的。他与天主教的龃龉，使他
在中央党面前至多像个尴尬的伙伴。他对社会民主党的厌恶更深刻，
虽然他与某些社民党人关系不错，比如，长期担任普鲁士总理的奥
托·布劳恩与他一样喜欢狩猎。兴登堡总是被神秘化，但当社会党
人表现出对他的尊重时，他就显得很风趣。有一次，社会民主党的
一个代表团访问他的战时指挥部，向他祝贺 70 岁生日，兴登堡开
玩笑说，他深受"同志们"的欢迎，他应该马上去买一顶红帽子。

他一再表明自己是沉着镇静和不会惊慌的。在他作为一名年轻
的士兵参加克尼格雷茨会战的时候，曾有一颗子弹擦着他的钢盔飞
过，差点击中他的脑袋。他镇静地继续履行战士的职责。普法战争
期间，他的部队遭受了可怕的伤亡，他写道："我自己也不明白，为
什么在战斗中我能够保持如此冷静。"第一次世界大战时，德军最高
司令部任命他统帅东部战线，正是因为他的冷静能够化解俄军的入
侵危机，并能够镇住在战略上更聪明但脾气暴躁的鲁登道夫，维持
一个平衡。

兴登堡不像许多德国人那样是个可以培养的读书人。他没有时
间学习文学，除了席勒的歌剧《华伦斯坦》（Wallenstein）——内容是
描写三十年战争期间一位著名的军事指挥官——他基本上只看历史

和军事史书，因为对高级军官有用。学校浪费时间向年轻学生传授拉丁语和希腊语只会使他愤怒。他的音乐兴趣仅限于进行曲。在他从 1911 年到 1914 年的短暂的退休期间，他经常出门旅行，但唯一能引起他兴趣的只是有军事用途的风景。他真正喜欢的是狩猎，所以他积极参加打猎，直至他的长寿生活的晚年。

但兴登堡不是那种令人乏味和无动于衷的将领，也不是许多传说中所描述的那样心灵脆弱和听人摆布。与他那个时代的大多数普鲁士贵族相比，他的视野更为广阔。作为一名年轻的军官，他认为参加民族主义的历史学家海因里希·冯·特莱切克（Heinrich von Treitschke）在柏林大学的讲课是有益的，他主张军事现代化，追求全面采用新技术。他的报告写得精准到位。作为总统，他仔细阅读需要他签字的材料和文件。会议开始前，他会在笔记本上记录需要讨论的要点，然后记下会议的结果，以备发出适当的指示。他的精心准备使他的顾问难以对他实施操控。

19 世纪 90 年代，他在奥尔登堡担任团长期间就显露出了另一个长久保持的性格：尽可能把工作委派给下属去执行。在与战时伙伴鲁登道夫长期共事期间，这种做法已经出了名，甚至成了敏感问题。德军最高司令部的许多高级军官都看到过，兴登堡干得很少，鲁登道夫不得不为他做很多工作。海军总参谋长马格纳斯·冯·莱维佐夫（Magnus von Levetzow）海军上将——后来担任纳粹领导下的柏林警察局长——在战争后期访问德军总部的时候观察到了能够说明问题的一幕。晚餐时，兴登堡基本上是在谈论趣闻轶事。最后，鲁登道夫起身说，他必须回到作战室去工作。兴登堡感觉在客人面前有失面子，勉强地补充说："也许我也要离席。"但鲁登道夫告诉他："没有这个必要，陆军元帅先生。"兴登堡有些尴尬，他重新落座，找了个借口说，他之前已经与作战部门讨论过了。

78

兴登堡对战时担任的职务感觉很舒服，名义上他是在国王和皇帝的领导之下，发生什么事情由他们最终承担责任。他不喜欢做出重要的、很可能不受欢迎的决定。这种逃避责任的心态，将在1918年的停战时期再次出现，并将成为他在担任总统时期的主题之一。

1925年，当兴登堡决定作为民族主义的右翼候选人竞选总统的时候，几个民主政党面临着一个大问题。兴登堡的威信太高了，他们无法对他实施正面攻击，于是民主党派在大选战役中强调对兴登堡的尊敬，同时向他身边的人发起了猛烈进攻。当兴登堡在第二轮选举时以48.3%比45.5%的微弱优势战胜中央党领导人威廉·马克斯之后，民主党派的人士终于警觉了。

起先，兴登堡小心谨慎地坚持宪法并愿意接受外交部长古斯塔夫·施特雷泽曼的政策，使他的批评者很是惊讶。在1924年和1928年的国民议会选举中，极右翼团体的得票持续减少。纳粹的得票率锐减，从1924年5月的6.5%跌至1924年12月的3%和1928年的2.6%。同时，社会民主党的支持率则从1924年5月的20.5%上升到12月份的26%和1928年的近30%。在1928年的选举之后，兴登堡总统适当地要求社会民主党领导人赫尔曼·穆勒组建政府。结果，成立了由几个民主政党组成的"大联合"，包括从社会民主党左翼到施特雷泽曼的温和右翼，以及代表工商界的德意志人民党。

荒谬的是，魏玛民主的消亡，正是从这次选举的民主结果开始的。

即使在1928年，许多政治的不满就已经隐藏在选票的总数之中了。整整四分之一的选民投票给了一些边缘的党派，也就是那些得票不到5%的政党——这些选民曾经是拥护主流政党的。

虽然是为一小部分富人和有势力的精英利益服务，但德意志民族主义者勇敢地尝试发明了一个民粹主义的保守党。该政党的全名是"德意志民族人民党"，意思是战前两个政党——德意志保守党和自由保守党——合并而成。施特雷泽曼的民族自由党也采取类似的措施，采用"德意志人民党"的新名字。该计划似乎是可行的，因为在 1924 年的两次选举中，德意志民族党分别获得了 19.5%和 20.5%的支持率。但在 1929 年，该政党的得票率跌落了 6 个百分点。这个退步促进了阿尔弗雷德·胡根堡的崛起，使其成为该党的领袖，并促使他考虑与劲头十足的新纳粹组成同盟，作为走上政坛的一条可能的道路。

大企业家也变得越来越难以与劳工达成妥协。在 1918 年革命之后，工会的地位提高了，并为工人们赢得了全额工资的八小时工作制。中央政府为工人的工资设立了劳动仲裁制度。这些都是魏玛最杰出和最重要的成就。

20 世纪 20 年代，工资在快速增加，工人的劳动生产力却没有增加（在健康的经济体制下，劳动生产力——也就是说，在既定的时间内每个工人的产量——的稳步提高，可以增加工人的工资和公司的利润）。1928 年，小时工资增加了 10%（根据通货膨胀进行了调整），而劳动生产力则下降了 4.8%。1930 年，德国产业协会坚持认为，"摇摆在资本主义和社会主义之间的政治上独裁的经济制度"理应得到"尖锐的批评"，该制度的结果是，资本主义因为"社会主义的错误"而受到了指责。德国的政治制度必须认识到，"社会主义和资本主义经济方法之间是不可能妥协的"。企业家呼吁削减公共开支和工资，回归政府的规章制度。

企业领导人清楚地知道，这个计划只能通过排除政治左翼，尤其是社会民主党，才能实现。他们开始支持诸如"更新德意志帝国同盟"那样的团体，该组织致力于废除民主体系，走向威权主义。德意志人民党的企业家游说小组宣称，这个政党在 1929 年和 1930

年要坚定地与社民党阵营作对。这是魏玛民主政治的致命僵局的
开始。

然后还有军队。

一个很好的例子是库尔特·冯·施莱谢尔将军，他是魏玛共和
国最后五年里最重要的角色。历史人物很少有这么合适的一个姓氏。
德语中"schleichen"一词的意思是"爬行"。而"Schleicher"（施莱谢
尔）则是"隐藏者"或"鬼鬼祟祟的人"。库尔特·冯·施莱谢尔是
个出色的阴谋家，总是在各个部门之间爬来爬去，与重要人物交头
接耳。

施莱谢尔与老派、严厉、缺乏幽默的普鲁士军官相差甚远。
他是一个务实且不拘礼节的人。他的一位参谋军官文森茨·穆勒
（Vincenz Müller）回忆说，他喜欢施莱谢尔办公室那种"开放和坦诚
的"气氛。德国人的幽默常常是用一个地方的口音或方言来展示的，
施莱谢尔的特长是用柏林工人阶级的粗暴和挖苦的方言说笑话，这
种方言他能够说得很流利。柏林人的冷嘲热讽被称为"柏林长鼻子"，
同事们有时候不能确定，施莱谢尔到底是认真的还是在开玩笑。有
一次，穆勒提及他已经订婚并准备结婚，施莱谢尔用嘲讽的口吻问
道："这个问题你真的想明白了？"然后他向穆勒解释这是个玩笑，
还说"你会习惯我开这样的玩笑的"。还有一次，施莱谢尔听一个
希特勒的支持者赞美希特勒的领导能力和政治天赋。施莱谢尔回答
说："是啊，只是很遗憾他疯了。"这话传到了希特勒那里，为此，
希特勒一直不肯原谅施莱谢尔。

施莱谢尔精于算计，还常常不诚实。就像他的玩笑可以两种方
法来解读，他的自信也可被看作轻浮。他的参谋人员总体上是欣赏
他的，但也有许多人不喜欢他，甚至是恨他。"说疏远太轻描淡写

81

了，我对他可谓恨之入骨"，1932 年下半年，国防部长威廉·格勒纳在叙述他们之间关系变化的时候，是这么说施莱谢尔的。长期担任法国驻德国大使的安德烈·弗朗索瓦-庞塞说，施莱谢尔给人的感觉是"恐惧而不是喜欢"。

几乎在所有照片里，施莱谢尔的表情似乎不是嘲笑就是讥讽。弗朗索瓦-庞塞回忆说，施莱谢尔"长相平平"，脑袋剃得光光的，一张脸"不单单是苍白，还呈灰色"，他那双"敏锐的眼睛，在一张长满赘肉的脸和依稀可辨的薄嘴唇上方闪闪发光"。在会话的时候，他"说话直截了当，有时搞笑，有时挖苦，而且大多数时候是很机智……他的聪明是轻快的、活泼的，而不是实实在在的、深沉的"。

施莱谢尔 1882 年出生在勃兰登堡。战争期间他在部队服役，担任参谋军官，成为威廉·格勒纳的门生。1928 年，格勒纳当上了国防部长，他任命施莱谢尔为部长事务办公室主任，从而使施莱谢尔实际上成了格勒纳的副手。施莱谢尔的工作是军方的政治代表和指定的说客。

施莱谢尔的外貌和才能很适合这个工作，可谓完全对口。他与所有阵营的政治家都有广泛的关系网。而且他在兴登堡总统身边还有耳目：兴登堡的国务秘书奥托·迈斯纳，以及总统的儿子奥斯卡·冯·兴登堡——施莱谢尔与奥斯卡同年，他们还在同一个团服役过。这给了施莱谢尔无与伦比的影响力。根据宪法，总统可以任命总理。在魏玛共和国最后五年的时间里，兴登堡基本上是听从施莱谢尔的建议后采取行动的。

有了这样的权力，那么施莱谢尔主张的政治就很重要了。早在 1924 年，他向文森茨·穆勒解释了他的目标，在接下来的几年时间里，这些目标没什么改变。施莱谢尔想确立中央政府对州政府，以及执法机构和军队对立法机构的权威。他想稳定魏玛危机四伏的经济，至少让国家能够养得起更多的军人。然而，按照普鲁士官员的标准来衡量，施莱谢尔算是个有进步思想的人了。他说，政府必须能够顶住来自企业界的压力，落实各种社会改革措施，如八小时工作制，以及医疗保险和失业保险。这是社会和谐及国家强大的"核心问题"。

最终，德国必须摆脱《凡尔赛和约》的"枷锁"。施莱谢尔搞外交不够光明磊落。德国必须让协约国习惯以平等的条件开展谈判。然后应该结束法国对莱茵兰的占领，并逐步拿回德国的主权——通过手段和计谋，而不是对抗。在1933年的一次非正式谈话中，施莱谢尔告诉一群记者，他一直认为签订《凡尔赛和约》是一件正确的事情。这给了德国"十年的恢复时间"。他解释，"必须把敌人阻挡在国境之外，这样国内才可以慢慢地发展起来"。

起初，施莱谢尔是愿意与社会民主党人共事的，如果这样能够达到他的目的的话。但在20世纪20年代中期，他对这个左翼党派越来越失望了。他后来解释说，在战争结束的时候，社会民主党人有一项"伟大的使命"，要发展"民族主义的社会民主"。如果成功，那么纳粹党就是多余的了。但在反对国防预算的时候，社会民主党人没能认识到他们的使命。施莱谢尔开始思考如何把社民党人排除在政治权力之外。

施莱谢尔的这个思想转变，翻开了一个决定性的历史篇章。

1926年12月，英国《曼彻斯特卫报》(Manchester Guardian)刊登文章，揭露了德国无视《凡尔赛和约》保持的秘密武装力量——"黑色国防军"(Black Reichswehr)。消息激怒了社会民主党人，他们撤回了对中央党威廉·马克斯总理政府的支持。施莱谢尔开始想象没有国民议会的多数支持也可以运作的一个右翼联合政府，换句话说，

83

就是没有社民党的支持。根据宪法，这是不可能的。施莱谢尔有个想法，他想绕过宪法；兴登堡总统的国务秘书和首席法律顾问奥托·迈斯纳也有这个想法。宪法赋予德国总统解散议会和另行选举的权力。在解散和选举之间，总理和内阁可在没有议会的干扰下治国理政。这个权力可被用作恐吓反对派的大棒，或许可以无限期维持一个少数派的右翼政府。

这个战略还有另一个角度。《魏玛宪法》第48条规定，如果"公共安全和秩序"受到了"严重破坏或处于危险之中"，德国总统有权用行政令来实施统治。在这样的情况下，宪法明示授权总统动用军队，并中止所有的个人基本权利和自由。

国民议会可以投票否决这样的行政令，但如果没有遭到多数的反对，或者议会已经被解散而选举还没有开始，那么这样的行政令是有效的。所以在德国总统和宪法第48条的帮助下，只有议会少数支持的政府也是可以运作的。这样的政府不久会被叫作"总统"内阁，与"议会"内阁相对应。因此，魏玛民主宪法的第48条是一个陷阱，德国掉进去之后会陷入独裁。

1928年的选举，给施莱谢尔的想法增加了另一个优势。社会民主党人的竞选口号是"宁可不要巡洋舰，也要孩子吃饱饭"。在社会民主党赢得大选胜利后，兴登堡邀请该党领袖赫尔曼·穆勒出任总理。施莱谢尔知道，穆勒政府不会支持他想要的军费预算。他也很怀疑这届政府的经济管理能力。对施莱谢尔来说，最后的稻草是社会民主党人遵守他们的竞选诺言，在投票时否决了巡洋舰的建造议案，这甚至与穆勒总理自己的愿望相悖。施莱谢尔开始思考对付的办法。

他喜欢的一个办法是委任中央党保守的领导人海因里希·布吕宁组建一个新政府。为了施莱谢尔，也为了总统兴登堡和国务秘书迈斯纳，布吕宁将领导一个"名人政府"。这是一个右翼的总统内阁，将根据宪法第48条，通过行政命令来实施统治。施莱谢尔认为，这样的一个政府能够修补国家财政，并对德国的战争赔款支付做出令人满意的修改。

因为布吕宁是参加过战争的老兵，是上过战场并且记录优秀的军官，所以施莱谢尔认为，布吕宁虽是天主教徒，却应该能够获得兴登堡的认同。布吕宁是经济学博士，享有财政专家的声誉。他是民族主义者，在政党内属于右翼，但他的社会思想是温和的，他也许能得到社会民主党的支持。就算他不得不依靠行政命令来实施统治，也用不着只依靠军方的支持。他会获得全国的拥护。

最后一点对施莱谢尔是特别重要的。"你不能用刺刀来实施统治"是他最有特色且经常重复的说法。他知道在一个现代的工业社会里，即使军事独裁也不能总是依赖武力镇压，而是需要民众的支持。这是许多德国人，甚至是右翼人士，从第一次世界大战中吸取的一个教训。在战争的最后两年时间里，他们看到了国内战线的士气是如何崩溃的，以及德国军队是如何因此而背上了包袱。

埃里希·鲁登道夫和阿道夫·希特勒也吸取了同样的教训，只是通过不同的渠道和不同的重点。这是一个现代的教训，一个总体战争的教训。这将塑造德国的未来，直至第二次世界大战的结束。

人们说，1929年10月华尔街的崩盘导致了经济"大萧条"，"大萧条"又促成了希特勒的兴起和德国民主的消亡。实际上，魏玛共和国支持率的下降和纳粹在政治上获得成功，是更为复杂的事情，而且全都是在崩盘之前就开始的。1928年和1929年的一系列事件——施特雷泽曼的去世和胡根堡的兴起、不断增加的农村抗议活动、共产国际宣称的"第三时期"、工商界的受挫和军队受共和

国的牵制，以及纳粹在地方选举和州级选举中的初步获胜——显示
出，德国正在与融入战后国际社会的一体化进程渐行渐远，这也意
味着德国正在离开民主。同样，20世纪20年代后期发生的事情也
是一场彻底的经济风暴。几个本来互不关联，在1929年之前发展
势头良好的经济和金融走势日益趋同。

　　全球范围的食物价格跌落，推动了"乡民"的抗议运动，这是
一个方面。德国东部的广大地区——西里西亚、波美拉尼亚、东西
普鲁士——以及德国西部和北部，尤其是石荷州和下萨克森州，都
是农业占主导地位的，在20世纪20年代损失惨重。石荷州的农民
受这些打击最为严重，因此，无怪乎这个地区的选民首先强烈反对
共和国。到1932年，石荷州一些地区80%的投票人选择了纳粹党。

　　然后还有"合理化"——今天我们称之为"自动化"——越来越
多地采用新技术和更加高效的管理，以提高工业生产力。这样的改
进往往是以牺牲就业为代价的。虽然合理化主要集中在少数几个产
业，但这些产业都很重要，失业情况很严重。在1922年到1928年
之间，鲁尔工业区的矿工人数减少了33%。类似的模式也发生在五
金装配和汽车工业。

　　1928年中期，德国有130万失业工人，部分原因就是这个。
一年后，失业人数增加到了150万。失业保险金的支出，使得政府
谋求增加收入或减少开支的策略。穆勒政府没能商定由谁来承担这
些代价，这个议题困扰了这届政府的最后一年。

　　但最重要的是，金融问题导致了德国的危机。

　　是1928年华尔街的牛市，而不是一年后的崩盘，导致了德国
经济的衰退。德国严重依赖国外的贷款，而且大都是短期的，来支
付战争赔款和维持消费性开支。纽约证券交易所能够赚取的暴利，
吸引了全世界的资金，导致了德国的亏空。

这就是新总理即将上台时所面临的形势。

在从1930年春天到1932年初夏担任总理期间，命中注定海因里希·布吕宁碰巧遇上了最困难的"大萧条"。反对派称呼他为"饥饿总理"。布吕宁是个严厉的苦行者，终生未娶。照片中的他显得庄重严肃，与"平易近人"相差甚远。著名外交史专家左拉·斯坦纳（Zara Steiner）写道，布吕宁"缺乏在极度裂变和政治化的时期所急需的天分和魅力"。她还根据自己曾当过布吕宁学生的经历补充了一个观点："即使原谅他的年纪和'二战'后的幻想破灭，在哈佛大学参加布吕宁1945年战后研讨会的那些人……也回忆说他没有能力吸引听众。"

布吕宁曾是机枪连的一名中尉，他的政治观点基本上是战争的产物。他憎恨1918年的革命，认为这场革命是战争失败的原因而非产物。他也憎恨和平条约，坚信德国政治家的最高职责是摆脱这个和约的束缚。新教无休止地攻击天主教的爱国和忠心，使得作为天主教徒的布吕宁感觉愤怒和不安。为了补偿，相比新教的右翼，他更倾向于民族主义的努力方向。

他在外国政治家面前总是显得强硬，并且常常能够获得他们极大的尊重。法国驻德国大使弗朗索瓦-庞塞写道，布吕宁用他那"朴实、正直、智慧和仁慈的气氛，激励了信心和同情"。他那冷静的尊严使他成为自己国家卓有成效的代言人。"有这样的人在统治德国，"弗朗索瓦-庞塞说，"人们肯定会坚信，努力解决法德问题是值得的。"

他在国内问题更多。因为他是经济学博士，今天我们会把布吕宁说成死抠政策的书呆子。作为总理，他总是试图与不讲道理的人讲道理，那些人实际上对所有的事实或逻辑根本不感兴趣。布吕宁的问题是，对这种非理性的事情，他太讲究理性了。有一次，他决定去德国东部最贫穷、最偏远的农村考察，为的是反击纳粹在那里的鼓动。在布雷斯劳[1]，他遇到了约 4 万人，其中许多人朝他的车队扔石块。对布吕宁来说，这只能确定，由纳粹那样的蛊惑人心的政客搞出来的"越是荒谬和激进的诉求和承诺，越有可能获得成功"。虽然他在国民议会担任了东部一个地区的代表长达六年，但他"还是不能想象，就政治的成熟度来说，东部和西部的差别实在是太大了"。

88　　　　还有一次，他试图说服顽固不化的阿尔弗雷德·胡根堡。他们的会谈延续了好几个小时，布吕宁耐心地解释了他的政策。"从一开始，"布吕宁回忆说，"我就尽可能做到宽宏、礼貌、热情和绝对坦诚。"他毫无保留地告诉胡根堡，除了布吕宁的天主教政党之外，德国还需要一个强大的和保守的（胡根堡的）新教政党。听过布吕宁几个小时的解释之后，胡根堡突然看了一眼手表，站起来，冷淡地告诉布吕宁，他"比以往更加深信"，他"必须反对你和整个体制"。

　　然而，布吕宁也是魏玛德国少数几个真正有声望的政治家之一，虽然遭到了胡根堡和布雷斯劳人群的反对，但许多德国人——包括政治上的反对派——都欣赏和尊敬他。1931 年深秋，社会民主党人、普鲁士州总理奥托·布劳恩表示，如果布吕宁替代他，他就提交辞呈。甚至希特勒在 1930 年与布吕宁会面的时候，也感受到他的才能、天生的权威气质所带来的影响。希特勒的同事格雷戈尔·施特拉塞尔后来说，希特勒"对那位德国总理的长相和举止是如此入迷，以致他只能以仇视布吕宁来摆脱自卑感"。

---

1. 今波兰弗罗茨瓦夫。

在 1929 年的时候，施莱谢尔就已经开始为布吕宁策划当总理了。他只是想等待国民议会通过立法批准修改德国战争赔款支付的《扬格计划》，因为他认为，赫尔曼·穆勒总理是让这个计划获得批准的最佳人选。

在 1929 年 12 月下旬的一个饭局上，施莱谢尔和国务秘书奥托·迈斯纳与布吕宁说起了他们打算让布吕宁当总理的计划。他们解释了根据宪法第 48 条以行政命令来实施统治的想法。他们承诺，如果布吕宁要兴登堡签字，兴登堡肯定是会同意的。如果国民议会否决行政命令，那兴登堡就解散议会。布吕宁指出这个计划中的一处纰漏：解散议会和选举的流程不能反复进行。其他的解决方案，诸如仅仅解散国民议会而不安排选举，是违反宪法的行为，会导致政变。施莱谢尔向布吕宁保证，他已经获得法律顾问的可行意见，但他担心布吕宁似乎对这个冒险行动不感兴趣，那样的话，他施莱谢尔也许不得不自己出任总理了。

1930 年 3 月 12 日，国民议会批准了《扬格计划》。这个障碍清除之后，德意志人民党和社会民主党之间积累已久的争议、穆勒的联合政府关于是否资助失业保险金的意识形态分歧爆发了。观点并不令人惊奇：人民党想削减支出，社民党想要企业做出更大的贡献。恪尽职守的海因里希·布吕宁仍努力搞出了一个妥协方案，虽然他知道如果妥协失败，他自己就将成为总理。内阁批准了布吕宁的方案，但社会民主党投票把它否决了，差不多是把他们自己的总理赶下了台。穆勒的联合政府四分五裂。3 月 30 日，兴登堡安排布吕宁宣誓成为共和国第 11 任总理。

根据传统，德国新的政府首脑在上任的时候要发表"政府宣言"，布吕宁的宣言显示了他将紧跟施莱谢尔的步骤，他说他的政府并没有"受缚于任何联合体"。他承诺在制订政策的时候不会忽

89

视议会的意见，但他也做出了一个不祥的暗示，他的政府将"尽最后的努力来与国民议会一起执行解决方案"。没人承担得起延误"重大任务"的责任："时间不等人。"这是威胁的信号，如果国民议会与政府无法达成一致，那么一个更加激进的、无须议会参与的方案就会出台。

布吕宁通过大幅削减开支和大力增加税收，及时地动用立法来稳定预算。7 月 16 日，国民议会驳回了布吕宁的预算方案。兴登堡签发两条行政命令，做了立法机构本应该做的事情。7 月 18 日，议会否决了这些命令。但确如总统内阁的计划，兴登堡也给布吕宁下达了解散议会的总统令。当天，布吕宁就"让议会回家去了"。一直到选举之前，没有了议会来干涉布吕宁的计划。在兴登堡于 7 月 26 日签发了两条新的行政命令之后，预算获得了通过。大选定在了 9 月 14 日。

1930 年的议会大选产生了一个问题，如果纳粹党表现良好怎么办？这个问题谁也不知道答案，谁也不知道之后也许会出现什么结果。

纳粹在 1928 年选举中的表现不良，并不能全面说明其与德国人民的关系。对一个具有想象力或先见之明的观察家来说，现在和未来的成功信号应该是看得见的。1928 年 5 月，纳粹党突然冒出来，在奥尔登堡州的地方选举中获得了 7.5% 的选票。（三年后，纳粹党将成为该地区最大的政党。）1929 年在图林根州，纳粹党赢得了 11.3% 的选票，其中的一位领导人威廉·弗利克加入了当地的联合政府，成为州内政部长。当年在巴登，纳粹党也取得了 7% 的支持。1930 年，他们在布伦瑞克州与德意志民族党一起组建了一个联合政府。

在党内主管政治组织的负责人格雷戈尔·施特拉塞尔的有效领

导下，通过耐心的基层组织建设，纳粹党得到了回报。农村地区日益贫苦，产生了更多的牢骚怨言，中产阶级新教阵营的选票摇摆，以及人们对德意志民族党的幻想破灭（该政党越来越讲究等级和精英主义，愈发沉浸在过去之中），这些也都使纳粹党获得了更多的选票。

1930 年 6 月底，根据《洛迦诺条约》，法国从莱茵兰撤走了最后一批占领军。德国人举行了庆祝，对此，历史学家赫尔曼·格拉姆尔（Hermann Graml）将其评论为"以为终于摆脱枷锁获得自由，可在国际领域自由活动的感觉——一种依然是完全靠不住的感觉"。德国没人因为法国遵守协议提早从莱茵兰撤军而表达谢意。相反，德国掀起了疯狂的民族主义高潮。暴力行动也发生了，对象是被认为曾与法国人"通敌"的人。右翼老兵组织"钢盔"的副主席特奥多尔·杜斯特伯格（Theodor Duesterberg）提议，要求归还战后割让给波兰的西普鲁士和上西里西亚，还有划给比利时的欧本-马尔梅迪和划给法国的阿尔萨斯-洛林地区。右翼积极分子说出这样的话是一回事，但总理的内阁成员说这种话就完全是另一回事了。布吕宁的被占领土部长、前德意志民族党成员戈特弗里德·特雷维拉努斯，身着他那套旧的海军制服出现在示威游行的人群里，向欧本-马尔梅迪地区和同为前德国领土、现由法国管理的萨尔地区的"兄弟们"说话了。他还描述了德国东部边境"没有愈合的伤口"，要求"全体德意志人民团结起来，承担责任"。

1930 年夏天见证了古斯塔夫·施特雷泽曼和阿里斯蒂德·白里安合作时代的悲惨结尾。前一年秋天，就在施特雷泽曼去世之前，白里安在国际联盟发言时提出了建立"欧盟"的构想。白里安的想法是成立一个欧洲国家的联盟，以便促进政治和经济的整合。与政治家的通常做法一样，白里安有一系列动机。他明白，不管他与施

特雷泽曼之间有多少善意，但谁都不可能活得很长久，德国的规模
和人口迟早会再次对法国构成威胁。对法国的安全来说，或许最好
的办法是拔去德国的毒牙，使这个国家完全融入欧洲社会。他还注
视着美国和苏联，认为只有欧洲联合起来，才能在经济、政治和军
事力量上与之抗衡。但白里安也有理想主义的色彩。他的战后生涯
基本上一直致力于防止西线恐怖的重复。与施特雷泽曼一样，他也
希望建设一个和平的欧洲。

就在白里安准备执行自己想法的时候，施特雷泽曼去世了，更
为保守的布吕宁上任了，莱茵兰撤军引发的爱国主义狂热，使法国
和德国与"洛迦诺精神"渐行渐远。然而在 1930 年 5 月，法国政府
向国际联盟所有欧洲成员国政府递交了一份关于白里安计划的很长
的备忘录，号召签订一份总体协定，确认共同的欧洲价值和追求和
平的愿望。根据这个构想，将会有一个代表各国政府的立法机构、
一个像国际联盟委员会那样的常任的政治委员会，和一个秘书处负
责日常工作。该联盟首先应该关注自己的政治和安全问题，而不是
经济事务，但计划预测经济的整合将在安全得到保障之后开展。长
远的目标是创建一个商品和资本的共同市场。备忘录声称："该是做
出决定的时候了，欧洲必须自己掌握命运。""团结起来、生存下去
和进步发展"是紧迫的任务。

这确实是做出决定的时刻。在 1930 年的夏天，总体上来说，
德国、法国和欧洲的面前有两条道路。一条通向和平和政治经济的
整合，看上去很像 20 世纪 50 年代的欧洲。另一条通向民族主义的
自我主张和竞争，把自己国家的利益放在首位。在 20 世纪 30 年代
的情况下，第二条道路会带来极大的战争风险。

布吕宁和他的外交部长尤里乌斯·库尔提乌斯（Julius Curtius，
他来自施特雷泽曼的那个政党，即德意志人民党，但不同于施特雷

泽曼）毫不犹豫地选择了第二条道路。

在 7 月 8 日的内阁会议上，布吕宁说白里安的用意是要"稳定当前的欧洲形势"——在这里他指的是法国对德国的暂时优势。这是布吕宁绝对不能接受的，因为他憎恨《凡尔赛和约》、边境的划分和德国不得不支付的战争赔款。针对法国的提议，布吕宁说，德国必须设定自己的"先决条件，要有公平和持久的欧洲秩序，其中德国必须有足够的自然生存空间"。库尔提乌斯同意了，他告诉内阁，德国政府对法国的反响是为"白里安的计划举办第一流的葬礼"。这个反响在 7 月 15 日抵达了巴黎。虽然大多数欧洲国家对白里安的提议做出了积极的回应，但德国得到了英国的有效掩护。英国政府更关心的是自己的帝国和更广泛的全球事务，因此对白里安建议的欧盟计划，其反应与德国一样冷淡。

因此，欧洲摇摇摆摆地走向了一个完全不同的未来。随着民族主义风暴的高潮迭起和纳粹党最近在州级选举中的获胜，布吕宁有足够的危险信号来延迟大选，直至动荡静止。然而他在 1930 年秋天举行了大选，为此，他受到了前所未有的严厉批评。他的一些忠心耿耿的支持者，诸如也曾当过总理并在 1930 年担任德国中央银行负责人的汉斯·路德后来宣称，布吕宁不知道选举会有什么变化，而且结果犹如"晴天霹雳"。布吕宁本人在 1944 年写道，他曾指望纳粹党能够做得更好——但这也许是在事后回想的时候显得更聪明点，而不是当时他的实际想法。在他去世后出版于 1970 年的回忆录中，他写道，他曾指望"大萧条"会持续四年，他想得到委任以便采取严厉措施。

布吕宁战略的得力助手施莱谢尔也没去特别关注纳粹。他认为纳粹党只不过是与社会民主党唱对台戏的一支右翼而已。几年后，他向文森茨·穆勒解释了自己的考量。他说："我对希特勒的策略，基本上等同于我们 1918 年和 1919 年在最高司令部时对待革命的策略。"在 1918 年，这意味着"让社会民主党进来，与激进分子做斗争，防止他们捣乱"。然而，区别在于，与社会民主党不同，纳粹党是民族主义和军国主义的。按照施莱谢尔的观点，这是一个意义深远的优势。作为军人，他密切注视着纳粹党的冲锋队。他告诉穆勒："我相信，他们有许多优秀人士，尤其是在冲锋队，军队绝对想把他们作为后备人员。"在施莱谢尔看来，纳粹的选举获胜是值得欢迎而不是恐惧的事情。

在接下来的两年半时间里，德国政治将围绕着施莱谢尔的这个战略应用展开，"让纳粹党进来"。施莱谢尔认为，在他重塑德国的战役中，希特勒和纳粹党可被用来作为冲锋陷阵的步兵，朝着更加威权的道路前进，形成施莱谢尔认为即使威权的国家也是需要群众基础的。但这要掌握好分寸。施莱谢尔不是傻瓜，他不想让纳粹党得到任何实际权力。他的战略始终同时行走在两条轨道上：如果可以利用纳粹党，则努力想办法利用他们。如果不能利用，则准备与他们做斗争。他很可能从来没有想到过，他也许会在自己设计的邪恶的游戏中失算。

第四章

饥饿总理

夜晚，柏林北边一个贫穷破败的郊区。在威尔克大街与雪恩霍泽路的街角附近，工人住宅区的东莱尼肯道夫，街灯很少，而且间距很长。这个地方叫"七号桥"，阴暗中隐约可分辨出北方铁路的高架桥。在西边，一道铁栏杆标志着这里是费尔森内克花园的聚居地和破旧的棚户区，居民大都是失业工人和穷人，用共产党《红旗报》(*Die Rote Fahne*) 的话来说，是被"自动化和致命的经济危机驱离工作岗位的"人们。

一个叫约翰·巴努舍尔 (Johann Banuscher) 的男子和他的小姨急匆匆地沿着威尔克大街行走，在宁静的夜晚，他们的脚步声显得很响亮。就在费尔森内克聚居地的巴努舍尔家前面，他们突然被十来个凶狠的人拦住了。因为不能穿制服，那些人身着便服，但毫无疑问是纳粹的冲锋队员。他们把巴努舍尔团团围住。有人说："就是他，我们终于找到了他。"又有人说："他是共产党员，住在这里——没错。"第三个人说："你们核查过证据吗?"冲锋队长赫

94

尔曼·舒尔（Hermann Schuhr）问道："你是克勒姆克？"有人拉开了巴努舍尔的大衣，看看他是否穿着他们所指望的灯芯绒裤子。纳粹党徒开始解皮带，准备用作武器。但巴努舍尔能够证明自己的身份。危险的时刻与到来时一样快速消逝了。"好了，我们走吧。"舒尔告诉自己的手下人。

95

弗里茨·克勒姆克（Fritz Klemke）是个没有留胡子的年轻人，他的衣着和长相与约翰·巴努舍尔相似。十天前，他在莱尼肯道夫的就业办公室与一些冲锋队员发生了斗殴。而且就在前一天，共产党人和纳粹党员在温特街又打了一架。这一次，刑事犯罪还没有定性，纳粹党就出来报复了。这是 1932 年 1 月 16 日凌晨。

两天后，他们又来了。

1 月 18 日晚上，来自冲锋队柏林北部的几支分队，估计有 200 个人，在瓦达曼史尔斯特区一家叫伯格宫的饭店聚会。在快结束的时候，队长维尔纳·舒尔策（Werner Schulze）站起来对队员们说话了。他说："今天我们再干一件小事。"他命令队员们去费尔森内克。"如果遇到共产党人就揍他们，然后离开那里。"

费尔森内克是莱尼肯道夫区 236 个花园聚居区之一。平常的时候，这些聚居区在周日下午为城市居民提供一个小小的空间，让他们休闲或养护玫瑰花丛。但 1932 年 1 月并不是平常的时候。现在居住在那里的是一些失业工人，寒冬腊月他们在用木板搭建或纸糊的狭小棚屋里冻得瑟瑟发抖。

不同寻常的是，舒尔策的冲锋队员朝费尔森内克行进的时候，有警察在护送。更不同寻常的是，在冲锋队员抵达那个聚居地的时候，警察消失了。纳粹党人排好了所谓的"射击线"进攻队形。

这一次，他们找到了要找的人。18 岁的冲锋队员海因里希·维尔沃克（Heinrich Villwock）后来作为证人，描述了一小队纳粹党人用金属棍棒把弗里茨·克勒姆克打倒在地。突然间出现了一个戴眼镜的高个子男人，他的大衣领子朝上翻起，遮住脸部，他把其他人推到了旁边。他拔出手枪，朝着已经失去知觉的克勒姆克的背部射击。子弹击穿了克勒姆克的心脏，他当场死亡。

纳粹党也不是毫发未损的。在聚居区附近黑暗的街巷里发生的两组人员互相追打过程中，来自"共产党反法西斯主义战斗联盟"（Communist Combat League Against Fascism）的某个人刺死了一个叫恩斯特·施瓦茨（Ernst Schwartz）的冲锋队员。施瓦茨是一位艺术教师，已经58岁，当冲锋队员显然年纪太大了。

1932年的这个冬天，是德国"大萧条"的低谷。这也就是"萧条"政治的样子。

1930年9月15日凌晨，希特勒回到了慕尼黑的勃格布劳凯勒啤酒馆。差不多七年前，他在这里试图发动政变推翻共和国。现在纳粹党正在举办一场喧嚷嘈杂的选举晚会。选举结果是在晚上10点以后出来的。半夜时分，他们知道他们已经获得了伟大的胜利。下半夜，希特勒到来，对追随者发表了演说。

他仔细斟酌用词。他想庆祝胜利，但他知道，他任性的部下是很容易被鼓动起来去搞暴力活动的。在这个时候，非法的暴力活动是希特勒不想要的。他坚持认为，纳粹党会通过"完全合法的道路"实现目标。但由于其他政党现在会努力"破坏"纳粹的团结，纳粹党必须"听从指挥、紧密团结"。

他的讲话中有一个清晰的警告，但他也是信心十足的。"现在时间对我们有利，"他告诉追随者们，"我们最后掌权的时刻是会到来的。"

　　甚至纳粹党自己也没料到会获得如此辉煌的成功。即将成为纳粹党对外宣传负责人的恩斯特·汉夫施丹格尔声称，希特勒告诉过他，如果能够在国民议会获得 40 个席位，他就满足了。根据鲁道夫·赫斯的说法，希特勒曾指望 60 到 70 个席位。实际上，与 1928 年的 12 个席位和 2.6% 的选票相比，纳粹党这次赢得了 107 个席位和 18.3% 的选票。在德国大选的六十年以来，还没有一个政党能够上升得如此之快。纳粹新增的选票主要是从三个政党流过来的：新教的中产阶级政党，即胡根堡的德意志民族党，该党派的选票份额即便与惨淡的 1928 年相比都下降了一半；施特雷泽曼之后的德意志人民党；以及在右翼道路上艰难前行的前民主党，现在以国家党的名义参加大选。

　　德国自由主义人士的前景相当黯淡。自由主义的贵族哈利·凯斯勒伯爵（Count Harry Kessler）认为，这是"德国一个黑暗的日子"。留给国外的印象肯定是"灾难性的"，他说，对"外交政策和金融影响是毁灭性的"。在国民议会总共 577 名议员中，纳粹党占了 107 人，"胡根堡人"（胡根堡领导下的德意志民族党人）49 个，还有 70 多个共产党人，"这样大概有 220 个代表强烈反对现在的德意志国家"。德国面临着危机，只有"所有的力量赞同或者至少容忍共和国"的一个联盟才能够克服这个危机。但凯斯勒同时认为，获胜的是意识形态坚定的政党——纳粹党、共产党和中央党，而不是仅仅代表着经济利益的政党，"对德国选民来说也不是什么坏事"。日记作者和小说家西娅·斯特恩海姆（Thea Sternheim）认为，"来自犹太背景的大多数人完全迷失了方向"；柏林著名社会新闻记者、犹太女子贝拉·弗洛姆（Bella Fromm）已经在考虑移民国外了。英国大使贺拉斯·伦博尔德（Horace Rumbold）与一位普鲁士高级官员谈过，该官员说他认为纳粹党的竞选资金是由苏联提供的。

对许多自由人士来说，选举结果使民主本身的生存能力成了问题。如果依靠这样的选民，民主该怎么运作呢？自由报纸《柏林日报》说，"在这个高度民主的国家，640万选民"居然支持"最常见、最空虚和最残忍的江湖骗术"，这是"畸形的"。国家党在一次新闻发布会上哀叹，"激进主义打败了理性"，但该政党希望德国选民会"找到摆脱迷惑回到建设性的道路"。

新的国民议会在10月份开始运作的时候，贝拉·弗洛姆记录了纳粹党如何以打砸柏林市内犹太人商店的形式来搞庆祝。她写道，党的领导人做出了"混淆是非的解释"，把纳粹的暴力说成针对共产党"挑衅"的一种回应。她认为这样的庇护"恬不知耻"，但"更使我气馁的是保守派报纸做出的极为谨慎的反应，正是这些新闻媒体首先小心翼翼地把'挑衅'这种说法暗示给了褐色（象征纳粹党及其冲锋队的颜色）的暴徒"。

担心的不仅仅是德国的自由人士。选举结果还造成了金融危机，因为神经紧张的外国投资者从德国银行取出了储蓄存款。一个月之内，8亿帝国马克（按照1930年的兑换率约合1.9亿美元，相当于今天的28亿美元）的外国资金逃离了德国。德国证券在外国市场暴跌，德国银行损失了一半的黄金储备，并且被迫把利率提高到了5%（相比之下，纽约的利率为2%，伦敦为3%）。由于物价在下跌，使得借贷的利率高达12%——在已经衰退的时候，这是灾难性的。德国的经济滑入了进一步的萧条之中。

阿里斯蒂德·白里安在法国审视着他和施特雷泽曼曾经努力挽救的残局。他对希特勒获胜消息的反应，类似于前一年施特雷泽曼去世时的反应：他自称为"纳粹党的第一个受害人"。

纳粹党为什么表现得这么出众？他们给了选民什么，选民又从他们那里看到了什么？

理解的难处之一，在于纳粹运动完全来自政治。纳粹党人是政治家：与所有政治家一样，包括其他国家的法西斯分子，他们想方设法登上政治舞台，他们的纲领变成了能够适合他们所吸引的支持者。这意味着纳粹党的意识形态和目标常常故意安排得模模糊糊且经常变化。希特勒在 1920 年大力鼓吹纳粹纲领"二十五条"，并坚定地宣称这是不会改变的。然后他就不去关心了，一旦掌权之后就与他没什么关系了。

然而，"二十五条"对理解纳粹主义在开始阶段的吸引力是重要的。

其中有几条是民族主义的陈词滥调。党要求在"民族自决权"的基础上，"在大德国范围内联合所有的德意志人"。这意味着要联合奥地利和捷克斯洛伐克的苏台德地区，并收复在波兰、法国和比利时的其他"失去的"领土。党号召废止《凡尔赛和约》和《圣日耳曼和约》（St. Germain Treaty，协约国与奥地利之间签订的和约），收复德国在海外的殖民地，包括根据和约被战胜国接管的殖民地。

其他几条则转变方向，明示了反资本主义、反精英主义，以及99 纳粹早期意识形态核心的社会福利的方针。纳粹党要把通过战争牟利的行为宣布为非法，号召把大型企业和百货公司收归国有，共享大企业的利润，提供"丰厚的养老保险"，为穷人的孩子提供更好的教育机会（加之国家对课程的严密控制），"立法提供强制的体育运动"，并且"支持从事年轻人体育训练的所有组织"。

对穷人福利的关心轻易地滑入了宣言的第三个主题，那就是对被界定为外来民族的仇恨。第 7 条要求，"国家的一个基本任务是为公民提供生计。如果不可能为所有人口提供粮食，那就应该把外国居民（非公民）驱逐出德国"。由此开始，第 8 条进一步表达了对移民的憎恨，要求实施驱离："要防止任何非德意志人的进一步移民。我们要求在 1914 年 8 月 2 日之后进入德国的所有非德意志人，应该立即离开德国。"

纳粹党主要在意的是犹太移民。大战之后，或许有 8 万犹太人，主要是从苏俄逃到了德国。难民人流在 1922 年减少了，但魏玛共和国从来没有能力控制其东部国境，这一直是个重要的政治问题。从称呼上就可以体现出来的是，"东部犹太人"（Ostjuden）与早就安家落户和已经同化了的德国犹太人有很大的文化差别。即使是《贝德克尔柏林旅游指南》（*Baedeker Guide to Berlin*）也用精致的语言描述了他们的存在。"皇宫的辉煌已经消失了，"旅游手册哀叹道，"大量的外国人，主要来自东欧，则到处可见。"对已经被战争和革命的痛苦激化的反犹主义者们来说，难民的到来是火上浇油。

因此，反犹主义是纳粹纲领中的重要任务就并不奇怪了。第四条清楚地表达了一种种族主义的演绎推理。"只有'人民的同志'（Volksgenosse）才能成为公民。只有具有德意志血统的人——不管其宗教教派如何——才能成为人民的同志。因此，犹太人不能成为人民的同志。"对纳粹党来说，如果是犹太人，则其宗教信仰就关系不大了。一旦被确定为犹太人，那么他或她是不能通过皈依宗教来改变这种状态的。德国犹太人，不管其家族在德国居住了多久，不管他们已经同化到了何种程度，不管他们是否已经皈依基督教，也不管他们是否在大战时期经历过枪林弹雨，都不能成为纳粹帝国的公民。纲领在第 5 条中继续阐述了这个宣言的几个含义："非公民只能作为客人居住在德国，而且必须服从关于外国人的立法。"只有公民才能担任公职。所有公民都"有平等的权利和义务"，但当然，只有在纳粹党把他们认为不合适的人都排除出这个民族之后，这种平等才能实现。在实践中，一旦掌权之后，他们会增加不能享受平等权利的另外几个类型的人，包括政治反对派、身体和智力残疾人、刑事惯犯、耶和华见证人、辛提人和罗姆人[1]，最后还有男同性恋。

其中一条最长，比其他的长了好几倍，也很有启发意义。第23条结合了希特勒的反犹主义和他对媒体和宣传的着迷。该条是这样写的：

> 针对国际政治谎言及其通过媒体散布的方式，我们要求开展法律战。为顺利创建德国新闻媒体，我们要求：
>
> 1）德文版报纸的所有编辑和撰稿人，都必须是人民的同志。
>
> 2）未经政府的明确允许，不准出现非德语的报纸。这种报纸也不能用德文进行印刷。
>
> 3）根据法律，非德国人禁止持有德国报纸的任何股份，也不得对其施加任何影响。
>
> 对违反这种法律的惩罚，我们要求关停涉事的报纸，并把涉事的非德国人立即驱逐出境。
>
> 对违反公益的报纸，必须予以禁止。对那些通过文学艺术来破坏我们生活的，我们要求开展法律战，对违反这个要求的文化活动要坚决制止。

101　　在纳粹党统治的德国，是不会有新闻自由的。显然，纳粹党会把任何不同意见视作"非德意志人"的活动，因此是违反"公益"的。

这几条还算有其存在的理由，而有些是含糊和怪异的。（例如

---

1. 后两者合称吉普赛人。

第 19 条反对援用罗马法，这几乎不是大多数德国人热切关心的问题。)政治组织做出声明和承诺是一回事，选民们的反应则是另一回事。哪几条引起了德国选民的共鸣？

重要的是要记住哪些社会团体可能会投票支持纳粹党。1930年的时候，选民和选区的模式已经稳固建立了：我们已经知道，纳粹党占领了新教的中产阶级阵营。他们试图小规模地进入天主教的阵营，也想较大规模地打进社会主义的阵营，但效果与在新教阵营时大相径庭。因此，纳粹选区基本上是农村地区，尤其是德国的北部和东部农村的新教徒，以及都市的中产阶级新教徒。天主教徒和工人，大都留在他们的传统阵营里。

德国的新教徒从神学上和政治上都不喜欢魏玛共和国。他们倾向于以悲观的态度来看待人性，感觉只有威权国家才有能力来改正人们的罪孽。这样的国家是上帝的工具，这意味着颠覆或革命是与上帝作对。1918 年之前，普鲁士教会联盟（Prussian Union）的首领是普鲁士国王，这是主流的新教教会，在 1817 年由路德宗和归正（加尔文）宗教会组成。自 1517 年德意志修士马丁·路德（Martin Luther）惹恼了罗马天主教会以来，德国的新教徒一直自然地坚持民族主义。"教会在政治上是中立的"，后来成为主教的奥托·迪贝柳斯（Otto Dibelius）牧师说，"但是"——他似乎没有注意说法的矛盾——"它支持德意志民族党人"。

魏玛共和国集中了新教徒所厌恶的一切东西。1918 年之前，新教徒看到的是一个强大的君主政体，既是社会道德的保护人，也是位于政治之上的国家机构，魏玛把这些都抛弃了，代之以一个世俗的民主的国家，由政党来掌权——这意味着要由充满了妥协和腐败的政治来支配国民的生活，原来的道义不见了。更糟糕的是，这个新的国家是革命的产物，还有一部由自由主义人士和社会主义者制

102

定的宪法，其中不可或缺的政党是天主教中央党。由于其在选举中
的分量和在意识形态的中间立场的地位，天主教中央党在魏玛的联
合政权中一直是必不可少的，而且在 1932 年之前也参加了每一届
的普鲁士政府和中央政府。新教徒嫉妒和憎恨天主教在政治上的成
功，有些人，诸如古斯塔夫·施特雷泽曼，想维持平衡，于是把各
种保守主义和自由主义政党组合起来，作为一种新教势力的联合。
根据他们的观点，德国的新教徒不可避免地会把战争的结束和随之
发生的革命看作叛变。新教的一位传教团长说，社会民主党人不但
"发动了这场愚蠢的不必要的革命"，而且"仅仅为了他们政党夺权
而背叛了我们的国家"。

　　新的共和国是现代的、世俗的、都市的和唯物主义的——这一
切都是新教徒不能赞同的。一位新教神学教授在 1925 年说："唯物
主义启蒙与民主的结盟，通常是文明人走向堕落的典型症状。"共和
国不仅仅是天主教成分过多，而且犹太人成分也过多。民族主义右
翼每次都解释说，1919 年宪法的主要起草者是犹太裔的法学教授胡
戈·普罗伊斯。"一战"后在柏林流传的一首诗歌说，德国人现在
"只是犹太人的奴隶"。奥托·迪贝柳斯吹嘘，他一直认为自己是反
犹的。"人们不会忽视的一点是，"他说，"在现代文明的所有腐败现
象中，犹太教发挥了主要的作用。"我们已经看到，"犹太人问题"
是表达德国人对待民族主义和民主态度的最重要的准则。

　　面对这个鄙视的共和国，新教徒制定了抵抗的战略。其想法是
创建一个"人民教会"（Volkskirche），努力打造一个新教共同体，并
动员新教徒参与 20 世纪的大众政治。在无神论国家，"人民教会"
将是保卫新教和德意志价值（新教徒认为是同一回事）的一个方法。
103　对许多新教徒来说，这个想法很接近"人民共同体"的想法，即纳
粹党所追求的民族团结的说法。

理查德·卡韦尔（Richard Karwehl）是奥斯纳布吕克的一位牧师，也是著名的神学家卡尔·巴特（Karl Barth）的朋友。卡韦尔是一个生动的例子，展现了魏玛新教徒的典型想法。卡韦尔是反纳粹的，是纳粹意识形态的批评者，但他也不喜欢魏玛共和国，他能够理解为什么纳粹党会吸引新教徒。他认为，新教徒与纳粹党联手可以建设"一个真正意义的人民教会"。他说，上帝在"我们祖国的土地上"把作为个体的德国人放入了"我们的人民"之中。他感觉纳粹党再次发现了个体属于共同体这一点。相比之下，共和国沉湎于"个人主义的理性主义之中，与现实相距甚远"，"文学知识分子与现实社会脱节"。纳粹"运动"有一种"基本的愤怒"，针对的是"现代文化中不自然的和某些腐朽、退化的现象"。

考虑到纳粹主义所具有的种族主义倾向令卡韦尔感到厌恶，我们认为德国的新教徒是有可能持反纳粹立场的，这在于他们虽不相信民主、宽容和多元主义，但是相信另一个绝对的意识形态，一种与纳粹党的绝对主义背道而驰的意识形态。在新教徒反对纳粹党的观点中，这是一个重要的因素。甚至多年之后，在纳粹党的最高人民法院，新教徒、抵抗战士赫尔穆特·詹姆斯·冯·莫尔克伯爵（Count Helmuth James von Moltke）面对叛国罪审讯的时候，罗兰德·弗莱斯勒（Roland Freisler）法官告诉他："基督教和民族社会主义有一个共同点，莫尔克伯爵，只有一个：占据一个人的全副身心。"对此，莫尔克表示完全同意。后来，牧师和抵抗英雄马丁·尼默勒（Martin Niemöller）也会说，基督"声称世界需要一个极权政权"。不过，卡韦尔认为纳粹主义绝对克服不了自由主义，因为两者的意识形态基本上是相同的。纳粹主义只追求以"人种傲慢"来替代自由主义的"个人傲慢"。没有一个意识形态把上帝放在首位，这是它们与新教的重要区别。

当然，许多（最终或许是大多数）新教徒比卡韦尔走得更远。在1931年路德宗团体"内部使团"的一次会议上，发言人一个接一个热情地为纳粹党涂脂抹粉，赢得了"暴风雨般的掌声"。纳粹的一位顾问告诉集会人群，当纳粹党在宗教事务中"还在寻找自己位子"的时候，"站在中间的是基督、他的身体、他的话和他的工作……越过栅栏！与布尔什维克主义做斗争！福音派教会在本质上和历史上都与德意志站得最近！"

新教敌视魏玛民主，这对共和国的命运至关重要。倒不是说天主教会对共和国更加热情。与那个时期欧洲各地——例如意大利和西班牙，或者是查尔斯·莫拉斯（Charles Maurras）的"法兰西行动"（Action Française）——的天主教威权主义总体模式相同，德国也有许多右翼和民族主义的天主教徒。虽然德国的天主教徒在中央党内有·个坚固的政治大家庭，但中央党是一个忠实于共和国的政治机构，这就限制了天主教徒反民主的威胁。类似地，新教的工人阶级也在社会民主党内有一个政治大家庭，或者，如果是失业工人，那么就有共产党这个大家庭（那样的话，他们很可能已经退出了教会）。然而在魏玛时期，农村和中产阶级的新教徒在政治上是无家可归的——无家，但正在找家。人民教会的大众动员想法，正适合新型的政治组织，最终会把这些政治孤儿交给纳粹党。

第一次世界大战永久改变的一件事情，是大多数德国人对政治精英，也就是"名人们"的尊敬。在战前的德国，"名人们"在贵族和中上阶级人士中组建了一个精英小团体。但战争引发了广泛的、平等主义的民族主义。那些老名人把国家引向了灾难。现在德国人极少想恢复君主政体或战前的精英团体。战争结束的第二天，保守的《十字报》，把原先"为了国王和祖国与上帝一起前进"的格言替换为"为了德国人民"。在魏玛时期，到处都是"人民"这个词。

　　有许多证据证明，魏玛共和国的中产阶级想用平等主义的政治去处理社会问题，但这种政治还是民族主义的。一位转向了纳粹党的原德意志民族党的选民解释说，老的政党缺乏"对待人民的正确态度，不愿意提供帮助"。民粹主义的政治运动几乎总是结合了社会改良和民族主义。

　　或许中产阶级能够在社会民主党内发现他们在寻找的东西。但在魏玛德国，一条坚实的社会界线把工人阶级与中产阶级分隔开来。中产阶级人士也许要的是社会改良和社会福利，但俄国的布尔什维克革命是关于社会主义可能结局的一个可怕警告，中产阶级没有一个人想去体验工人阶级的处境。这样的人绝对不会把选票投给社会民主党，更不会给共产党。不管怎么说，与施莱谢尔一样，大多数中产阶级人士感觉社会民主党人还不够民族主义。就此而言，德国依然遵循了欧洲模式。在欧洲大地上，只有在民主相当先进、社会主义的左翼已经取得成功并足以威胁中产阶级的地方，法西斯主义才会发展起来。法西斯主义是针对他们最害怕的左翼而做出的自卫反应的一部分。

　　宗教界线也一清二楚。新教徒是不会投票给天主教中央党或其巴伐利亚的姐妹党的。新教的政治大家庭就是新教的投票阵营。在20世纪20年代初有一段时间，这个阵营就是德意志民族党，该政党在1924年发展成为第二大党。但德意志民族党太讲究等级、太依赖老精英和大企业了，所以没能长久地吸引住民粹主义的选民。在20世纪20年代后期，我们看到，中产阶级新教选区的势力转移到了农村的抗议运动，以及一些诸如小业主党那样的经济类型的小党派。但这些小党派势单力薄，绝对不可能得到足够的支持在国家级层面上产生实质性的改变。

　　纳粹党的领导人大多出身卑微，他们有足够的理由来支持他们的社会议程。他们当然努力宣传特别的利益。例如尤其是有利于农民和小商贩的"二十五条"。但面对这些诉求，纳粹党总是以谈论"人民共同体"来蒙混过关，这个概念来自"1914 年的神话"，最终成了他们的政治财产。纳粹党答应要建设一个人人都有应有的地位、人人都平等和人人都富裕的德国——人人都可以，只要不是犹太人或死不悔改的马克思主义者。

106　　　需要仔细观察的是纳粹党的民族主义。"全球化"（globalization）并不是 20 世纪 20 年代或 30 年代所使用的词语，但其现实状况是人们所熟悉的。

　　最重要的是，纳粹党是反全球化的民族主义抗议运动的。

　　下面这一段话读起来令人震惊，似乎从那个时代穿越到了我们现在的时代：

　　"德国财团或德国船厂在上海建立所谓的子公司，"希特勒写道，"用中国工人和外国钢材为中国建造船舶，但德国人民不感兴趣。"德国公司能够从中获利，但德国人民会"因为没有了销售机会而遭受几倍的损失"。越是用资本主义的利益塑造经济或政治，这种外资子公司就会建立越多，转移到国外的本来属于德国人的工作就越多。"今天，有些人还会赞成将来的这些发展，但是，三十年之后，人们会对由此在欧洲产生的结果发出呻吟。"

　　希特勒是在 1928 年在他那本没有出版的《我的奋斗》续集里写下这些话的。在书写的时候，他触及了魏玛共和国最重要的一个议题。

　　20 世纪 20 年代后期的政治动员，尤其是在以后会成为纳粹基地的新教团体之中，主要是关于德国在世界经济和金融体系中的脆弱地位。贸易协定是令人愤怒的，激发了农民的抗议。就在美国、加拿大和阿根廷的粮食供应激增导致世界粮食价格低落的时候，这些协定降低了进口粮食的关税。希特勒之所以能够获得尊重，就在于他加入了阿尔弗雷德·胡根堡反对《扬格计划》的运动。胡根堡主张采用"自由法"，这将德国官员收集战争的赔款的行为定义为犯罪行为。

魏玛共和国在几个方面都是德国无法控制的国际力量的受害者。英国和美国凭借其财富和实力，在自由贸易和金本位的基础上建立了世界经济体系。财富和实力使其赢得了第一次世界大战的胜利，并继续规定了德国不得不服从的世界格局。在海因里希·布吕宁政府中担任外交部国务秘书的伯恩哈德·冯·布洛（Bernhard von Bülow）说："英美与法国联手，想骑在地球'下等'人民的头上当老爷，还把德国人置于他们的枷锁之下。"

想挣脱世界经济束缚的德国人，往往特别痛恨国际金本位制——用纳粹活动家格雷戈尔·施特拉塞尔的话来说，这是"恶魔黄金"。

用最简单的术语来讲，金本位指的是一个国家的中央银行如果没有自己的黄金储备作为支持，是不能发行货币的，而且必须随时准备以固定的价格把黄金兑换成现金。在采用了金本位的所有国家中——第一次世界大战期间，大多数国家都这么做了——货币与黄金之间的关系是由法律来固定的。还有相对黄金储备来说，有多少货币能够发行的规则。例如英格兰银行必须确保，如果发行的货币超过1550万英镑，那么金库里必须有黄金作为支撑。美联储则以不同的系统来运作，即40%的美国货币必须有现成的黄金作为支持。1924年之后，德意志银行也采用了这个40%的规定。由于每一种货币与黄金的关系是固定的，所以其价值自动与其他货币相固定。这有利于国际贸易的支付和预测，把通货膨胀维持在较低的水

107

平，迫使各国政府遵守财政纪律，不能用增发货币来清偿债务。如果这样做，就会很快受到惩罚，即由于在国际市场上的套汇，黄金储备将从他们的中央银行流出。对一个政府来说，执行金本位是一种荣耀和值得尊敬的标志，表示该政府接受经济规则或正规的做法，能够融入世界经济的主流。

但事情要更复杂一点。金本位也是实施自由民主与世界和平的一个方法：它能够对政府的军费开支等各种开支进行控制。在"一战"之后的世界，包含在金本位之中的自由资本主义体系，可以保证具有侵略野心的军国主义不再崛起。更重要的是，这也捆住了德国的手脚，使其不再害人。

在德国支付战争赔款与金本位绑定越来越深的情况下，这种做法在金融上对德国的限制更为清晰了。到 1930 年的时候，伴随着赔款支付系统的是一张国际金融安排的严密网络，进一步限制了德国的行动自由。这些安排包括一个新的国际机构，即设在瑞士巴塞尔的"国际清算银行"（Bank for International Settlements），还有《道威斯计划》和《扬格计划》，以及与此相关的各种协议和贷款。显然，赔款支付占用了本就脆弱的国民预算。根据 1924 年的《道威斯计划》，1929 年德国的赔款支付额将会升高到国内生产总值（GDP）的 5%。为支付款项并保持财政机构的正常运转，德国政府从国际债权人那里借了大量的钱。从 1924 至 1928 年之间每年借款 6 亿美元（相当于现在的 88 亿美元），其中约一半用于战争赔款的支付。

德国经济脆弱的真正原因，简单说来，是因为这些钱的大约三分之一是短期的借贷。比限制德国行动自由更厉害的是，没有国际社会的同意，德国无法修改关于德意志银行的法律（其中有要求德国执行金本位的条款）。在 1930 年的一次发言时，德意志银行行长汉斯·路德直言不讳地说，德国的债务负担和依赖外国的结果，是一种"隐形的占领"。虽然民族主义色彩浓厚，但路德的声明实际上是完全正确的。

在无力改变局面的情况下，在明摆着要吃亏的情况下，国家的无能为力使千百万德国人受尽了折磨、吃尽了苦头。几乎所有的德国人都想摆脱这种"隐形的占领"，但有些对策是比较激进的。温和派认为当前的任务是开展国际游说；国务秘书伯恩哈德·冯·布洛认为，答案是"启蒙敌国的人民"；布吕宁强调，他的政府想实现"民族自由"的方法是——这有点施特雷泽曼的意思——走"和平道路"。

更为激进的对策是自主经济（autarky），也就是国家完全脱离世界经济，依靠自己的资源，取消进出口和外商投资。显然，德国不是实行这样政策的国家。正统的观点是由德意志银行行长汉斯·路德说出来的。他解释说，无法避免的事实是，德国人民"不能依靠自己的土地养活自己"，所以他们必须向国外市场出口工业品，然后购买进口的粮食。如果那样的话，路德说，德国的政治和经济领导人必须得到"国境之外"的信任。

然而这个结论的假设是德国人民不得不接受现在的世界经济。但如果这个假设错了呢？不管是赞成或反对自主经济，显然，所有遵照这个民族经济政策的德国人必须采取完全不同的政治对策。

在20世纪30年代初期，最终加入了纳粹党和党卫队的极右翼记者费迪南德·弗里德［Ferdinand Fried，弗里德里希·齐默曼（Friedrich Zimmermann）的笔名］，把自主经济作为自己的主题。弗里德写道，为使自主经济可行，必须对农业、工业和金融业实施国有化，而结果就是独裁。因为德国将失去海外市场，所以不得不控制东欧和东南欧，组成一个紧密型的"国家联邦"，这个联邦也必须依靠能够从苏联得到原材料的保证。反对自主经济的自由经济学家埃米尔·莱德勒(Emil Lederer)，却同意弗里德关于其政治后果的判断。他说，把自主经济作为经济计划的中心，意味着促成"战争的永存"。

自主经济是纳粹党政治战役的中心，使德国摆脱依赖敌国的呼吁显然引起了选民的共鸣。精明的纳粹宣传家约瑟夫·戈培尔在1932年写道，一个民族如果不能控制"必要的空间、自然力量和自然资源，使之服务于自己的物质生活"，那就不可避免地会"陷入依赖外国的地步并丧失自己的自由"。第一次世界大战的结果和战后世界秩序的性质，已经清楚地证明了这个理论，他声称。"因此德国周边有一道厚墙？"他问道。"我们当然要修建一道墙，一道保护墙。"

110　　最能引起德国人共鸣的20世纪30年代早期的一次讲话，也是关于这个主题的。这是戈培尔的党内死对头格雷戈尔·施特拉塞尔的讲话。

施特拉塞尔是纳粹领导人之一，但他看上去不像纳粹的样子。诚然，他个子高大，剃了个光头，说话声音洪亮，而且随时能够以此打击政敌。但施特拉塞尔喜欢与艺术家和作家交往，喜欢阅读荷马或其他经典作家作品。他敏感、友善，是唯一一位广受政党拥护者以外的人欣赏的纳粹领导人。英国大使称他为纳粹领导人中"能力最强的人"。严谨的美国记者H. R. 尼克博克(H. R. Knickerbocker)认为，施特拉塞尔是当总理的料。悲观的历史学家奥斯瓦尔德·施本格勒(Oswald Spengler)说，除了商人胡戈·斯廷内斯(Hugo Stinnes)，施特拉塞尔是他遇见的"最聪明的人"。甚至社会民主党政治家威廉·霍格纳(Wilhelm Hoegner)也说，施特拉塞尔是"最值得信赖"的纳粹领导人。

1892年，施特拉塞尔出生在巴伐利亚一个中产阶级的家庭。他本来喜欢物理学，但家里的经济条件不可能为他提供长期的学习，于是他决定当一名药剂师。1914年，战争的爆发使他中断了学业。他加入了炮兵团，在整个战争期间一直带着荣誉感参加战斗。与希特勒相反，但与一般士兵相同的是，他得到了快速提升，在1916年初就已经获得中尉的军衔。他的营长对施特拉塞尔的评语是"激情、能量、忠诚和能力尤为突出"。营长还补充说，施特拉塞尔成了"一个意气相投的同事，他的忠言是我喜欢听的，他的欢乐的性格常常让我们度过困难时刻"。

但施特拉塞尔还是在战争中负了伤，难以完全恢复和平时期正常人的生活。他加入了自由军团，并在1922年加入纳粹党。通过1914年8月和1918年11月的对比，他确定了自己的政治观点。战争把一切改变得面目全非。"任何试图恢复1914年7月31日的'平静和秩序'的努力，"他说，"要么是愚蠢的、要么是犯罪的，而且无论如何都是徒劳的、反动的。"1914年8月1日，爆发的是一场革命，它本该"带来一个新世界"。相比之下，在施特拉塞尔的心目中，1918年11月的革命只不过是一次"从根上就是懦弱的、腐败的、无能的和背叛的"造反，纳粹党仇视这一革命，就像他们仇视革命的支持者和魏玛共和国一样。

111

从1928年到1932年，施特拉塞尔负责纳粹党的组织工作，一般被认为是希特勒的左膀右臂；他高效的行政管理能力常常被认为是纳粹党获得选举成功的一个重要因素，他还是纳粹的议会党团成员，他的演讲，诸如1932年5月10日的一次演讲，进一步展现了他的才能，即便政治对手（例如威廉·霍格纳）也不会鄙视他。

这次演讲中的一句话出了名，而且经久不衰。施特拉塞尔谈及"反资本主义的渴望"时说："今天，不管自觉或不自觉，这已经获得了我们人民中也许95%的人的赞同。"根据施特拉塞尔的观点，这种反资本主义的渴望转化为"人民反对腐败经济的抗议"。人民要求，"考虑到出口统计数据和德意志银行的折扣率"，国家应与"恶魔黄金、世界经济、唯物主义"彻底决裂。

他争辩说，纳粹党要拯救农村经济，阻止农村人口大量拥入城市，并"在封闭的经济环境中"提高国内收入。施特拉塞尔在传达信息的时候也隐约涉及了反犹主义——按照纳粹的标准是比较微妙的表达，但也是准确无误的表达。他说，主管金融的领导人在担忧"自主经济的前景"，这意味着"轻易rebbach的国际金融高潮结束了"。这里的rebbach是意第绪词语，从与利润有关的意义上讲，是"一夜暴富"的意思。显然，施特拉塞尔指的是哪一类金融家应该是没有疑问了——"读到他们的名字就知道了"。

除了国际金融，德国人对含有敌意的外部力量也是感觉脆弱的。德国与波兰有漫长和曲折的国境线。第一次世界大战之前属于德国的一些领土（西里西亚和西普鲁士的部分地区），根据和平条约划给了波兰。这些领土的丧失，引起了德国人的广泛愤怒。布吕宁内阁的被占领土部长戈特弗里德·特雷维拉努斯说："在我们的内心深处，我们牢记着东边未经愈合的伤口。"谈论德国的"流血边境"是常有的事。

不单单是大多数德国人想把这些领土要回来。国境线本身也是一个威胁。在这些国境线的存在期间，魏玛共和国从来没有足够的军队或警察去实施有效的管控。这是国家安全的一部分：在德国军队只有10万人的时候，波兰是一个潜在的威胁，德国的许多决策者很是担心。例如，伯恩哈德·冯·布洛在1930年写道："现在与波兰的边境体制，已经对东普鲁士构成了一个非常严重的威胁。"但这也是移民和难民的控制问题。

大战的结束导致了难民危机，这是世界上从来没有出现过的。

尤其是在东欧、苏俄和近东,大约 950 万人因为暴力、饥荒或感觉被划分到了错误的一边而背井离乡。德国因为处在欧洲的中心,不可避免地成了难民的十字路口。1918 年到 1922 年间,大约有 150 万难民进入了德国。其中 100 多万本来是德国人,他们是从法国和波兰的前德国领土上迁徙过来的。几十万俄国人逃离了布尔什维克革命,还有大概 8 万犹太人从更东边的反犹暴力中逃过来。这次难民危机是美国在 1921 年到 1924 年间关紧了移民大门的原因之一,更令欧洲难民问题雪上加霜。

边境的不稳定和边境地区的多元化常常触发极端民族主义的事件。魏玛德国也不例外。显然,纳粹党的一些要人——当然包括希特勒本人——是来自边境地区的,尤其是西里西亚和其他割让给波兰的地区,或者是来自前哈布斯堡帝国和波罗的海地区的德裔流亡群体。

德国人担心自己国家的脆弱,还有一个原因:他们的其中一个大党听从外国的指令。德国拥有除了苏联之外最大规模的、最成功的共产党。共产党人大多数是失业工人,自 20 世纪 20 年代中期开始,他们的队伍在德国壮大了,首先是因为工厂的自动化程度提高,然后还因为"大萧条"。那时候,世界上所有的共产党都听命于莫斯科,这意味着各地的共产党实际上只不过是斯大林对外政策的工具。1928 年,斯大林担心法德关系的改善会使自己被孤立,他认为削弱德国社会民主党有利于保持法国和德国的分离。其结果就是共产国际宣称,社会民主党人是"社会法西斯分子",共产党人必须与他们做斗争,就像与纳粹分子做斗争一样。因为德国共产党规模很大(1932 年年底的时候有 36 万党员,德共的得票率也是每次选举都有增加),斯大林领导下的德国共产党有能力,而且也确实挫败了形成一个团结左翼的努力,尽管这个团结的左翼本来是有可

113

能阻止纳粹上台的。

纳粹意识形态是对德国在国际上脆弱地位的全方位的反映。纳粹党的有些思想在当时是明确表达的，这有助于他们获得支持。有些想法他们只是暗示，或者，他们没有把打算做的事情全面解释清楚。

他们关于脱离世界经济、停止国际交易和金本位制度下的所有金融安排的承诺，是清楚明确的。早在提出"二十五条"的时候，纳粹党就已经阐明，包括难民和犹太人在内的非公民，在纳粹党掌管国家之后，就不能指望继续留在德国或拥有任何政治和民事权利了。即使在1933年之前，纳粹党的准军事组织就已经被悄悄地布置到了东部边境，为的是保卫那里的安全。纳粹党清楚地说过要禁止共产党，共产党的所有积极分子都会遭到逮捕或更严重的后果。

自20世纪20年代初期开始，希特勒就已经谈论过要在东部为德国开拓"生存空间"的需求。由于像记者费迪南德·弗里德那样的人认为，如果要让自主经济可行，德国就有必要扩展它所控制的领土。希特勒完全同意。他认为，德国的安全因"市场波动"而陷入了危险的境地，"贸易协定没能为实际遵守方提供保障"。他说，事实上依赖对外贸易的国家在军事上是软弱的。德国自己的贸易不得不经由被英国控制的海路。

"唯一的补救办法，"希特勒说，"也是我们目前可以看到的，是取得更大的生存空间。"这个"生存空间"只能在欧洲找到，而且只有一个方向：东方，也即苏联以及乌克兰的黑色沃土。

在上台执政前的一次公开演讲时，希特勒隐晦地提到了这个想法。但与弗里德不同，他思考的不是由德国控制的中欧和东欧的一个联邦国家。希特勒的整个计划本质上是要让德国征服苏联，从而做到在经济上自给自足。为此，一场战争是必须的，所以德国人民不得不吸取上一次战争的教训。这些教训，早就由兴登堡总统的前总参谋长埃里希·鲁登道夫在 1919 年到 1935 年间的一系列图书和文章中非常清楚地说明了。德国必须比以前更有效地在全国进行动员，开展一场总体战。强大的军事和工业发展肯定会挤压民生。不能有士气崩溃、不能有左翼的不同意见、不能有吃里扒外的犹太人的背叛——这最后一点对鲁登道夫和希特勒尤其重要。为开展一场总体战，政府必须有铁一般的控制力，人民的体质也必须有实质性的增强。一场总体战，不可能由持不同政见的人去进行，也不能由智力或体力的残障人士去进行。德国的宣传力度，不管是对待国内的人民或者是对外的，都必须更加强大。希特勒完全接受了鲁登道夫的方案。

虽然纳粹主义是反对全球化的一场革命，但矛盾的是，纳粹主义也是全球革命的一部分。希特勒和纳粹党吸收了全世界的影响。

可以认为，他们的国际影响主要来自土耳其。军事领导人穆斯塔法·凯末尔（Mustafa Kemal）在加里波利打败英国和法国而名声大噪，接着作为凯末尔·阿塔图尔克在战后成为新建立的土耳其的首任总统。20 世纪 20 年代和 30 年代，他在德国是个偶像人物。希特勒把阿塔图尔克叫作"闪亮之星"。在 1924 年因"啤酒馆暴动"而受审期间，他说阿塔图尔克已经进行了近来最伟大的革命，第二伟大的是墨索里尼领导的革命。后来在 1938 年，希特勒特别谦虚地说，阿塔图尔克是伟大的导师，他的第一个学生是墨索里尼，第二个学生是希特勒本人。

纳粹党羡慕阿塔图尔克所取得的成功：摆脱了第一次世界大战结束后协约国强加给奥斯曼帝国的《塞夫勒条约》（Treaty of Sèvres）。土耳其人所谓的"独立战争"的结果，导致了更为有利的一个新条约，即 1923 年的《洛桑条约》（Treaty of Lausanne）的签订，以及现代

115

土耳其共和国的建立，由阿塔图尔克担任国家领导人。显而易见，纳粹党认为这与他们的形势相似，尤其是因为土耳其政权把《塞夫勒条约》的签字人宣布为叛徒，并剥夺了他们的公民身份。

纳粹党也知道并赞同 1915 年的亚美尼亚种族大屠杀，当时奥斯曼政府杀死了 75 万至 150 万亚美尼亚人。他们还赞同根据《洛桑条约》把希腊人驱逐出土耳其。纳粹党认为这些种族清洗的例子，是建立他们羡慕的强大的、成功的土耳其的必要步骤。

在早期和决定性的时刻，另一个影响来自俄国。1920 年到 1923 年间，希特勒获悉，慕尼黑有一些白俄移民正与一个叫"重建"（Aufbau）的团体在一起工作。"重建"是强烈的反犹团体，其成员主要由俄国移民和少数纳粹分子组成。该团体想推翻魏玛共和国和苏联。有些移民是来自新独立的波罗的海国家的德意志人。其他的是俄罗斯人，包括皮奥特尔·沙别利斯基-波尔克中尉（Lieutenant Piotr Shabelskii-Bork）。沙别利斯基-波尔克把臭名昭著的《锡安长老会纪要》（*Protocols of the Elders of Zion*）带到了德国。这是一本反犹主义的阴谋论伪书，由俄国秘密警察在第一次世界大战之前编造。在 20 世纪 20 年代，这本书鼓舞了希特勒和亨利·福特（Henry Ford）那样的活动家。在希特勒的反犹主义还在发展的时候，这些移民去见了他。他们很可能说服了他相信他们所想象的国际犹太人阴谋的规模，以及苏联是"犹太独裁政权"及其阴谋的产物。

116 　　年轻的约瑟夫·戈培尔也受到了来自苏俄的影响。他在 1923 年写道，他对"神圣的俄国怀有最崇高的敬意"。这与他看过俄国作家陀思妥耶夫斯基的小说有关。但他也自称是"德国共产党人"。

　　在整个政治生涯中，希特勒十分欣赏贝尼托·墨索里尼和他于 1922 年在意大利建立的法西斯政权。希特勒开始在各方面仿效墨索里尼的风格，尤其是他身边的人对领袖的狂热。希特勒的追随者得到了提示，所以他们开始拥戴希特勒为元首（Führer），即领袖，这是从墨索里尼的头衔"领袖"（Duce）翻译过来的。纳粹党也模仿意大利法西斯的黑衫和直臂敬礼。墨索里尼的朋友和在德国的代理人朱塞佩·伦泽蒂（Giuseppe Renzetti）在1932年报告说，希特勒"崇拜"墨索里尼，渴望见到他。这很可能更多的是因为希特勒欣赏这个独裁者的成功，而不是因为他们意识形态相同。

1933年之前，意大利法西斯党和纳粹党接触很多，主要是通过伦泽蒂传递信息。伦泽蒂陆军军官出身，性格外向、喜欢社交，妻子有德意志人和犹太人的血统。他很快就熟悉了柏林政治圈内的每一个人。毫不奇怪，伦泽蒂特别欣赏右翼。他发展了与施莱谢尔、胡根堡和许多纳粹党要人的关系，包括希特勒、戈培尔和戈林。墨索里尼想看到德国有个团结的右翼政府，其理由是这样的一个政府会千方百计摆脱《凡尔赛和约》，使法国无暇旁顾，从而为意大利的扩张留下空间。伦泽蒂接受任务，去追求这个目标。他在幕后不知疲倦地做工作，要把德国的各个右翼团结起来。

伦泽蒂终于明白，只有希特勒才能成为一个团结的右翼政府的领导人。1931年11月，他说服墨索里尼，意大利的法西斯必须帮助希特勒上台执政。此后，伦泽蒂的作用发生了变化：他差不多成了纳粹党的一分子，向领导人出谋划策，像说客那样努力去说服其他的右翼团体，诸如德意志民族党和"钢盔"，提议他们应该站在一起。希特勒本人把伦泽蒂作为朋友看待，戈培尔后来写道，伦泽蒂对纳粹党的兴起和上台做了那么多的贡献，"实际上应该把他视作一位纳粹元老"。

希特勒从一开始就认为，在他征服生存空间的时候，意大利应该可被发展为一个盟友，为得到墨索里尼的支持，他愿意付出高昂的政治代价。这个代价包括一个叫南蒂罗尔（South Tyrol）的地区，是

140　长刀之夜：从魏玛共和国到第三帝国

1918 年割让给意大利的原属奥地利的领土，当地大多数居民讲德语（现在依然如此）。由于德意志民族党人希望有一天把德国与奥地利合并起来，所以他们把南蒂罗尔视作德国的领土。希特勒渴望安抚墨索里尼，他愿意把南蒂罗尔留给意大利，但他也知道，各种各样的民族党人（还有投机取巧的社会党人）想抓住他这种看起来像是把德国利益转让给外国的叛国行为的把柄，从而在政治上捞取好处。

在 1928 年的大选战役期间，社会民主党和民族党的报纸刊登文章说，希特勒从墨索里尼那里收取竞选基金，回报是德国放弃南蒂罗尔。希特勒将这一说法斥为诽谤。事情在 1929 年 5 月闹到了法院，随后的上诉和重审拖到了 1932 年。法官再次对希特勒表示了同情，否定了对他不利的证据，并做出了有利于他的判决。但这样的证据是值得深思的，显然也是使希特勒担心和恼火的。在第一次庭审的时候，柏林的报纸报道说，当他与墨索里尼串通的证据出现的时候，"希特勒不知道如何回应，只是愤怒地抱怨'犹太媒体帮'合伙对他搞'国际阴谋'"。再审的时候，一个叫维尔纳·阿贝尔（Werner Abel）的证人做证说，就在"啤酒馆暴动"之前，他担任希特勒与驻柏林使馆的意大利军官米廖拉蒂上尉（Captain Migliorati）之间的中间人。米廖拉蒂答应了希特勒放弃南蒂罗尔的回报钱款，希特勒也已经同意了，阿贝尔说。

米廖拉蒂后来否认向希特勒提供了资金，而阿贝尔本人肯定是个可疑人物：曾经是右翼积极分子，后来转变为左翼，之前还有过好几项欺诈罪行。1932 年，另一个亲纳粹的法院裁定阿贝尔做伪证，但希特勒的确曾在 1923 年会见了意大利人，他甚至接受意大利报纸《意大利邮报》（Corriere d'Italia）的采访，声称放弃南蒂罗尔。这次采访在 1923 年 10 月 16 日见报，也就是阿贝尔声称希特勒与米廖

118

拉蒂达成交易的第二天。

在两次大战的间歇期，德国支持纳粹党的模式，与欧洲好多国家是吻合的。法西斯党即使没有掌权，但能够获得大众的支持，是紧密沿着战后欧洲两张不同的地图行进的：战败国家的地图，以及受到共产党革命威胁的国家的地图。例如作为战败国一方的匈牙利，经历了 1919 年的共产党革命和短时间的共产党政权。此后统治国家的是军事独裁者霍尔蒂·米克洛斯海军上将（Admiral Horthy Miklós）。霍尔蒂本人并不是法西斯分子，但匈牙利法西斯的"箭十字党"（Arrow Cross）运动得到了广泛的支持，其领导人萨拉希·费伦茨（Szálasi Ferenc）最终接替了霍尔蒂。意大利是"一战"战胜国，但意大利人感觉协约国的其他国家在战利品方面欺骗了他们；许多人谈及他们国家"代价惨重的胜利"。意大利也有强大的共产主义运动。德国当然是两种情况都有：第一次世界大战的战败、规模庞大的共产党，以及战后重复发生的共产党起义。

因此，纳粹主义不单单是针对全球化做出的、与特定民族有关的野蛮反应。它也是一个国际反应，深深地受到了国际的影响。历史学家曾经认为，纳粹主义是某种德国特有的瑕疵，也许可以追溯到马丁·路德或"三十年战争"。但希特勒的运动是对 20 世纪 20 年代到 30 年代初期一场特别危机做出的反应，这场危机对全球产生了很大的影响。虽然号称民族主义，但民族社会主义绝不仅仅是个德国现象。

1930 年大选之后，海因里希·布吕宁总理的第二个转折点在 1931 年 3 月来到了。

布吕宁有一个清楚的战略来对付"大萧条"。通过由兴登堡总统签发行政令越过国民议会的死结的做法，他采取了增加税收、降低失业保险和政府公务员工资的措施。这种被经济学家称为通货紧缩的政策，是当时的经济正统做法。如果收入和支出能够保持平衡，那就可以相信，经济是会自行恢复的。

119

但布吕宁认为，只有战争赔款的负担卸下之后，德国的金融才能真正恢复。1930年，他想对英国和法国施加压力，使之同意通过贸易顺差的办法来对战争赔款做出让步。他认为，这可以提高出口产业的就业率。实际上，德国对这两个国家已经达到了相当大的贸易顺差，因为高昂的关税人为地压制了进口。德国不但是欧洲失业率最高的国家，而且德国人民开始面临营养不良的问题，因为关税致使穷人买不起肉类和其他粮食产品。

1930年12月，布吕宁会见美国大使弗雷德里克·M. 萨克特（Frederic M. Sackett），敦促美国干预战争赔款问题。布吕宁说，这是防止长久的、更加严重的政治和经济危机的唯一办法。萨克特把信息转达美国后，赫伯特·胡佛总统相当重视，他派遣副国务卿约瑟夫·P. 科顿（Joseph P. Cotton）去欧洲协商这个问题，但科顿在应该动身的那天去世了。

虽然1931年初有少许微弱的经济回暖迹象，但德国政府的预算依然处在危机之中。第一季度的赤字达到了4.3亿帝国马克（在1930年大约是1亿美元，今天大约是15亿美元）。政府用短期贷款去弥补这个缺口，但没能获得长期贷款。政府接触的一家银行回答说，它担心战争赔款形势的不确定性。如果德国拖欠战争赔款的支付，那么所有债权国将会处境危险。德国的经济困扰也使得本来就紧张的政治形势更加恶化。在5月30日的一次内阁会议上，内政部长约瑟夫·维尔特（Joseph Wirth）警告说，政治暴力正在抬头，他不知道能否保证长治久安。

在这样的阴郁气氛中，传来了一线希望的曙光：1931年2月，法国政府宣布将参加对德国大规模贷款的会谈。这种戏剧性的政策变化，是在阿里斯蒂德·白里安的不懈努力下促成的。这是他为法德和好战役的最近一次奋斗。

　　白里安的努力原本有可能是德国政治经济命运的一个转折点。 120 但在白里安的贡献和布吕宁的回应背后，还有更大的战略问题。白里安一直在寻找办法，去处理德国对法国的潜在危险，谋求建设一个经济上更为强大的欧洲去与美国竞争。而布吕宁为了更大格局的战略考量，不得不放弃了某些本可以减轻"大萧条"对德国民众的影响的政策。

　　法国贷款的会谈实际上是在头一年 7 月开始的，也就是莱茵兰撤军和德国民族主义热情高涨的时候。法国的议程很清楚。随着会谈的持续，法国总理安德烈·塔尔迪厄说，长期信贷必须与德国承诺尊重东部边境和限制军工发展挂钩。法国要求德国停止建造当时还处在计划阶段的两艘战列舰——当时的名称是战列巡洋舰B和C，即后来的"舍尔海军上将号"（*Admiral Scheer*）和"斯佩伯爵海军上将号"（*Admiral Graf Spee*）——而且要求德国政府镇压激进右翼的示威游行。对法国来说同样重要的是，德国必须继续按照《扬格计划》按期支付战争赔款。

　　这切中了布吕宁的法国贷款问题要害。他的目标不是减少或延迟战争赔款的支付，而是永久结束支付。"大萧条"给了他一个机会，即德国可以借此无法继续执行《扬格计划》。如果协约国逼迫德国继续支付，其结果将会是德国的政治和经济混乱，继而同样造成他们国家危险和不可预见的后果。因此，布吕宁在与时间赛跑。如果可怕的贷款条件得到改善，致使他失去了可以争辩的强烈理由，那怎么办呢？在确有机会可使德国经济增长的时候，法国的贷款也许会使他处于这种境地。这个贷款必须回避。但怎么回避？

布吕宁是聪明的，他对这个问题的解决办法是有效的，而且在政治上不会损害自己，以及兴登堡和施莱谢尔。1931 年 3 月 21 日，他的内阁宣布了德国与奥地利海关合并的计划。这是违反《凡尔赛和约》和《圣日耳曼和约》的，两个条约都禁止德国与奥地利联合。英国，特别是法国，认为这是德国新的扩张意图，不单单想扩张到奥地利，还要到东南欧地区。这不是布吕宁的主意，而是德国外交部想出来的，施特雷泽曼之后的外交部长尤里乌斯·库尔提乌斯和国务秘书伯恩哈德·冯·布洛使其愈发倾向右翼。库尔提乌斯是这个主题的公开卫士。布吕宁本人则躲在幕后。

这在法国引起了一场轩然大波，到 3 月底的时候，法国贷款计划流产了。白里安正忙于竞选法国总统，德国的奥地利计谋所引起的愤怒，摧毁了他的机会。5 月 13 日，他败在了右翼候选人保罗·杜美（Paul Doumer）的手里。

布吕宁太聪明了，他不会不明白海关联合的计划会损害法德关系并导致法国贷款的夭亡。不过，这确实是他想要看到的结果。从政治上来说，他很难谢绝这笔贷款，但与奥地利海关的联合能为他赢得民族主义者的加分，也不会伤害他利用"大萧条"来摆脱战争赔款支付的战略。同时，他与奥地利计划保持着距离，这样他在法国人和英国人心目中的名声就不会受到不可挽回的损害。

这个时期，还有两件事情也是清楚的。一是再次表明，两次大战间隔时期的欧洲金融贷款确实是与安全相关的，尤其是要让德国老老实实。只要德国被战争赔款和金本位缚住手脚，它就不能威胁到邻国。如果德国挣脱枷锁，那就是另一回事了。第二，布吕宁可以对"大萧条"满不在乎，因为他是总统领导下的总理，只对兴登堡负责。议会领导下的总理就要看大多数议员的脸色，就很难回绝这笔救命的经济援助。这正是施莱谢尔和他的小圈子想要的总统领

121

导下的总理。如同施特雷泽曼曾清楚地看到的那样，魏玛共和国的内外政策再次特别紧密地交织在一起了。

6月6日，布吕宁开始调解德国的经济问题。他被迫启用另一条行政命令，要求更加紧缩的政策，他努力使他的解救办法在政治上是可以接受的，包括用煽动性的语言说，因为作为"进贡"而强加给他们头上的战争赔款的支付，德国人民已经处在了"贫困的极限"。国际社会把这看作单方面停止支付战争赔款的威胁。

已经有谣言说，德国将不再履行战争赔款的支付，金融市场的紧张形势再次导致黄金储备流出德国。最大的恐惧是，与战争赔款一样，德国很快会拒绝支付其他的国际债务——这恰恰是因为一份官方的声明否认了这种说法。无论在今天抑或20世纪30年代，都没有人会相信这样的官方声明。

就在那一天，布吕宁在英国契克斯庄园，即英国首相的官方乡间别墅会见了英国首相拉姆齐·麦克唐纳（Ramsay MacDonald）和其他英国官员。自"一战"以来，还没有德国总理会见过英国首相。虽然英国人严肃地要求布吕宁给出关于战争赔款问题的说法，但最终总理还是在英国人那里留下了通常的好印象。他争辩说，在世界经济遭到毁灭和德国走向纳粹主义或共产主义之前，协约国必须解除德国的战争赔款负担。他拿出许多数据向英国人解释，德国政府已经尽了一切努力，采取了增加税收和减低支出的措施。麦克唐纳表示同情，英格兰银行行长蒙塔古·诺曼（Montagu Norman）也一样。后来诺曼告诉麦克唐纳，既然布吕宁那么坦率，那么谁也不应该责备德国人单方面拒绝继续支付战争赔款。

在契克斯庄园，布吕宁成功地把麦克唐纳转变为代表德国的说客。英国首相写信给美国总统胡佛，解释了德国总理的理由。美国官员已经清楚地知道了政治和经济的因素。国务卿亨利·史汀生

（Henry Stimson）答应会尽一切努力，去把"布吕宁博士的德国"从"其他的德国"中解救出来。美国驻德大使萨克特和英国驻德大使贺拉斯·伦博尔德也都相信，应该支持布吕宁，别让纳粹党得势，他们把这个观点转告了各自的政府。胡佛政府的美国官员也一直在宣扬这个观点。6月20日，美国总统宣布了"胡佛延期清偿令"（Hoover Moratorium），停付一年的战争赔款和战争债务。为在国内有个说法，他要求兴登堡总统发电报给他，请求延期偿付。一年后，延期偿付成了永久停付。但那个时候，布吕宁已经离开总理的岗位，没法进行庆祝了。

结束战争赔款的支付，是布吕宁一项杰出的外交成就，但德国政府与奥地利的倡议及其停止支付战争赔款的威胁刺激了帝国马克的抽逃，并扩展成为1931年大规模的世界金融危机。先是奥地利的一家大银行无力支付而倒闭。当奥地利政府实施提款限制之后，金融恐慌波及了德国，德国的一家大银行也倒闭了。虽然胡佛发布了"延期清偿令"，但尤其是因为几个星期以来，法国拒绝接受胡佛的条款，导致大量黄金储备从德意志银行流出。在没有价值的资产基础上的贷款，把金融风波传给了英国人，到9月份，危机变得相当严重，甚至英国政府也感觉不得不放弃金本位。

是1931年的危机，把一个严重但依然可控经济衰退演变成为传说中的"大萧条"。在每一个大国，经济继续下滑。到1932年初，德国的失业人数达到了600万，是参加劳动保险的人数的40%。布吕宁政府继续减低失业救济金，到后来，在这些救济金也发完了的时候，工人们只得去市政府设置在各处的救济站领取食品了。几百万德国人实实在在挨饿了。与营养不良相关的疾病重新出现了，就像1917年和1918年遭到海军封锁时那样。政治激进主义在快速发展。

1931 年，布吕宁用不着采取什么措施来转移 "大萧条"。他和部长们都知道还有其他的方案，包括约翰·梅纳德·凯恩斯（John Maynard Keynes）所提议的公共工程建设，以及政府建立信贷去对付 "大萧条"。当英国经济学家凯恩斯来德国讲课的时候，布吕宁与他见面并讨论了经济政策。布吕宁认为，凯恩斯根本不了解德国的形势。

更重要的是，布吕宁政府感觉凯恩斯的想法在政治上并不合适。1922 年和 1923 年的恶性通货膨胀，在德国人民中留下了心理伤疤。任何刺激的做法也许会导致通货膨胀，由此会引起大规模的反抗。这里还有文化的因素。布吕宁的几位部长，甚至包括布吕宁本人，都认为德国在 1928 年达到的工业化和都市化的程度是人为的，是不可能持续的。他们认为，最好是把城市的工人赶到农村去，以此来解决 "大萧条" 的问题。

采用凯恩斯对付 "大萧条" 的想法，就需要扩展政府的权力范围。但这样的扩权所需要的钱从哪里来？这是关键的问题。德国的国内法和国际协定禁止德意志银行发放信贷或 "印钞"。1931 年的时候，德国政府几乎借不到钱。在这些经济因素的后面是政治现实。德国政府借不到钱的一个主要原因，是布吕宁决定把民族主义的议程放在经济扩权的前面。假如他满足法国人关于停建巡洋舰和不与奥地利海关联合的要求，那么他原本是可以拿到法国贷款的。为安抚民族主义的右翼人士，尤其是兴登堡，布吕宁是不会对此做出妥协的。他不惜以空前高涨的失业率为代价，追求战争赔款的结束。他不合时宜的花言巧语，刺激了 1931 年灾难性的银行危机。

金本位是和平、自由的资本主义世界秩序的最基本象征，1931 年的危机使金本位崩溃了。英国放弃金本位以及由此而引起的英镑贬值，损害了德国的出口。工人失业和企业倒闭达到了新的高潮。

布吕宁为"胡佛延期清偿令"而要安抚法国人，他最终被迫答应，在"延期清偿令"存续期间，德国不再投入更多的国防经费。迎合国际体系之后，显然就照顾不到德国民族主义的目标了。整合变得越来越没有吸引力了，经济民族主义更是如此。对德国民主的损害是严重的。

布吕宁本人感觉，他不得不淡化他获得"胡佛延期清偿令"的胜利。他的目标依然是永久性地结束战争赔款。庆祝"延期清偿令"意味着肯定会招来诸如社会民主党那样的政党提出把钱花在与"大萧条"做斗争上面。这违背布吕宁的战略计划。

然而，布吕宁的胜利也出人意料地没有引起他的真正支持者的热烈反响。此后不久，他开始感觉施莱谢尔对他的态度已经改变了。施莱谢尔告诉布吕宁，当兴登堡的儿子奥斯卡因布吕宁的胜利而激动的时候，施莱谢尔只不过冷冷地回答奥斯卡说："没那么快吧。最糟的事情还没来呢。"

在布吕宁与世界金融形势做斗争的时候，德国的城市还发生了另一种类型的政治萧条。

"柏林需要感觉，就像鱼儿需要水。"这句直率的话，来自一本有着直率的标题的书——《为柏林而奋斗》(Struggle for Berlin)。"这座城市生活在感觉之中，任何政治宣传，如果没有认识到这一点，都不能实现自己的目标。"该书的作者是 36 岁的纳粹党当红新星约瑟夫·戈培尔，希特勒在 1926 年派他去担任纳粹党在柏林的头目。

在柏林宣传纳粹党是一项艰巨的任务。柏林是工人阶级的城市，是社会民主党和共产党的阵地。它也是移民的家园，包括自 17 世纪末叶路易十四把新教胡格诺教徒(Protestant Huguenots)逐出法国以来逃避迫害的难民。胡格诺教徒在柏林留下了他们许多不同的印记：

这座城市独特的方言，许多词语是借用法语的；在其中的一个招牌菜中，肉丸被叫作"Boulette"；在著名的作家中，有一位19世纪的小说家叫特奥多尔·冯塔纳（Theodor Fontane）。其他的移民潮也继之而来。普鲁士国王腓特烈二世（腓特烈大帝）引进荷兰工程师来为沼泽地排水。这些荷兰人给柏林市内和周边起了许多叫"奥兰治"（Orange）那样的地名，例如有一个村庄叫奥拉宁堡（Oranienburg）。从19世纪80年代起，犹太人因逃离俄罗斯帝国的暴力而来到了柏林，犹太难民潮的最高峰时期是在1918年之后。有一句流行语说，"所有正宗柏林人都来自西里西亚"，当然，按照德国人的标准，柏林的种族和宗教混合是形形色色的。柏林是德国的教育之都、文化之都、金融之都和媒体之都。对根据地在新教农村地区的一个政党来说，柏林与一个理想之地相差甚远。

126

当戈培尔抵达首都柏林的时候，纳粹党的追随者还不是很多，基本上谁也不把他当回事。他承认说，他对柏林当地纳粹党员的初次演讲并没有引起人们的注意，除了"一家犹太报纸，该报纸后来经常谴责我"。这份报纸只是说，"一位戈培尔先生端出了一些熟悉的短语"。

如果说柏林不是一座典型的纳粹城市，那么戈培尔与他不共戴天的对手格雷戈尔·施特拉塞尔一样，也不是一个典型的纳粹党人。从政之前，在犹太教授的指导下，他获得了文学博士的学位。他头脑聪明，思维活跃，还具有一种在政治狂热分子中间很少见的天赋：他可以撇开自己的狂热，设想那些不赞同纳粹的人会如何看待纳粹观点。在他的日记中，充斥着他对反纳粹的作家和艺术家的欣赏：诸如德国犹太作家马克西米利安·哈登（Maximilian Harden），像特奥多尔·豪斯那样的自由主义政治对手，诸如弗里茨·朗那样的电影作者。这种灵活的思路使他成为一名优秀的宣传家。

倒不是说戈培尔喜欢柏林生动活泼的媒体环境。他写道："旋转的机器每天以几百万份报纸的形式，把吐出的犹太毒物撒入了首都。"但他知道如何利用媒体，他凭直觉就明白，任何的报道都是好的。如果自由主义的或者是左翼的报纸强烈地批评他的政党，都没有关系。"重要的是，媒体能够谈论我们"，他一遍又一遍地在日记中写道。但戈培尔也有另一个工具来宣传纳粹党，一个黑暗得多的工具。

在魏玛共和国，所有的政党都有各自的准军事组织。纳粹党有冲锋队（Sturmabteilung, SA），或谓"褐衫队"（Brownshirts）。共产党有"红锋战士联盟"（Red Front Fighters' League），在 1929 年成为非法组织的时候，被"反法西斯主义战斗联盟"（Combat League Against Fascism）所替代。三个主要的民主党有"黑–红–金德国旗"，是以魏玛共和国的新旗命名的（黑色、红色和金色条纹自 1848 年起就是德国民主的象征，而俾斯麦帝国的德意志民族党和纳粹党用的都是德意志民族主义的颜色：黑色、白色和红色）。后来，社会民主党发现他们的"德国旗"太温和了，于是仿效"褐衫队"新组建了一个叫"铁锋"（Iron Front）的团体。德意志民族党有一个老兵组织叫"钢盔"，该组织在20 世纪 30 年代对公众开放，不管是不是老兵都可以申请加入，但犹太人除外，即使上过战场也不行。

所有这些力量都有一个相同的规则：控制地盘。他们要保证他们政党的会议和集会不受干扰，确保他们的积极分子能够开展活动。说得难听点，他们在街头上互相斗殴，使得柏林和德国的其他城市看上去与其说像欧洲的各大城市，倒不如说更像是黑帮大佬阿尔·卡彭（Al Capone）的芝加哥。

柏林的某些郊区——新克尔恩、弗里德里希斯海因、维丁，以及夏洛腾堡的部分地区——是最贫穷的工人住宅区，相应的也是共产党的阵地。在戈培尔抵达之后，纳粹的战略是与共产党人作对。褐衫队会去工人阶级的住宅区找到一家酒馆，向老板慷慨地保证每月最低的啤酒消费。老板们要做的事情是让冲锋队的一个小分队把这个酒馆作为其总部。然后，该酒馆就成了一个"冲锋酒馆"。褐衫队员把它作为基地，由此出发，通常在夜里去找共产党人挑衅。双方往往会发生激烈的斗殴，有时候还会有其他党派的准军事组织参与进来。到20世纪30年代初期，柏林和其他德国大城市的情况都接近了内战状态。

这种战略立即起到了几个作用。纳粹党慢慢地控制了柏林的一些艰难地区。这样，他们就容易开展活动、张贴海报和举行集会了。但真正的收获是媒体的报道。

戈培尔知道，冲锋队的暴力是磁铁，能够吸引媒体，而且纳粹党虽然挑起了大多数的暴力，他们总是把自己的行动说成自卫。他们的宣传主题，往往是残暴的、报仇心切的共产党人一直在对褐衫队的小伙子穷追猛打。发生在费尔森内克聚居地的攻击和弗里茨·克勒姆克的被杀，就是一个例子。纳粹的宣传把这个案子颠倒过来，说那是共产党对无辜的冲锋队员的一次伏击。许多中产阶级媒体、警方和检察院，最终连刑事法院都接受了这个故事。

这种宣传往往极其荒谬，但也能达到目的。越来越多遵纪守法的中产阶级德国人认为，褐衫队员虽然也许是粗鲁的，但他们是善良和爱国的小伙子，是唯一决心要制止共产党的人。

纳粹党也把粗鲁的举止带给了德国的政治。即使是他们的代表，即根据宪法和法律选举产生的纳粹在州级和全国议会的议员，也表现得像冲锋队员那样粗暴残忍。纳粹议员经常参与斗殴。可以说他们违反了议会的所有礼仪规则。在1932年5月国民议会的一次辩论期间，一位纳粹代表打断了一名共产党人的发言，说："你真是愚

128

蠢到了极点。"会议主持人要纳粹代表遵守秩序，共产党的议会代表负责人恩斯特·托尔格勒（Ernst Torgler）喊道："你给我闭嘴。"纳粹的另一个代表也参与进来，朝着托尔格勒叫道："去俄国当你的哥萨克将军吧！"

即使是没有参加过第一次世界大战的纳粹党人，例如戈培尔，也会无所顾忌地批评那些参战过的人。在1932年2月的国民议会会议期间，戈培尔把社会民主党说成"逃兵党"，这话激怒了许多人。所有党派的代表纷纷站起来谴责他。国家党代表恩斯特·莱麦尔（Ernst Lemmer）注意到，戈培尔"及其议会代表团同事的很大一部分人"没有当过兵，而许多社会民主党人则当过兵。最直率和最精彩的评论出自社会民主党人库尔特·舒马赫（Kurt Schumacher）。舒马赫来自西普鲁士，参加过"一战"并负过伤，后来在"二战"后的最初几年里，他将成为社会民主党赫赫有名的勇敢又具有领袖魅力的领导人。他说，正式抗议戈培尔的举止是没有意义的。"整个民族社会主义的煽动，"他继续说，"经常有赖于人们内心深处的愚笨。如果我们要认识民族社会主义运动，那么事实上它在德国取得政治上的成功，是因为首次彻底鼓动了人类的愚昧。"最后他总结说，纳粹党"无论做什么，无论做到怎样的程度，都绝对比不过我们对他们的鄙视程度"。

129　　在1931年和1932年持续滑向内战期间，越来越明显的是，魏玛共和国政府已经维持不了秩序。与布吕宁不惜牺牲经济福利追求民族主义的政治目标一样，在许多公民看来，魏玛共和国的这种维和不力，腐蚀了民主政权的合法性。不断扩展的暴力也让人民做好了接受纳粹党以后将会实施国家暴力的准备。

然而在1931年或1932年的时候，这并不意味着纳粹党已经快要上台执政，甚至也不意味着他们有了上台的好机会。从1923年

"啤酒馆暴动"的失败中，希特勒已经吸取教训，如果遇到军队和警方的反对，那么纳粹党是永远不可能夺取政权的，在1931年或1932年期间，当局似乎是紧闭门户，把希特勒的运动关在了门外。或许纳粹党可以赢得大选的多数。但如果不能，那又怎么办？

阿尔弗雷德·胡根堡是第一位在1929年反对《扬格计划》的战役中试图利用希特勒的保守人士。他在1931年的大部分时间里做了又一次的努力，试图让纳粹党与德意志民族党和"钢盔"联合，进行请愿并开展民意运动，迫使提早举行普鲁士大选。这次努力也失败了。10月份，民族主义右翼联合安排了一个会议，地点选在了由德意志民族党和纳粹党联盟管理的布伦瑞克州的温泉镇巴特哈尔茨堡，以确保与会人员的安全，免受警察的干扰。除了纳粹党和德意志民族党之外，"钢盔"、德意志人民党、泛德意志联盟（Pan-German League）的一些成员以及其他的右翼游说团体，也去了巴特哈尔茨堡，他们参加了两天的会谈和游行活动。这个举措是要显示，他们已经联合起来，组成了一个真正的团结高效的团体。但这是胡根堡的梦想，不是希特勒的。希特勒和纳粹党的想法是，在与胡根堡合作的时候不做任何让步，但尽可能利用能够得到的宣传和合法性。就在会议之前，兴登堡总统第一次接见了希特勒和赫尔曼·戈林，这意味着与德意志民族党人的合作真的让希特勒的运动得到了受人尊敬的门面。

但纳粹绝不会对别人言听计从。游行期间，在冲锋队方阵走过之后，希特勒就离开了检阅台，全然不顾其他的团队。戈培尔写了一篇直率的社论文章说，与德意志民族党的合作，纯粹是战术性的，因为合法取得政权的唯一道路是联合。私底下，他对巴特哈尔茨堡会议的评价更加不留情面。他特别讨厌德意志民族党在国民议会中的党团领袖恩斯特·奥伯福伦（Ernst Oberfohren），认为那家伙

"气急败坏"。"啊，我们的野蛮人成了上等人！"他继续说，"真是令人作呕。"不管联合与否，在纳粹党掌权之后，目标是"尽快把反动派踢出去。我们自己将成为德国的主人"。

但要成为德国的主人，纳粹党还需要得到其他人的配合：选民对他们的支持、保守派人士提供的联盟、兴登堡的认可。1932 年的问题是，上述愿望如果能够实现，那么哪一个更为重要。

第五章
紧急状态

这种东西叫"利特法斯圆筒"（Litfass Columns）。19 世纪中叶，柏林一位叫恩斯特·利特法斯（Ernst Litfass）的印刷工人想出了这个主意。利特法斯是正宗的普鲁士人，他认为即使是张贴传单也要讲究秩序，不应该到处乱贴。利特法斯圆筒高大粗壮，宽阔的圆形表面可以张贴广告和海报，主要关于歌剧和音乐会、"斯卡拉剧院的晚场演出"、奥弗施托尔茨香烟。然而在 1932 年没完没了的政治宣传战役中，海报是政治性的。

这一年，政治变成了"群众"运动，但利用电子设备宣传还是不多。政治家正在开始使用无线电，但很少有人能够熟练地使用。他们还没有学会应该对着无线电话筒轻声说话，还像他们在集会时那样吼叫。约瑟夫·戈培尔正在做实验，想把纳粹党的信息通过胶片和录音来进行传递，但这些都是新的传播方式。报纸和集会可以向已经皈依的人群传达信息，但对于广大人民群众来说，就需要海报了。"我们的战役主要是通过海报和演讲来进行的。"1932 年年初的时候，戈培尔向希特勒解释说。

许多海报看上去是雷同的。一个下巴突出、肌肉发达、光着膀子的工人挣脱了缠在腰上的锁链，文字写着"够了！"。这是纳粹许多宣传海报中的一张，都是由约瑟夫·戈培尔的朋友、外号为"雷神之锤"的汉斯·赫伯特·施韦泽（Hans Herbert Schweitzer）画出来的。另一个光着膀子、下巴突出、肌肉发达的工人，手里拿着一把剑，在还击写着"纳粹独裁"标签的一条三头蛇。这是天主教中央党的姐妹党——巴伐利亚人民党——的海报。第三张画面中是一个半裸的、肌肉结实的工人，他的脸大半看不到，但显然很痛苦，他的身子像耶稣基督那样，被绑缚在纳粹党党徽上。文字写有："万字饰帝国的工人！"这是社会民主党的海报。自由主义的国家党则与众不同，在它的海报画面上，浑身肌肉的男子不是半裸，而是全裸。德意志人民党的海报人物至少还有一块缠腰布。

海报上有女子出现的时候，都是穿着衣服的。一位年轻漂亮的女士身着庄重的衣裙，头发整齐地盘在脑后，一双满怀理想的眼睛闪闪发亮，她抬起右臂，与国家党一起，在盼望"团结、进步和民族共同体"的前景。两位神态坚定的妇女，身穿活泼的白衬衣，一个微笑着展望未来，另一个严肃地凝视着观望者，她们宣称，"我们妇女"要投票支持民族社会主义。

中央党依然表现出通常的那种偏执。几十年来，它的象征一直是一座城堡的塔楼，看上去像是国际象棋棋盘上的车。在势力强大的德国新教世界，这是中央党的自我表现。在这张海报上，中央党孤独的塔楼遭到了人群的围困和威胁，人们挥舞着共产党和纳粹党的旗帜。塔楼的墙壁上用大号字体书写宣称，海因里希·布吕宁是"法律和秩序的最后支柱！"。

有时候，领袖本人成了海报的主题。共产党设计的海报把恩斯特·塔尔曼（Ernst Thälmann）放在了飘动的红旗背景之中。塔尔曼露出一丝深沉的微笑，敦促我们"与饥饿和战争做斗争！"，他传递了某种革命的乐观主义。纳粹党的海报则色彩暗淡。一张炭笔素描的画面上有无数失业工人，他们面黄肌瘦、忍饥挨饿、表情凝重。文字说明也很直白："我们最后的希望：希特勒。"

1932 年，并不是只有这些饥饿的工人才这么认为。

库尔特·冯·施莱谢尔用他那惯常的冷嘲热讽的幽默作了评论："只有把纳粹追随者留在食槽边，他们才会安稳参政。"

施莱谢尔明白，政府不可能永远与国家最大的政治团体做斗争——即使联合军队也不行。德军指挥官尤其害怕内战。"他们只能祈祷，希望这个球也许可以从他们那里踢出去"，一位高级官员在 1932 年下半年这样写道。为加强军队、中央政府和德国的国际影响力，施莱谢尔喜欢寻求右翼的支持以获得议会中的优势。传统的保守团体，诸如德意志民族党，达不到他想要的多数。也许纳粹党可以。

布吕宁总理也明白，政府需要坚实的支持基础，但他得出了与施莱谢尔不同的结论。布吕宁是一位虔诚的天主教徒，是极端保守的。"在文化方面，"他在回忆录中写道，"一道鸿沟把我与社会民主党人分隔开来了。"然而政治是不同的。"与施特雷泽曼和其他许多人那样，我勉强认为，在极端情况下要挽救祖国的时候，同时又不强行实施残暴手段的话，那么指望社会民主党要比极右翼政党靠谱得多。"

在 1930 年大选之后的几个月内，布吕宁实际上是在依靠社会民主党。他所有对付"大萧条"的行政命令，都有可能在国民议会遭到多数票的否决。但在所谓的"容忍"策略下，社会民主党人一再支持布吕宁政府。他的政策导致了工人阶级灾难性的失业和痛苦，但社会民主党明白，无论布吕宁多么难以相处，希特勒则不知道要更难相处多少倍——而布吕宁最有可能被希特勒所取代。然而，容忍是一个痛苦的策略。这激怒了社会民主党的许多核心支持者，使他们感到幻想破灭。

奇怪的是，这也不利于布吕宁。他的依靠社会民主党心照不宣的合作战略，越来越使施莱谢尔和兴登堡感觉失望。1931 年，施莱谢尔开始担心，他的这位保守主义的总理也许稍微太左倾了一点。他要布吕宁向右走，或者如果这个不行的话，就找人替代他，安排纳粹党与德意志民族党组成联合政府。

敏锐的观察家可以看出这种策略的危险性。记者康拉德·海登与一些政治家进行了谈话，后者已经于 1930 年在图林根州与纳粹党形成了联合。他们试图向海登保证，这样的安排绝对不会导致纳粹在那里搞政变。海登发觉，他们的保证尤其表现出他们的信任，这"使人们意识到，猜疑是一种政治美德。而这样的美德是很稀少的"。

施莱谢尔没有完全明白与纳粹党合作的危险性。其中的一个原因是他对哪些选民会支持他们和为什么会支持他们的理解。他认为，纳粹党的支持基础是不稳定的，在政府的管控压力之下，或者甚至是在反对派持久的压力之下，就会四分五裂。他还认为，纳粹的很大一部分支持者实际上是共产党人，如果纳粹党崩溃，这些选民就会使共产党强大得无法阻挡。他怀疑"莫斯科"早就认定许多纳粹党人其实认同共产主义，因而暗地里支持他们。

另一个原因是，施莱谢尔严重低估了希特勒，在 1939 年之前，德国和世界各国的其他许多政治家也犯了同样的错误。1931 年 10 月份，在两次亲自接见希特勒的时候，施莱谢尔根本没有改变自己的观点。在第一次会见之后，施莱谢尔私底下写道，希特勒是"一个有趣的人，具有杰出的演讲天赋"。他对这个纳粹领导人的唯一保留意见是，他沉迷于贯彻自己的计划。"然后人们必须抓住他的衣服后摆，把他拉回到事实基础上来。"

1931 年夏天的时候，布吕宁总理的支持率在好几个关键的选区都下降了。一是大型企业方面。大企业家们敦促他大刀阔斧地改革魏玛的企业工资仲裁制度，"解除经济枷锁"，让企业按照"永恒有效的经济规律"自由运作。当然，这意味着工资的降低，并且这样的政策会结束布吕宁与社会民主党之间的非正式合作。与左翼的长期合作会导致德国"流血至死"，这是与德意志人民党有关联的一位企业高管说的话。工商界的这些人士正在考虑各种方案：如果胡根堡和希特勒不愿与布吕宁政府合作，那么另一个选择就是独裁或者是纳粹党与德意志民族党的联合。

对布吕宁的政治命运更为重要的是，他对议会左翼的依赖，已经越来越让施莱谢尔和兴登堡感到恼火了。施莱谢尔越来越发觉，即使现在已经边缘化了的社会民主党，依然是他心目中计划的一个障碍。兴登堡则有他自己的理由。

这位德国总统最关心的事情一直是维护自己的威望。在整个生涯中，兴登堡已经证明自己是能够抓住获胜的荣誉（第一次世界大战早期的坦能堡大捷），以及把失败的责任推给别人（1918 年的战败、皇帝的退位、停战协议和《凡尔赛和约》的签订）的艺术大师。1931 年的时候，兴登堡开始担负了责任，也就是说，布吕宁是根据他的行政命令去执行严酷的通货紧缩政策，由此产生的后果，兴登堡是不可能逃避责任的。一个重新组合的右翼议会多数的政府，是

135

不需要行政命令的，这可以卸去他的责任。

按照兴登堡自己的理解，他也是渴望民族团结的。他对民族团结的定义，无非是政治右翼的各个派别，尤其是纳粹党和德意志民族党应该联合起来与他站在一起。兴登堡对跟社民党人合作是不感兴趣的。他不想知道他的总理议程要经过他兴登堡所蔑视的一个政党的默许，而且他认为，社会民主党不是他想团结的这个民族的一个合法部分。

兴登堡也感觉来自大农业代表的压力。1931 年 7 月，最大的农业游说团体——"德国土地联盟"（Reichslandbund）写信给兴登堡要求"与国际马克思主义力量（即社会民主党）彻底决裂"，因为兴登堡本人也是普鲁士贵族和地主，德国土地联盟这样的团体对他是有很大影响的。

各人政治小算盘中的另一个重要因素，是普鲁士政府。普鲁士的面积和人口均占了德国的五分之三，这意味着普鲁士政府差不多是另一个中央政府。在魏玛共和国的几乎整个时期，普鲁士的管理者是一个由社会民主党、德意志民主党和中央党组成的稳定的联合政府，并由社会民主党人奥托·布劳恩和卡尔·泽韦林分别担任总理和内政部长。布劳恩和泽韦林都是有能力、有远见的政治家，很受其他阵营的政治家尊重。古斯塔夫·施特雷泽曼在提及他们的时候，说过一句很典型的评语，他说他们是"真正具有政治家风度的人物"，他可以与他们愉快地工作。但他们的左倾政府使普鲁士成为政治右翼的眼中钉和肉中刺。

为赢得德意志民族党对布吕宁政府的支持，并由此坚定地走向右倾，1931 年秋天，兴登堡会见了阿尔弗雷德·胡根堡。胡根堡阐明了要他支持的代价，那就是在普鲁士解散布劳恩和泽韦林政府及其与中央党的联合执政。作为中央党的全国领袖，布吕宁总理是可以完成这任务的，但这涉及 20 世纪 30 年代初期普鲁士政府和德国政府之间复杂的互相依赖问题。布吕宁只能尽量避免让国民议会否决兴登堡的行政命令，以免遭到在社会民主党的支持下的对他自己政府的一次不信任投票。如果布吕宁要结束在普鲁士的联合政府，国民议会的社会民主党人很可能让他下台作为回敬。所以，布吕宁唯一的希望是寻求极右翼，也就是德意志民族党和纳粹党的大多数支持。当然这正是兴登堡想要的，但布吕宁不这么想，而且在 1931 年的时候，无论如何没法指望极右翼团结在一起，更遑论去支持他。

施莱谢尔主要关心的一个问题，是德国东部与波兰接壤边境的安全，这也是普鲁士的边境。军队和警方没有足够的人手去保卫边境的安全，所以施莱谢尔不得不依靠像"钢盔"，甚至是纳粹冲锋队那样的准军事组织。9 月份的时候，卡尔·泽韦林抱怨说，在边境安全问题上，德国国防部更多是与这些右翼准军事团体打交道，而不是与普鲁士内政部。可以理解，普鲁士政府反对边境的保卫工作由它的死对头的武装团队去承担。施莱谢尔认为，布劳恩和泽韦林政府的不愿意配合，是国家安全的威胁。

9 月份的时候，施莱谢尔和兴登堡都告诉布吕宁，要他改组内阁使之偏向右倾。布吕宁明白了，他们对他的信心正在下降，关系也只会恶化。布吕宁建议兴登堡与希特勒见个面。兴登堡恼火了——他不是从政治上反感希特勒，而是从自己的军衔、社会地位，很可能还有民族出身等方面。"我真的是不能去与这个奥地利的下士交谈"，兴登堡告诉布吕宁。他被要求牺牲他的太多的"个人感情和底气"。布吕宁说，他之前从来没有从兴登堡那里听到过"这种声调"。

实际上，总统周围已经有阴谋活动了：不单单是施莱谢尔，还有总统的儿子奥斯卡（由于他对父亲施加影响和他缺乏知识，所以

137

圈内人士称他为"宪法中没有预料到的儿子"），以及国务秘书奥托·迈斯纳都在对兴登堡施加影响，反对布吕宁。他们与纳粹党走得越来越近。奥斯卡·冯·兴登堡成了赫尔曼·戈林的朋友，兴登堡的一位随从还把机密透露给纳粹党。

布吕宁用部队的思维方式，认为自己是兴登堡的副官，按他的吩咐行事——大致上是这样。他改组内阁，转向了右倾，自己还兼任了外交部长。前德意志民族党党员戈特弗里德·特雷维拉努斯因反对胡根堡的极端主义而退党之后，现在成了运输部长。威廉·格勒纳将军则把内政部划归到了自己当部长的国防部。然而胡根堡和德意志民族党，更不要说纳粹党了，都依然是反对党。布吕宁还是要依靠国民议会中的社会民主党，而且相应地，以右翼的观点来看，普鲁士的问题并没有得到解决。施莱谢尔和兴登堡愈发失望了。

因此，布吕宁站错队的做法没给他带来什么好处。颇具讽刺意味的是，他不知疲倦地努力让兴登堡再次当选，反而使自己突然失去了总理的职位。

兴登堡的七年总统任期，在 1932 年春天要到期了。如果他想连任一届，他的传奇声望能够保证他的再次当选。但如果他不再竞选连任，那么希特勒就很可能会取胜。随着"大萧条"的持续恶化和纳粹党的越来越得民心，除了兴登堡，其他人是不大可能击败希特勒的。

兴登堡本人不太愿意竞选连任。到 10 月份，他就满 85 岁了。他担心民族主义者和纳粹反对党会利用"1918 年事件"——他迫使德皇流亡那件事。"这一次更糟糕"，他告诉布吕宁。

为让这位老元帅的连任顺畅一点，布吕宁试图说服所有政党领袖同意不经选举就延长兴登堡的任期。作为对宪法的修改，这事需要国民议会三分之二票数的同意，为此，纳粹党和德意志民族党的支持是必要的。如同预料的那样，希特勒和胡根堡都拒绝了。布吕宁什么也没得到，只是让希特勒获得了成为宪法卫士的机会。兴登堡的另一个反对理由是他不想作为中左派的候选人参加竞选。他想得到右翼的支持。他也想在第一轮就取得完全的胜利，不想再经历一次决胜投票。然而，即使是兴登堡担任荣誉领导人的"钢盔"，也拒绝支持他的竞选连任。只是到了2月中旬，一个叫"基夫豪森联盟"（Kyffhäuser League）的小小的右翼老兵团体支持他，于是兴登堡勉强同意再次竞选。

与他竞选的有三个主要的候选人。"钢盔"的一位领导人特奥多尔·杜斯特伯格成了"钢盔"和德意志民族党的联合候选人。共产党推举了他们的领导人恩斯特·塔尔曼。政治中间和中左的政党与预计的那样站在了兴登堡一边。2月23日，约瑟夫·戈培尔宣布，阿道夫·希特勒将代表纳粹党参选。这里有一个问题，即希特勒不是德国公民。四天后，由纳粹党和德意志民族党联合执政的布伦瑞克州，任命希特勒为驻柏林代表，此举使他自动成为布伦瑞克州的公务员和德国公民，因此是有资格竞选总统的。后来，希特勒那位无礼的朋友恩斯特·汉夫施丹格尔欢快地称呼希特勒为"政府顾问先生"，嘲讽元首从他所憎恨的魏玛政权得到的正式新头衔。

兴登堡没怎么参加竞选战役。他参加的竞选活动只局限于第一轮投票前三天的3月10日的一次广播演讲。其他的都由他那尽职尽责的总理替他做了，参加在全国各地举行的集会和发表演说。3月13日，兴登堡得到了49.6%的选票支持，差一点就可以首轮当选了。希特勒的支持率下降到了30.1%，塔尔曼获得了13.2%，杜斯特伯格是6.8%。

复活节期间的竞选停战，意味着第二轮安排在短短的五天时

139

间之内，即 4 月 4 日至 9 日。杜斯特伯格落败出局，塔尔曼继续留着，但显然竞选是希特勒与兴登堡之间的一场决斗。为强调自己的年轻和现代形象，希特勒坐飞机去参加竞选活动，他打出的口号是"全德希特勒"。他的演讲还被制作成电影和录音。历史学家海因里希·奥古斯特·温克勒（Heinrich August Winkler）评论，这是德国从没见过的"最现代化和技术完美的"竞选战役。

这次是白忙活了，兴登堡赢得了 53% 的选票，相比之下，希特勒只有 36.8%，而第三名塔尔曼则被远远地抛在了后面。布吕宁认为这次竞选是对他的总理职位的一次全民公投，由此说明了他的正确。竞选战役证明了他的观点。在与兴登堡开展竞选的时候，纳粹党面临着一个严重的战术问题：纳粹党正在争取中产阶级，因此必须克服中产阶级普遍对老元帅所抱有的尊敬。戈培尔的方案辞藻华丽，说不要去与兴登堡做斗争，而要与"资产阶级的社会民主体系"做斗争。这里的"体系"一如以往，是纳粹称呼魏玛民主所用的一个代号。然而，即使在 1932 年的春天，这个体系还是取得了胜利。

但也正因为这个原因，胜利并没有让兴登堡感到满意。1925年的支持模式已经完全被颠倒了。投票数据的一份分析报告显示，1932 年希特勒竞选得票的最好统计预测，是 1925 年兴登堡的竞选得票。现在兴登堡的支持者是民主的中左力量，而不是右翼，这正是他所恐惧的形势。当普鲁士总理奥托·布劳恩为他的胜利表示祝贺的时候，兴登堡直截了当地回答说，他毫不感激支持者们。作为例行的礼节，布吕宁向兴登堡递交了政府的辞呈，但没有指望请辞会被接受。兴登堡不高兴地说，他也许以后再处理这事。

兴登堡像孩子那样过后就忘，他为选举的结果指责布吕宁。他之所以指责布吕宁，而不是希特勒或胡根堡，是因为他不得不实实在在地参加竞选，而且竞选经历了两轮。他的委屈聚集起来了。布吕宁与"大萧条"做斗争的一个想法，是把失业工人安置到东普鲁士的破产农场。这是一个不受欢迎的想法，会得罪兴登堡自小就认识的东普鲁士纽德克的贵族地主。兴登堡的邻居谴责他的总理是"农业布尔什维克"。

然后还有对冲锋队的禁令，这也许是1932年春天最关键的政治动态。

有理智的人和消息灵通的人都清楚，德国城镇发生的持续严重的政治暴力事件，大部分是纳粹冲锋队干的。在1932年3月和4月的总统大选期间，冲锋队组建了"应急小分队"（Alarmbereitschaften），看他们的样子，好像如果希特勒获胜就要搞政变似的。因此，禁止褐衫队是说得通的。然而这并不符合施莱谢尔为自己的目的想要利用纳粹党，尤其是冲锋队的愿望。虽然因为要应付各种事件，他的观点变化不定，但在1932年4月，他认为禁令会使纳粹党看上去像是烈士，对即将到来的州级选举产生不利，同时也会对兴登堡产生负面影响。他要给希特勒下最后通牒，要他改组冲锋队，使之老老实实，如果希特勒不配合，那接下去就要禁止。但布吕宁和威廉·格勒纳主张彻底禁止。兴登堡担心这样一来会导致他本人与右翼的进一步分裂，并由此而挫败他的一个主要政治目标。布吕宁和格勒纳威胁，如果兴登堡不同意，他们就辞职，于是总统勉强答应了。

施莱谢尔惊呆了。这是他第一次重大的政治挫折，是他本以为绝对不可能发生的事情。格勒纳告诉一位朋友，施莱谢尔对这事的反应，"几乎是精神崩溃"。这位诡计多端的将军现在来报仇了。

施莱谢尔承受的一些压力，在5月2日与布吕宁的一次私下会面时显示出来了。布吕宁以沉着、理智和事不关己的方式，试图让

141

施莱谢尔相信，他再也不能继续在幕后操作了。他应该勇敢地站到前面来担任总理，布吕宁向他提供了这个可能——如果施莱谢尔能够对兴登堡施加影响，使布吕宁留任几个月的话。布吕宁注意到，这次会话对施莱谢尔的"理性"是一个打击，"他的情绪已经接近愤怒了"，这个结果对任何一个社会经验比布吕宁丰富的人来说，是不会令人感到惊奇的。布吕宁知道，施莱谢尔患有肝病。"（施莱谢尔）将军坐在那里，脸色一会儿灰白，一会儿发黄，一幅疲倦的样子，几乎是病态的，"他回忆，"过了一会儿，他看着我，一双眼睛闪闪发亮，好像是高烧病人那样。认识他的人、多年来审视过这张脸的人会知道：现在完了。"

施莱谢尔利用自己的军方人脉关系和对兴登堡的影响，破坏对冲锋队的禁令，给威廉·格勒纳使坏。当然，这事他也是在幕后操纵的。他告诉各军区司令员，要他们向兴登堡抱怨格勒纳和禁止冲锋队的做法。他说服陆军总司令库尔特·冯·汉默施坦因-埃克沃德，给兴登堡打了个关于"德国旗帜"的小报告，那是与社会民主党和其他民主政党有关联的一个准军事组织。该报告说，政治暴力的责任方有许多，能够指责冲锋队的，也能够指责"德国旗帜"，为什么只禁止冲锋队？事实上，报告里只有来自右翼报刊的一些剪报材料，以及对"德国旗帜"培训手册的一篇论战性的评论文章，很难称得上是国内情报的定论。格勒纳早就看不上这种东西了。但报告起到了期望中的效果：恼火的兴登堡下令对"德国旗帜"开展调查。

施莱谢尔对禁止冲锋队的做法而产生的愤怒，驱使他跨出了更危险、而且在政治上很关键的一步。他抛开对纳粹党的最后一丝保留意见，与希特勒开展了谈判。

142   纳粹党对与施莱谢尔进行谈判是很热切的，因为他们知道权力的真正所在。1932 年的时候，纳粹早期的活动家、最终成为希特勒内政部长的威廉·弗利克直截了当地告诉施莱谢尔的传记作者鲁道夫·费舍尔（Ludorf Fischer）："他（施莱谢尔）自己身后就有至少 10 万人。"这里指的是军队。人人都知道，施莱谢尔对兴登堡的影响力有多大。"啤酒馆暴动"的失败，给了希特勒一个教训，只有依靠兴登堡和军队，纳粹党才能取得政权，绝对不能去反对他们。施莱谢尔与纳粹党开始了策划。他们有一份共同愿望的清单：撤销对冲锋队的禁令，让布吕宁和格勒纳下台，以及结束布劳恩和泽韦林的普鲁士政府。

很容易看出，这些商定的观点表达了施莱谢尔受伤的感情和向布吕宁和格勒纳报仇的渴望。但这也符合他的建立一个可运作的右翼政府的长期战略。这些观点是德国民主的灾难，而且在接下来的两个月时间里，这些事情都发生了。

4 月下旬的一天，布吕宁总理和国防部长威廉·格勒纳将军驱车"沿着春光明媚的莱茵河畔"行驶，与通常相比，现在他们有时间可以长谈，说说心里话。随着车轮的滚动，布吕宁最后的幻想逐渐消失了。格勒纳知道，施莱谢尔一直在对他搞阴谋。他脸色惨白。格勒纳细叙了他是如何发现施莱谢尔，培养他，并且"像爱儿子一样爱他"。

布吕宁要求将军说说战时他在最高司令部的经历。格勒纳谈及了兴登堡。他说，自 1919 年开始，他就"十分怀疑"兴登堡的人品，当时弗里德里希·艾伯特政府已经准备拒绝签订《凡尔赛和约》，只要兴登堡能够保证德军依然可以保卫德国。兴登堡告诉格勒纳，"你我都知道"军事抵抗是不可能的，但让格勒纳去告诉艾伯特，这样兴登堡就可以逃避责任了。兴登堡给予格勒纳的报偿是，让他作为

替罪羊，在长达十四年的时间内无法招架地遭受公众的批评。这次
谈话之后，布吕宁认识到，"建立在兴登堡这样的人品基础上的政
策，必然还会有再次的失败"。

　　就在布吕宁和格勒纳驱车沿着莱茵河行驶的时候，施莱谢尔正
在制订推翻布吕宁政府的计划。

　　4月份和5月份，有一个阴谋在酝酿发展，参与方的一边是希
特勒、戈培尔、赫尔曼·戈林、格雷戈尔·施特拉塞尔和柏林冲锋
队长沃尔夫·海因里希·冯·赫尔道夫伯爵，另一边是施莱谢尔以
及最终参加的迈斯纳和奥斯卡·冯·兴登堡。阴谋者讨论同意了推
翻格勒纳和布吕宁的重要性，共同制订出要替代他们的内阁成员和
政策。他们还想摆脱普鲁士的布劳恩和泽韦林政府。在4月24日
的州级选举中，纳粹党获得了36.3%的选票，布劳恩和泽韦林已经
失去了多数支持，成为一个摇摇摆摆的"临时"政府。

　　施莱谢尔与纳粹党的谈判，显示了双方面临的压力。对施莱谢
尔来说，当务之急是在政府的幕后组成一个右翼集团，并消除布吕
宁的中左倾向——而由于施莱谢尔无法忍受冲锋队遭禁，这事就越
发紧急了。戈培尔在面对政治策略的时候，总是很现实的。他认识
到纳粹党的选举势头有可能是脆弱的，他们需要尽早获得结果。"我
们面临着艰难的抉择"，他在4月27日这样写道。只有与中央党一
起，他们才能组成联合，并且至少得到一些权力。然而与中央党一
起工作的前景令人难以接受。即使这样，"我们也必须得到权力"，
戈培尔写道。不然的话，纳粹党在选举中只能赢得自己的"灭亡"。

　　4月28日，希特勒和施莱谢尔直接见面了。令人瞩目的是，
陪同的竟然是汉默施坦因-埃克沃德，他是反纳粹人士，但希望撤
销对冲锋队的禁令，并让格勒纳下台。那天晚上，赫尔道夫给戈培
尔打电话说，会谈很成功，他们双方都同意该怎么做。"布吕宁似

乎要下台了，甚至会在这星期内，"戈培尔在 5 月 9 日写道，"老头子（兴登堡）已经对他失去了信心。"

5 月 9 日也是国民议会四天会议开始的日子，会议议程安排有关于冲锋队禁令的辩论，纳粹对格勒纳的猛烈攻击，以及由纳粹党、德意志民族党和共产党发起的对布吕宁政府的不信任动议。施莱谢尔悄悄把陷害格勒纳的材料提供给了戈林。格勒纳身体不好，他为自己进行了辩解，但这样的辩解是苍白无力的，即使是支持他的人也认为他的政治生涯要结束了。但布吕宁的发言起到了效果，他的政府赢得了信任的投票。此后施莱谢尔声称国防部长已经失去了军队指挥官们的信任，借以逼迫格勒纳辞去了职位。

"斗篷掉下，公爵倒下"，戈培尔在 5 月 12 日写道——引用了席勒剧本《共和的悲剧》（*A Republican Tragedy*）[1] 里的一句台词。

这个公爵就是布吕宁。到 5 月 24 日的时候，戈培尔知道，兴登堡要在周末让总理卷铺盖走人了。

接下来的 5 月 29 日星期天，布吕宁最后一次去见兴登堡。他注意到外面的房间里有施莱谢尔的外套和帽子。兴登堡戴上眼镜，从书桌上拿起一份文件，大声念道：布吕宁政府将不再被允许执行任何行政命令和人员变动。

"德国总统先生，刚才您念给我听的这份声明，如果我没有理解错，您是想让整个内阁集体辞职。"

"是的，"兴登堡说，"整个政府必须走人，因为不得人心了。"兴登堡显然并不在乎总统大选的结果，以及最近的信任投票显示布吕宁及其政府是受欢迎的。兴登堡只是想让他尽快辞职。他告诉布吕宁："我的良心迫使我与你决裂。"但他还是想让布吕宁留任外交

---

1. 即《斐耶斯科的谋叛》。——编注

部长的职务。布吕宁冷冷地回答说："德国总统先生，我也是有良心的。"他谢绝了任何留任。

5 月 31 日星期二，戈培尔在日记中写道："炸弹在昨天爆炸了。中午 12 点钟，布吕宁向老头子递交了整个内阁的集体辞呈。"他补充了一个发人深省的注释："这样一来，这个'体系'就崩溃了。"

弗朗茨·冯·巴本明显不适合接替布吕宁成为德国总理。

145　巴本 1879 年出生在威斯特法利亚的一个贵族家庭。他父亲是德皇威廉二世的朋友，曾在普法战争中服役，而且与兴登堡一样，也参加过 1871 年在凡尔赛宫的德意志帝国成立大会。作为家里的小儿子，巴本不可能继承父亲的房地产，因此他必须找一份职业。他选择了从军。他参加了军事学校的学习，1898 年在一个炮兵团当了一名少尉。巴本骑术精湛，获得过一些马术比赛的优胜成绩，并由此得到了一个长期的绰号："业余骑师"——他的政治对手后来以此来称呼他。后来，他在军事学院参加过培训，并在普鲁士总参谋部服役，他有一位同学，叫库尔特·冯·施莱谢尔。

1914 年 1 月，他被派往德国驻华盛顿使馆担任驻外武官。在那里他认识了许多人，包括年轻的海军部长助理富兰克林·D. 罗斯福，以及一位正在成长的叫道格拉斯·麦克阿瑟的年轻军官。那年秋天，当战争爆发的时候，巴本以纽约市为基地开展了情报和破坏行动，试图阻止加拿大派遣军队去欧洲，劝说爱尔兰裔和德裔美国工人离开军工企业，并买断关键部件，使得美国无法为协约国生产武器装备。这工作在 1915 年结束了，因为美国情报官员在纽约地铁上窃取了巴本手下一位员工的文件。这些文件被媒体得到了，于是，巴本在那年的年底被宣布为不受欢迎的人[1]。

出于类似 20 世纪 30 年代早期德国常见的那种愚蠢无能，巴本以为，在回国的旅程中，他的行李应该是安全的。其实不然，许多绝密文件落入了英国情报机关的手里，这些文件透露了在美国的德国间谍名字。英国选择性地公开了一些文件，于是巴本成了一个世界名人，当然，这并不是以他所渴望的方式。

巴本挽回了自己的形象，他在德皇的军队里表现出色。1917年，他作为参谋军官被派往驻土耳其的德军部队，在那里，他遇见了穆斯塔法·凯末尔，也就是后来的凯末尔·阿塔图尔克，他还晋升为奥斯曼陆军的少将。战争结束的时候，在土耳其的德军总司令利曼·冯·桑德斯（Liman von Sanders）参照在德国的发展模式，允许在被拘押的德军士兵中组建革命士兵委员会（revolutionary soldiers' council）。巴本反叛了革命委员会，因此也就是对抗冯·桑德斯的命令。返回德国后，他向兴登堡报告了这事。陆军元帅兴登堡批准了他的行动，保护了巴本免受违反军令的起诉。

巴本离开部队后开始从政。作为一名虔诚的天主教徒，他加入了中央党，并在1921年当选为普鲁士议会议员。从意识形态上来说，德意志民族党是更适合他的，但他们太倾向于新教了——这再次证明了德国政治"认信"的力量。在议会的第一届任期，他经常发言很活跃，在后来的十年里，他偶尔才得到重用。虽然是中央党大报《日耳曼尼亚》（Germania）报社的大股东，巴本还是渐渐地把自己孤立在自己的小圈子内。他常常违反党的纪律，在 1925 年的总统大选期间甚至去支持兴登堡，反对中央党候选人威廉·马克斯——此举再次给老元帅留下了很好的印象。但直到 1932 年，他依然只是

146

---

1. Persona non grata，指因间谍行为或其他政治因素，被一国明确列入拒绝入境名单，或被要求限期离境的外交相关人士。——编注

个出身名门的内部人物，离一个杰出的公众人物相差甚远。

巴本浑身上下都散发着贵族的气息——举止温和、气质高雅、衣着讲究。他见多识广，讲话轻松有趣，还能说一口流利的法语。在各方面，他都与严肃的、缺乏领袖魅力的布吕宁形成了对比。没有人认为巴本是很合适的人选，他没有布吕宁的财政经验，也没有施特雷泽曼的外交经验。巴本自己写道，他"完全明白自己的知识局限"。居心叵测的法国大使安德烈·弗朗索瓦-庞塞对巴本的描述是，他"宁愿被朋友或敌人轻视"。

就是这个人，在 1932 年 6 月 1 日被兴登堡委任为总理，替代海因里希·布吕宁。与 1930 年时穆勒换成布吕宁一样，施莱谢尔的心目中很可能几个月以来已经把巴本作为布吕宁的接班人，虽然巴本自己声称对这个计划一无所知，只是 5 月 26 日施莱谢尔的一个电话把他从萨尔兰的家中召唤到了柏林。更可信的是巴本陈述的理由，即施莱谢尔已经全都安排好了。他挑选了巴本的内阁人选——"你肯定会喜欢的"——并与兴登堡商定了对巴本的任命。他告诉巴本关于与纳粹党谈判的撤销冲锋队禁令一事。他说，纳粹党答应支持巴本政府作为回报。

施莱谢尔并不担心巴本的能力问题。这是说得通的。施莱谢尔意图让巴本作为他的傀儡。施莱谢尔把自己安排为新政府的国防部长，并自认是内阁的真正掌权者。一位朋友向施莱谢尔抱怨说："巴本不是头儿！"施莱谢尔回答说："他用不着是头儿。他是帽子。"

巴本的政府偏离了民主宪政和法治的道路。与布吕宁的相比，他的内阁更为右翼，更为偏向社会精英。有 7 位贵族和仅仅 3 位中产阶级成员的这个内阁，很快就被起了个"贵族内阁"的绰号。放在 1918 年之前，这样的一个内阁的精英形象是不会引起非议的。但在 1932 年，文化已经发生了变化，德国人期待一个更加贴近社会的政府。根据施莱谢尔与纳粹党达成的交易，对冲锋队的禁令被取消了，国民议会的选举定在了 7 月 31 日。可以预见的是，政治暴力活动的规模上升了，同样可以预见的是，巴本的应对措施是采取威权统治。8 月份他签发了两条行政命令，创建了对付政治暴力的"特别法院"，剥夺了包括被告上诉的许多程序权利，并对凶杀罪犯建立了死刑制度。柏林的一名检察官用听起来像纳粹的语言解释说，特别法院应该是要"清除敌视国家的因素"。

　　布吕宁曾经是"总统领导下的"总理，依靠行政命令来治理国家，这已经是偏离了议会民主的一个举措。然而一直到最后，他事实上身后一直有议会大多数的支持。从理论上讲，布吕宁的政府不怎么民主，但在实际操作中倒很民主——这正是兴登堡和施莱谢尔想摆脱的。巴本的政府则全然不同。布吕宁是依靠行政命令来对付议会的僵局；巴本和施莱谢尔想用行政命令来彻底结束议会政府。敏锐的日记作者哈利·凯斯勒伯爵立即就明白了。布吕宁遭解职不但意味着"议会共和的暂时结束"，也是一次"世界危机的升级"。具有讽刺意味的是，他注意到柏林证券交易所的股值陡然上涨，"很可能是为即将到来的第三帝国祝福"。

　　社会民主党人不能像对待巴本的前任那样"容忍"他了，中央党也对巴本背叛布吕宁感到恼怒。新政府将不得不依靠极右翼，即德意志民族党和纳粹党。当然，这就是整个计划：组成一个新的右翼多数，是施莱谢尔的战略。正如他不在乎巴本的缺乏威信，他也不在乎未来的大选中纳粹党会有很大收获的迹象。这些也在计划之中。当然，计划是要依靠纳粹的诚意——正如康拉德·海登所观察到的，猜疑是一种稀少的政治美德。

　　然而，还有一件偏离民主的事情正在到来。施莱谢尔一直在策划推翻普鲁士民主政府的一个政变计划。这是他与纳粹党谈妥的另一个安排。在施莱谢尔的眼里，巴本的作用之一是充当政变的出面人物。

然而施莱谢尔的思考是巧妙的，再次显示了他针对纳粹党的两条腿走路战略：利用他们，同时制约他们。施莱谢尔认为，纳粹党对权力的追求是可以通过控制普鲁士来满足的。但这个战略的中心是，纳粹党可以得到普鲁士，但不能染指普鲁士数万人的警察部队。这支队伍是德国的重要力量。如果让纳粹党得到普鲁士，那么警察就归中央政府管控。

施莱谢尔精心准备了政变的计划。他招募了普鲁士内政部一个叫鲁道夫·迪尔斯的年轻官员。迪尔斯长相英俊、头脑聪明，很得女士青睐。官方将他引进到内政部时把他作为一个自由人士看待，用以加强民主的力量。但迪尔斯最感兴趣的是自己的政治生涯，他凭着敏感的政治本能认为，民族主义的右翼是更好的选择。他开始与施莱谢尔和巴本一起搞阴谋，到 1932 年夏天的时候，还与纳粹党混在了一起。阴谋者交给迪尔斯一项重要的任务：挖掘普鲁士政府与共产党之间所谓的非法关系的有关"情报"。情报是打算提供给兴登堡的。总统坚持认为，只有在看到能够递交给最高宪法法院立案的反叛证据之后，他才会对普鲁士政府采取行动。

迪尔斯拿到了证据，是通过特别卑鄙的手段搞到的。他的上司、普鲁士内政部警察局长威廉·阿贝格（Wilhelm Abegg）安排了与两位共产党政治家的秘密会谈——劝说他们减少暴力活动，不是鼓动他们阴谋反对政府。迪尔斯自告奋勇坐在了会议室内，向阿贝格承诺当一名辩护证人。事后，他给巴本打了一份歪曲事实的会议情况报告，假意暗示阿贝格参与了叛变阴谋。

施莱谢尔已经算计出，冲锋队的解禁会造成政治暴力活动的增加，对此，普鲁士政府将承担责任。7 月 17 日，在汉堡郊区的阿尔托纳，纳粹党与共产党之间发生了暴力冲突，死了 15 人，还有 60 多人受伤。该事件被称为"血腥星期天"。虽然汉堡是德国境内的一个城市州，但阿尔托纳位于普鲁士下辖的石荷州的边境地区，因此普鲁士政府有责任维持那里的秩序。

7 月 20 日，经与纳粹党详细协商和策划之后，巴本采取行动了。根据兴登堡签发的行政命令，以及《宪法》第 48 条授予的紧急权力，他把布劳恩和泽韦林政府解散了。巴本本人成了"帝国专员"，因此是普鲁士政府的首脑。普鲁士内政部的代部长是弗朗茨·布拉赫特（Franz Bracht），负责管控非常重要的警察力量。布拉赫特之前是埃森市长，是中央党人。戈培尔事先就知道了他的任命。

巴本政府对政变原因的解释是另一个版本。一份书面的正式声明强调，普鲁士政府无力控制政治暴力。下属官员提及普鲁士高级官员失去了与共产党做斗争的"内部独立性"，还抱怨卡尔·泽韦林"没有节制地攻击"德国政府。然而，7 月 20 日晚上，在对全国发表无线电广播讲话的时候，巴本本人的说法是不同的。他强调的观点是："普鲁士州的高级官员帮助共产党制订恐怖活动的非法秘密计划……然后州政府当局从上到下受到了破坏，以致无力承担保卫国家安全的任务。"巴本反复提及共产党，但只字不说来自极右翼的威胁。

这一后来被称为"巴本政变"的事件，是造成德国民主灭亡和法律滥用的一颗决定性的棺材钉，大致与美国总统同时把纽约州和加利福尼亚州的州长解职，由他本人兼任类似。布劳恩-泽韦林政府是德国曾经有过的最后一届重要的民主政府。这个政府解散之后，独裁的一个主要障碍就消除了。

普鲁士政府的部长们因为长年累月的政治斗争，已经疲惫不堪了，他们没怎么反抗。也没有群众的抗议活动。但布劳恩-泽韦林

150

政府把巴本告上了法庭。秋天的时候，他们赢得了部分的胜利，但在那个时候，这已经无关紧要了。

年轻的鲁道夫·迪尔斯继续扶摇直上。在巴本政变后的不到半年时间内，纳粹党任命他为普鲁士秘密警察头子。这个组织后来发展为盖世太保。

7月31日，纳粹党又赢得了令人惊异的选举胜利。获得37.3%的选票和国民议会中230个席位之后，他们现在已经是遥遥领先的德国第一大党了。社会民主党只获得了21.5%的选票和133个席位，成了被远远地抛在后面的第二名。这个结果是纳粹党在完全自由的选举中所取得的最好的成绩。在自1931年以来不断恶化的经济形势下，在德国人民对失控的全球化越来越愤怒的情况下，这是一个通过德国政治的"认信"结构过滤出来的并不奇怪的结果。纳粹的坚定支持者还是诸如石荷州那样的新教农村地区。

大选的那天晚上，纳粹冲锋队发动了一波席卷德国北部和东部的暴力行动。开始时是在柯尼斯堡，目标是当地的官员和共产党政治家们，造成了六起谋杀事件和几起谋杀未遂，以及十几起纵火案，包括对当地的社会民主党总部和一家自由主义的报社。第二天，冲锋队的暴力从东普鲁士扩展到了西里西亚。高潮出现在8月9日到10日的夜间，一个叫波滕帕的西里西亚村庄里。凌晨两三点钟，冲锋队的一个小分队砸开了一座房子，里面住的是35岁的波兰工人康拉德·皮耶奇希（Konrad Pietrzuch），还有他的弟弟阿尔方斯（Alfons）和母亲玛丽亚（Maria）。冲锋队员当着母亲的面残忍地殴打康拉德，然后开枪把他杀了。他们还把阿尔方斯打得不省人事。

冲锋队很可能不知道，就在他们犯罪的时候，巴本签发的关于从重、从快审判政治凶杀犯死刑的严厉的行政命令刚刚生效。8月

11 日，9 名纳粹分子因谋杀皮耶奇希而被逮捕。8 月 22 日，位于博伊滕的新组建的特别法院判处其中 5 人死刑。

纳粹领导人对这次判决做出的反应（当然不是针对犯罪）是恶毒的。他们指责巴本政府。在发给 5 个死因犯的一封电报中，希特勒说这样的判刑是"最令人愤怒的血腥判决"。他接着说道："从现在起，你们的自由是事关我们大家荣誉的问题，与做出了这种裁决的政府做斗争是我们的责任。"在纳粹的《人民观察家报》上发表的一篇文章中，希特勒针对巴本发出了准确无误的威胁，说巴本"用德国历史上民族英雄的鲜血刻写了自己的名字"。戈林也向那些人发去了一份表示支持的电报，冲锋队长恩斯特·罗姆还去监狱探访他们。这一系列事件——纳粹党徒的残暴及其领导人对判决的蔑视——不但引起了平日里同情纳粹党的许多德国人和媒体的震惊，也震动了政府和军队。似乎纳粹党再次脱离了"合法的"轨道。军队开始制定镇压希特勒纳粹党的计划，巴本的内阁也开始认真思考政府的战略。

伴随着大选和其后的暴力活动，魏玛共和国的最后阶段已经开始了。在接下来的五个月时间里，即从 1932 年 8 月到 1933 年 1 月，德国政治将会形成施莱谢尔与希特勒之间的一场决斗。巴本先是站在一边，然后站到了另一边。决斗的目的是向兴登堡争宠。

纳粹领导人有一个如何夺权和掌权的计划，计划的细节基本上是由威廉·弗利克制订的。弗利克律师出身，是纳粹早期的活动家，曾在图林根州担任过短时间的内政部长。纳粹的其他领导人，诸如戈林、戈培尔和施特拉塞尔——更不用说希特勒了——也都参与了。他们知道，他们对当局的主要威胁，是在内战时他们可以部署冲锋队这个事实。最终只有总统兴登堡可以任命总理，因此纳粹党的战略也是直接针对他的。他们策划威胁或恐吓兴登堡，让他任命

152

希特勒为总理。根据《魏玛宪法》的第 43 条，国民议会的三分之二多数票通过后，再经全民公投确认，就可以弹劾总统。或者根据第 59 条，国民议会 100 名代表提议，并经三分之二多数同意之后，就可以确认总统因违法行使职权而遭到指控。

自 1930 年以来，兴登堡签发行政命令的做法和在普鲁士发起的政变，已经成为含有敌意的国民议会多数议员的打击把柄——而且正在发展的政治危机肯定还会有更多的麻烦。海因里希·布吕宁多年后回忆说，他在 1932 年相交的朋友格雷戈尔·施特拉塞尔告诉他，"1932 年 7 月的议会选举之后，社会民主党就马上想援用第 59 条"，要"控告德国总统"，并"要求按照第 43 条把兴登堡撵下台"。施特拉塞尔说，纳粹党会宣称兴登堡违法下令发动普鲁士政变。

兴登堡、巴本和施莱谢尔有两个选择。他们可以想办法让纳粹党参加政府管理——让他们进入内阁，或至少安排他们的议会党团"容忍"巴本政府。或者，他们可以再次解散国民议会，很可能这样做同时也会延迟新的大选，这是违反宪法的。如果纳粹党的反响是发起更多的冲锋队暴力活动，还会有内战的风险。1932 年，越来越多的德国政治家和法律人士开始讨论第二个选择。这是基于假设议会与政府之间的僵局使得国家无法正常运作，并形成了政府的紧急状态。紧急状态的幽灵、解散议会和延迟大选引起的反响，以及暴力活动和内战的风险，笼罩着下半年的所有事件，尤其是柯尼斯堡和波滕帕事件。

主要角色对这个形势是很清楚的：在用高压手段对待布吕宁和社会民主党之后，施莱谢尔和巴本已经使自己陷入困境。他们现在只能在极右翼中寻求支持了。然而，传统的保守主义德意志民族党无力来支持他们自己的政府。纳粹党当然会提供这样的支持，但代价是很高的。共产党从角落里闪身出来了。7月份的时候，他们达到了14.5%的支持率新高，超过了中央党。

德国各政党，尤其是右翼党派不肯妥协的态度，加上多年来兴登堡、施莱谢尔、布吕宁和巴本的错误估算，已经把德国政治推进了全面爆发的危机之中。纳粹党知道，他们不能通过反对当局来取得政权。但当局也同样离不开纳粹党。

施莱谢尔在8月6日又与希特勒见面了。希特勒已经在头一天与戈培尔一起制定了一个计划。他要求自己担任总理，而且内阁要安排纳粹党的其他4个领导人：威廉·弗利克担任内政部长，赫尔曼·戈林担任航空运输部长，格雷戈尔·施特拉塞尔担任劳工部长，戈培尔担任"人民教育"部长。既然希特勒是最大政党的领导人，他有资格提出这样的要求，而且施莱谢尔似乎也同意了，只是稍做改动，让弗利克担任总理府的国务秘书。但当施莱谢尔把这个计划呈交给兴登堡的时候，老元帅很不高兴。让一个被他称为"波西米亚下士"的人来当他手下的总理，是很令他恼火的。他感觉受到了侮辱，施莱谢尔竟然会提出这样的建议。兴登堡的尊严是很敏感的，他对施莱谢尔的讨厌程度，也像之前对布吕宁那样了。自这次交谈之后，施莱谢尔与兴登堡之间的关系恶化了。

8月10日，巴本的内阁徒劳地试图应对困境。巴本勇敢出面，他说他这届政府的组成是为了创建政治右翼的整合，大选已经证明这个战略的正确性。现在的问题是国家如何"赢得右翼运动的支持"。在维持总统掌管的内阁与纳粹党的夺权渴望之间，有没有一条"中间道路"？

154

施莱谢尔接下去发言，他直截了当地告诉内阁有两个选择。现在的内阁可以继续运行，指望其政策能够带来经济复苏，最终获得大众的支持。但巴本的政府要获得国民议会的支持，只有依靠德意志民族党，但该政党只有不到 10% 的席位，排除纳粹党掌权就要冒内战的风险。纳粹党也许会另辟蹊径，寻求与中央党的联合，从而形成议会的多数。另一个选择是，巴本可通过谈判，让几个纳粹党人进入内阁。但是，施莱谢尔警告说，希特勒"考虑自己政党的利益"，会坚持要求"最高的职位"。

司法部长弗朗茨·居特纳说话也是直来直去的：现在的内阁如果老老实实不违反宪法，是维持不下去的，他必须向德国总统提出相应的建议。居特纳这话的意思是，要维持运作，巴本的政府不得不选择紧急状态并违反宪法，成为一个清清楚楚的独裁政权。居特纳还说，让纳粹党进入内阁，但又不让他们当领导的想法，是"白日做梦"。他补充说，纳粹党对国家的想法是"牢固地建立在复仇本能的基础之上"，尤其是针对犹太人和"马克思主义者"，这是后来在希特勒手下担任八年司法部长的那个人的著名声明。

内阁的讨论紧接着就有了一个诡异的回响，8 月 12 日戈培尔在日记中记录了几乎类同的分析。"老头子很不愿意，"他写道，"不想让希特勒当总理。"但那是不可协商的。"如果施莱谢尔支撑不住，用中央党来威胁。那就意味着他和巴本的人头落地。要么是共产党，要么是我们，就这个问题。"

决定的时刻在 8 月 13 日到来了。兴登堡接见了希特勒。纳粹党全力以赴，以内战来恐吓兴登堡和巴本。戈培尔又在日记中写道，"巴本变得软弱了"。柏林周边的褐衫队已经全面动员起来了。"使得绅士们感觉神经紧张，"戈培尔写道，"这就是演习的意义。"他注意到，巴本、施莱谢尔和迈斯纳都要求希特勒进入政府，"巴本甚至是强烈地要求"，但兴登堡有"疑虑"。"糟糕的是，因为兴登堡的年纪，这次不能谈及所有的细节。"8 月 13 日，希特勒将要会见施莱谢尔和巴本，最后是兴登堡。"然后就是决定。十年来辛勤栽

155

培的果子现在是不是成熟了?"戈培尔在琢磨着。

下午3点钟,巴本的国务秘书埃尔温·普朗克(Erwin Planck)打电话给希特勒,这时候希特勒知道了施莱谢尔和巴本为安抚他向他提供了副总理的职位。"是不是已经决定了?"希特勒问普朗克,"如果那样的话,我就用不着过来了。""呃,总统要与你谈谈。"普朗克回答。对此,戈培尔评论说,这就"出现了一丝短暂的微弱的希望曙光"。希特勒去见兴登堡了。

兴登堡以友好的语调开始了会谈。他说他已经准备好了,要求希特勒和民族社会主义者参加政府,并欢迎他们的合作。希特勒是不是愿意成为巴本政府的一部分? 不,希特勒说。他之前已经与巴本解释过了,这是不可接受的。民族社会主义运动的意义在于让他担任总理。

兴登堡的反应是坚定的。他解释说,他不能"在上帝、(我的)良心和祖国面前",把政府交给一个政党,更不要说是"对持异议者抱有偏见的"一个政党了。他还担心国内的"大动乱"和国外的舆论。

希特勒重复说,任何其他方案他都不能接受。

"那你们就站到反对党那边去了,对吧?"兴登堡问道。

"我别无选择。"希特勒说。

兴登堡要求希特勒在表达反对意见的时候要有"风度"和爱国心。"我从来没有怀疑过你的爱国主义",他说,但他会对冲锋队的任何恐怖和暴力行动采取坚决的措施。"我们都是老同志,"兴登堡说,老元帅毫无意义地试图以他们都是军人出身来与这位下士套近乎,"我们要保持同志关系。因此我要用同志的方式与你握手。"兴登堡是做了很大的努力才与希特勒握手的。他对这个"波西米亚下士"只有蔑视,还不得不与希特勒的同事——公开搞同性恋的恩斯特·罗姆握手,这令他更不高兴。

希特勒很气愤。后来在兴登堡办公室外面的走廊上，愤怒驱使他脱口说出了纳粹党战略的要点。他告诉巴本和迈斯纳，要么让他掌权，要么兴登堡被推翻。他说他的计划是威胁兴登堡违反宪法要受到起诉。这样的威胁被生动地记述在奥托·迈斯纳的会谈纪要里，但希特勒方面准备的记录则没有出现这一内容。希特勒补充说，纳粹党将强烈反对巴本政府，他还警告，他对后果不负任何责任。

希特勒认为，在8月6日的会谈时施莱谢尔已经答应了他的总理职位，现在欺骗了他。甚至巴本也对施莱谢尔背着他与希特勒会谈感到恼火。这些怨恨将会在整个秋天一直酝酿发酵。

巴本政府又与危机斗争了两个星期，最后是施莱谢尔和他的国防部参谋制订了战略计划。其间，宪法教授卡尔·施密特给予了很大的帮助，施密特后来成为纳粹德国著名的"桂冠法学家"。8月30日，在兴登堡家乡纽德克的庄园里举行了会议，总统、迈斯纳、巴本、施莱谢尔和内政部长威廉·冯·盖尔男爵（Baron Wilhelm von Gayl）都同意实施紧急状态。因为兴登堡不愿意被抓住违法的把柄，他们为他进行了修饰。施密特给政府提供了法律意见，宪法第42条所规定的总统保护德国人民免受伤害的职责，优先于第24条批准的选举时间。兴登堡接受了这样的安排。他授权解散国民议会并把选举的时间延期了六十天。部长们认为，有迹象表明经济正在好转。经济越是好转，纳粹的支持就越弱。他们应该能够走在纳粹的前头。

157　　或者至少，计划如此。但巴本的无能挡了路，这不是第一次，也不是最后一次。新的议会会议在8月30日召开了，去过纽德克的部长们也参加了。他们轻松地认为，在更多的联合谈判过程中，议会是会休会的。没错，是休会了，虽然不是在选举赫尔曼·戈林为议会新的发言人之前。戈林无意中说出了纳粹党战略的另一个迹象。新选举的国民议会有一个"庞大的民族主义多数，能起到作用"，他说。这样的形势根本不适宜"紧急状态的法律要求"。戈林和纳粹党很有可能已经知道兴登堡和部长们在纽德克的讨论情况，现在发出警告，依靠紧急状态很可能会使反对派得到弹劾兴登堡所需的法律证据。

两个星期后的 9 月 12 日，国民议会再次开会。共产党提出了对巴本政府的不信任动议。会议暂时休会，其他党派碰头协商之后，最终同意支持。巴本还认为，在这样的事情发生之前，他还有机会发表政府声明，因此他对不信任投票根本没有思想准备，甚至没有带来兴登堡签发的解散令。他不得不让人去从他的办公室把解散令拿过来。会议重新开始后，戈林要求对共产党的动议举行投票。安德烈·弗朗索瓦-庞塞描述了接下来发生的事情："巴本在席位上探头探脑，手里挥舞着一张纸，要求发言。戈林知道总理的焦躁心情，也明白巴本手里挥舞的是一份解散令。但他装作没看见，他在看另一个方向，他固执地背向了总理，一边要求立即进行投票。"弗朗索瓦-庞塞看到巴本走到戈林那里，把解散令放在了他的桌上。

投票的结果是 512∶42，巴本丢尽了面子——实际上是历届德国政府在议会从来没有遇到过的最糟糕惨败。巴本只能从德意志民族党和德意志人民党那里寻求支持，但两者都已经很微弱了，因为他们的选民跑到纳粹党那边去了。只是在进行了投票之后，戈林才似乎注意到了巴本的解散令。他对会议代表宣读了一遍，认为没有价值，就不把它当回事了，"因为这是由一个已经被合法地废黜的部门会签的"。

施莱谢尔想说服兴登堡坚持解散国民议会的计划和延迟选举。但巴本败得太惨了，不能作为实施紧急状态的基础。兴登堡现在拒绝延迟选举，于是另一次选举定在了 11 月 6 日。

在两轮的总统选举、4 月下旬的州级选举和 7 月 31 日的国民议会选举之后，这是德国在一年时间之内的第 5 次大选。疲劳正在蔓延。投票率将会从 7 月份的 84% 下降到 11 月份的 80.5%。各政党的竞选资金已经严重不足。

愤怒和恐惧情绪依然高涨。纳粹党在 8 月份被拒绝的时候是很恼火，现在他们毫不留情地对巴本、兴登堡和德意志民族党发起了竞选攻击。毕竟，他们是在竞争同一批选民。"现在我们要发起攻击"，戈培尔的宣传部门下达了命令。目的是要表示，巴本的内阁是个"封建集团"。纳粹的冲锋队调整一些目标，把原来针对共产党人的暴力，转移到了对准德意志民族党。10 月份，在与德意志民族党的议会代表奥托·施密特-汉诺威（Otto Schmidt-Hannover）辩论的时候，戈培尔愤怒地说："在柏林，我们有 26 个冲锋队员躺进了坟墓里。你们党有几位烈士？"

施莱谢尔的助手在起草对付内战的计划，甚至要对纳粹党开展先发制人的打击。一份潦草的会议纪要显示了施莱谢尔对付希特勒政党的考量，与往常一样，这样的考量包含了各种可能性。"你们继续玩下去吗？"施莱谢尔写道，"不然的话，就会有战斗。"

在这样的气氛下，选举的结果是苍白无力的，根本改变不了政治僵局。纳粹党依然是最大的政党，但其支持率已经从 37% 下降到了 33%。有些纳粹党的支持者已经跑回德意志民族党那里去了，留在了新教的中产阶级阵营里。

然而，政治变化正在来临。

巴本已经在挑战施莱谢尔的耐心了。"业余骑师"讲究办公室的豪华气派，他的工作热情却不是很高。有一次，当他的内阁正在努力解决宪法程序和内战威胁的关键问题时，巴本迟到了两个小

时，他身着正装，西装的纽扣孔里插了一枝康乃馨。"这些小小的 159
细节问题，你们商量着解决吧。"他轻松地告诉部长们，然后就离开
会议室去参加在柏林郊区霍珀加滕举行的赛马会了。

施莱谢尔或许是指望巴本会干出这样的事情来。毕竟，他就是
要总理按吩咐做事，当一个傀儡。问题是，尝到权力的滋味以后，
巴本已经开始行使权力了。"你猜怎么着，"施莱谢尔痛苦地写给一
位朋友说，"小弗朗茨已经迷上了权力。"按照施莱谢尔的观点，巴
本已经错过了让纳粹党参加政府的机会，这是施莱谢尔布置给他的
一项重要的政治任务。到 11 月的时候，许多主流人物都认为，他
们要做的只是等待纳粹党进一步分裂，但在施莱谢尔看来，对付纳
粹党一事显得更为紧迫了。他担心如果他们四分五裂，他们的支持
者就会跑去加入共产党，使共产党强大得不可阻挡。施莱谢尔认为，
11 月 6 日的选举结果，纳粹党支持率下降、共产党支持率上升（共
产党获得了约 17% 的选票，成为第三大党，现在已经远远超越了中
央党），表明这样的事情已经在发生了。

也许最重要的是，施莱谢尔已经听说纳粹官员格雷戈尔·施特
拉塞尔反对希特勒死盯着总理职位的策略，如果希特勒的计划没有
动静，施特拉塞尔或许愿意"亲自上阵"。

到了 12 月 1 日，这些事情是非解决不可了。那天晚上，兴登
堡召来了巴本、施莱谢尔、奥托·迈斯纳和兴登堡的儿子奥斯卡一
起研究。他先问巴本该怎么办。总理告诉他，希特勒已经拒绝了议
会联合的所有可能，唯一的办法是让他进入政府，担任总统领导下
的总理。8 月 13 日的时候，兴登堡已经发现这是危险的一步，此后
纳粹所显示的"煽动和缺乏克制，肯定没有为希特勒的政治家形象
增加信心"。这方面可以参考"波滕帕谋杀案"及其后续事件。如果
与纳粹党之间不能达成交易，那么唯一要做的事情就是接受紧急状

态。巴本建议，用不着再次召集国民议会，他的政府继续留任。可以起草一部新的宪法，提交全民公投，或者提交给一个特别召集的国民大会。这意味着违反现行的宪法，但巴本向兴登堡保证，以前有一个很好的先例：起码在 19 世纪 60 年代的时候，德意志统一的设计师奥托·冯·俾斯麦亲王就这么干过。

接着是施莱谢尔的发言。使巴本大吃一惊的是，施莱谢尔说他已经想出一个办法，可以免除兴登堡违背宪法的风险。施莱谢尔说，如果兴登堡任命他为总理，那么他能够通过分裂纳粹党，形成新议会中的多数。格雷戈尔·施特拉塞尔会加入他的内阁，并带来 60 名纳粹党代表。在他们的帮助下，施莱谢尔可以组建一个"团结轴心"，从中间的政党延伸到社会民主党。这样的一个联合政府可以处理"大萧条"和失业危机问题。

施莱谢尔的建议，也让巴本感到吃惊。他回答说，他怀疑施莱谢尔是否能够分裂一个紧密团结在领袖周围的政党，但他承认施莱谢尔比他更了解纳粹党领导人。他强烈反对的是，施莱谢尔的计划涉及了回归议会体系，而巴本原来认为，兴登堡的计划是创立一个更强大和更独立的执政团队。

兴登堡静静地、认真地倾听了这些发言。巴本认为，这位德国总统正面临着"一生中最困难的决定"。兴登堡没有与巴本或施莱谢尔开展讨论或争论，他只是站起来说："我赞成冯·巴本先生的建议。"他要求巴本立即开始组建一个能够执行这份计划的内阁。

现在轮到施莱谢尔大吃一惊了。巴本后来回忆说，几个星期以来，他一直感觉施莱谢尔通常的友好已经变得明显冷淡了。现在当巴本试图向施莱谢尔解释他们必须保护总统的时候，施莱谢尔看着他，脸色透出一种不理解和不赞同的神情。借用这些人都容易明白的一句宗教台词，施莱谢尔告诉巴本，"小修士，你走的是一条艰难的道路"——原话是马丁·路德挑战天主教会的时候得到的一个警告。

施莱谢尔和巴本之间的对抗和积怨现在已经公开化了。施莱谢尔下定决心要搞掉巴本，由他亲自来担任总理的职务。就在第二天，他来参加内阁会议，带来了一件重武器：所谓的"奥特军事演习图"（Planspiel Ott）的报告。这是尤根·奥特中校为国防部开发的一个战争游戏，方案的背景是因为纳粹党和共产党联合举行起义从而导致了内战。奥特报告的要点是，面对这样的起义和外国军队的进攻，德军没有能力维持秩序和保卫国家。施莱谢尔承认，该方案是一个极端的例子，但现在奥特方案至少有一部分似乎并没有牵强附会：在 11 月初的一次非法公交罢工期间，纳粹党和共产党实际上已经联合起来了。施莱谢尔那样的人担心内战和纳粹党中的秘密共产党员，对他们来说，这次罢工是一个警告的信号。奥特报告对内阁的影响是很大的：据说巴本本人在听报告时哭了起来。有些内阁成员感觉在军队对付紧急状态的问题上，巴本对他们说谎了。他们也开始认为，施莱谢尔也许是对的。或许他确实可以组成一个更大的联合政府，让纳粹党"参加进来"，同时也不用完全疏远温和的左翼。

巴本向兴登堡报告了奥特所言。他解释说，总统必须做出决定：他可以让巴本留任，这样的话，巴本需要一位新的国防部长——可以理解，他认为他再也不能与施莱谢尔合作了——或者他可以让施莱谢尔来当总理。

"陆军元帅静静地听取了我的解释。"多年后巴本回忆说。最后，他站起来，用颤抖的声音说："亲爱的巴本，如果我现在改变主意，你会认为我是个坏蛋。但我年纪大了，在我的余生，我承担不起内战的责任。所以看在上帝的份上，我们必须让施莱谢尔先生来试试他的运气。"握手的时候，巴本看到"两颗豆大的泪珠"从兴登堡的

161

脸颊滚落下来。

库尔特·冯·施莱谢尔将军现在从多年的幕后走到了政治舞台的前沿。12 月 3 日，50 岁的他宣誓成为德国总理。他要试试自己的运气，在不触发内战的情况下依靠右翼组成广泛的联合，以维持政治的稳定。这是施莱谢尔最后的绝望努力。他采用了奥特的战争游戏，对巴本施展了强大的影响。他不久就可以看到，他努力的结果反弹到了自己的身上。

第六章
攫取政权

17 岁的梅丽塔·马施曼（Melita Maschmann）是因为渴望反叛家 162
庭而加入纳粹党的。1 月底的某一天，家庭裁缝来到了马施曼在
柏林的家里修改衣服。裁缝师傅是个驼背的瘸子妇女，外套领子
上有一个万字饰。梅丽塔的母亲认为，劳动阶层的人居然也有政
治观点了，这也太过分了，但女裁缝告诉梅丽塔，形势正在发生
变化。仆人再也不用像劣等人那样在厨房里吃饭了，这一天快要
到来了。

那天晚上，梅丽塔的双亲带上她和她的双胞胎弟弟汉斯－赫
尔曼，去柏林市中心观看游行。"那天夜晚的一些神秘感觉，我
至今记忆犹新，"许多年以后她回忆说，"坚定的脚步声、宏伟庄
严的红黑旗帜、火炬映照在脸上的摇曳的亮光，伴随着有催人奋
进和激动人心的旋律的歌曲。"

梅丽塔明白，参加游行的一些年轻人并不比她年长多少。她
羡慕他们，渴望他们的那种使命感。作为一个孩子，她只能过一

种没有冒险的平淡生活。她面前的游行队列中的年轻小伙子和姑娘们是风光的。梅丽塔注意到，他们举着的旗帜上写有牺牲者的名字。

163

她并不是对此刻的暴力活动视而不见。她看到一个游行者突然走出来，殴打站在她旁边不远处的一个旁观者。她认定那个旁观者说了一些难听的话。她看到那人尖叫一声倒在了地上，鲜血从他的脸上流了下来。梅丽塔的父母亲把她拉到旁边，但这个景象让她感觉害怕，在她的脑海里萦绕了好几天。

然而她发觉，自己的害怕也夹杂着一种"令人陶醉的快乐"。参加游行的年轻人举着火把，高唱着他们愿意为事业牺牲的歌曲。这与她"穿衣、吃饭、上学"的日常生活大相径庭。她感觉极为震动，"渴望加入他们的行列"，因为他们的生活是"生死攸关的"。

在这个夜晚，其他许多德国人也有梅丽塔那样的兴奋感觉。约瑟夫·戈培尔在凯撒霍夫旅馆等待着火炬游行队伍。"游行在大约 7 点钟开始"，一直延续到午夜以后。他一时找不到色彩强烈的词语。"数不胜数，"他写道，"游行的人有 100 万……觉醒吧！人民群众的自发激情。难以形容。"

其他人则对此不屑一顾。保守的知识分子埃德加·尤里乌斯·荣和编辑鲁道夫·佩歇尔（Rudolf Pechel）厌恶地注视着游行队伍。最后，荣转身对佩歇尔说："在我们深爱着的德国人民中间，我们是那么孤独，这是不是很可怕？"伟大的印象派画家马克斯·利伯曼（Max Liebermann）在菩提树下大街的自家公寓窗口边观看游行，他的反应最为简练："这会让我吃下去多少呕出来多少的。"

那是 1933 年 1 月 30 日。

那天上午，德国总统保罗·冯·兴登堡让希特勒宣誓成为德国总理。现在希特勒的追随者在柏林市中心举行火炬游行的庆祝活动。纳粹党的冲锋队和更为精英的黑衫党卫队（Schutzstaffel, SS）这些准军事组织非常引人注目。但希特勒的新政府是一个联合体，诸如"钢盔"等其他右翼团体的代表也参加了游行庆祝。

希特勒的纳粹运动的驱动力，一直是德国两个神话之间的差距：1914年8月的团结和1918年11月的背叛。对纳粹党来说，1933年1月就是那时的8月。当手持火炬的游行队伍走过希特勒总理府办公室的窗口时，赫尔曼·戈林在广播讲话中告诉听众，现在的气氛"只能与1914年相比"。纳粹党报纸《人民观察家报》提到："我们的记忆回到了1914年8月那些令人振奋的日子。在今天，有了人民崛起的迹象。"戈培尔和罗伯特·莱伊（Robert Ley）那样的纳粹党人更加夸张，他们说他们的"革命"是在1914年8月真正开始的。

这是与该事件的意义有关的一个重要因素。自1929年以来，布吕宁、施莱谢尔、巴本和兴登堡全都一直在寻找一条能够把德国四分五裂的政治右翼团结起来的道路。他们一直在设法招募纳粹党来支持当权派。尤其是兴登堡总统，他做了许多思想工作，劝说希特勒当总理。现在，兴登堡站在旧总理府的窗口边，倾听着纳粹冲锋队的乐声。冲锋队的乐队开始演奏普鲁士军歌《德绍进行曲》（The Old Dessauer），向他表示敬意。这是普鲁士官兵向他们的陆军元帅致敬的传统乐曲。他们演唱诸如《莱茵河卫士》（The Watch on the Rhine）那样的爱国歌曲。这是兴登堡一直在追求的民族大团结。1月30日的气氛使兴登堡放心，他让希特勒来当总理是做得对的。几个星期之后，他写信给女儿说："爱国主义高潮令人满意。上帝保护我们的团结。"

164

1932 年 12 月，库尔特·冯·施莱谢尔走马上任，踏进了总理办公室。他带着一个计划，要解决德国自秋天以来陷入的政治危机。

施莱谢尔的计划围绕着"交叉阵线"（Querfront）的概念展开。"交叉阵线"是一个政治联合，旨在团结看上去不共戴天的对手，即从社会民主党和劳工联盟一直到纳粹党的"施特拉塞尔派"。开始的时候是一个叫君特·格勒克（Günther Gereke）的保守政治家提出来的一个创造工作机会的想法。格勒克的计划号召对公共工程和基础设施项目进行公共投资，这样也许可以为 50 万人提供工作——这是我们如今习以为常的做法，但在 1931 年到 1932 年的时候是首创。

"交叉阵线"的概念在德国媒体中引起了热烈的讨论。11 月下旬的时候，施莱谢尔的副手费迪南·冯·布雷多（Ferdinand von Bredow）写了两份备忘录给施莱谢尔，内容关于他称为"交叉阵线"代表的那些人，他们要求实施该计划。布雷多并没有重视他们。这些客人来见他的时候表示，他们会支持施莱谢尔当总理，但不会支持巴本。他们中有一个叫赖因霍尔德·科德曼（Reinhold Cordemann）的纳粹积极分子，他与施特拉塞尔、施莱谢尔和格勒克都是朋友。他说他对希特勒与巴本内阁和兴登堡的谈判过程感到很不高兴。他认为，如果纳粹党回归"没有成果的反对党"地位，那么党内一股"特别强大的潮流"会感到很遗憾；假如希特勒"失败"，政府就应该努力争取纳粹党为"民族大业"工作。或许不会是所有党员都同意，但科德曼认为，"相当多的人"是会同意的。

施莱谢尔据此认为，他可以比巴本做得更好："交叉阵线"人员会支持他，而不是巴本，这可以使他躲开巴本遇到的国民议会中只有 10% 的支持率的困境。然后他就会成功地让纳粹党"安稳参政"，并防止内战的发生。

因此，这个战略的关键是格雷戈尔·施特拉塞尔。1932 年，施特拉塞尔在争权斗争中与希特勒闹得越来越不愉快了。他正在变得越来越像一个具有自由思想的民族主义保守人士——更像施莱谢尔那样，而不像他的纳粹党同事。阿尔托纳和波滕帕的杀人事件，更不用说希特勒对波滕帕谋杀凶手的偏袒，都让施特拉塞尔感到恶心，使他越来越反对纳粹党的暴力狂热。1932 年夏天，在"交叉阵线"另一位热心代表，记者汉斯·策雷尔（Hans Zehrer）的家里，他第一次遇到了施莱谢尔。策雷尔不但想撮合施莱谢尔和施特拉塞尔，还想撮合施特拉塞尔和工会。11 月份访问过布雷多的"交叉阵线"支持者告诉他，施特拉塞尔已经准备"豁出去了"。

11 月 28 日，在奥托·迈斯纳招待的晚宴上，施莱谢尔看到了法国大使安德烈·弗朗索瓦-庞塞。两人友好地交谈起来，弗朗索瓦-庞塞第二天向巴黎发去报告称，施莱谢尔"非常轻松地与我谈及了政治形势"。施莱谢尔说，他已经问过"希特勒最聪明的副官"施特拉塞尔，是不是愿意接受施莱谢尔内阁的内政部长职务。施特拉塞尔回答说，这事他要征得希特勒的同意，但如果希特勒反对，施莱谢尔继续说，"有可能他（施特拉塞尔）也会接受的"。施莱谢尔认为，由此可以在纳粹党阵营中"引起新的混乱"，这"对未来是极其重要的"。在他看来，施特拉塞尔一旦同意加入，就会"被迫"出任总理并组成内阁。他告诉弗朗索瓦-庞塞，"我见过的大多数人"确实是积极支持他担任总理的。社会民主党人已经警告了施莱谢尔，他们不得不反对他，但他也要求他们在反对的时候有所克制，"这个他们倒是没有拒绝"。他还提及了工会，"他们是认真积极的人"，对他一直都很友好。

因此，施莱谢尔信心十足，他能够找到议会的多数，根据意识

166

形态，这包括了从施特拉塞尔到社会民主党人的范围。在 12 月 7 日内阁会议上，他说："如果中央党、巴伐利亚人民党、所谓的'技术工人团体'（由一些微小的中间党派组成的一个松散的团体）和社会民主党在大多数重要的观点上能够保持一致，那么即使没有德意志民族党，照样可以形成多数。"

施莱谢尔就是施莱谢尔，他立即着手研究几种可能性。对于与纳粹党合作会产生的危险，他并不是完全视而不见；他唯一的合作伙伴施特拉塞尔也一样。12 月 1 日，施莱谢尔派遣战争游戏设计师、值得信赖的尤根·奥特去魏玛，希特勒正在那里参加当地的竞选活动。奥特的使命是向希特勒提供副总理的职位，看看纳粹党是不是能够容忍施莱谢尔的政府。希特勒坚定地回绝了这两个建议。于是奥特警告说："如果你们胆敢与共产党人合作，就像柏林的公交罢工那样，那么我警告你，希特勒先生，对付你们的将会是军队的机关枪。"

初看之下，施莱谢尔派奥特去执行这个使命似乎很奇怪。施莱谢尔与希特勒在一个星期之前的 11 月 23 日刚刚见过面，施莱谢尔曾问了希特勒一系列问题。希特勒是否愿意加入一个"不同成分甚至不同领导的"内阁？回答是"不"。他是否允许他自己政党的党员加入不是他所领导的内阁？回答也是一个坚定的"不"。他是不是会反对由施莱谢尔领导的内阁？对这个问题，希特勒的回答是肯定的，虽然他客气地补充说，他会"非常遗憾地不得不进行必要的斗争"。因此施莱谢尔知道希特勒的姿态，不大可能在一个星期之后指望得到不同的回答。最有可能的是，奥特的真正使命是向希特勒传达关于"机关枪"的威胁。

现实是在这样的僵局下，施莱谢尔和希特勒都面临巨大的压力。双方都有相应的对策，也都感觉时间快要到了。在大约 12 月初的时候，施莱谢尔告诉一位同事，"如果希特勒思考得太久，我就解散议会；希特勒没有开展另一次竞选的资金"。这是施莱谢尔的威胁。希特勒可能会以内战进行威胁，这就是奥特的魏玛之行想去阻止的。希特勒也担心，他的运动正在失去动力，如果不能很快掌权，也许会完全瓦解。与此相悖的是，我们已经知道，这也正是施莱谢尔所担心的：如果纳粹党因为没能掌权而四分五裂，那么唯一的赢家就是共产党。

在接受了总理职位之后不久，施莱谢尔发表了传统的政府宣言，这次讲话证明了他的花言巧语和政治技巧。他说，他是经过犹豫之后才答应出任总理的。他不但不想接替他的朋友巴本（还有布吕宁），他对他们是极力赞扬的，而且他也知道，让国防部长当总理可能会唤起人们对军事独裁的害怕，也可能把军队拖入政治之中。只是想到这一剂猛药也许能够对"某些制造麻烦的人"起到"冷却"的作用，并由此避免在国内动乱中动用军队，他才克服了疑虑。他要求"全国的同志们"别只把他当作"简单的军人"，而是"社会将军"，是德国社会所有阶级利益的"无党派监护人"，哪怕只是一个很短的时期。

施莱谢尔明白，不是每一个人都会觉得他的"社会将军"身份有说服力——他可以想象他的许多听众的反应会是"怀疑或者甚至是嘲讽地耸耸肩"。他坚持说，"再也没有比（战前）部队的普遍征兵更社会化的事情了，穷人和富人、军官和士兵"一起入伍，在战时证明了他们那"同志般的关系和共同归属感"。

施莱谢尔说，他的计划里只有一个观点，那就是"创造工作"。这里也一样，他用安抚的口气说："我是够另类的了，我既不追随资本主义，也不追随社会主义。对我来说，像'私有经济或计划经济'那样的概念是吓唬不了我的。"他认为，"在特定的经济下和在特定的时间内，一个人要做的事情应该是能够为人民和国家带来最好的结果。"讲话的结论是对"各党派、团体和协会"的一个巧妙的警告。施莱谢尔试图告诉这些团体的成员们，他们并非目的本身，如果他们拒绝"与这个国家合作"，将会丧失自己的正当性。他的政府将遵照令人尊敬的军事指挥官老赫尔穆特·冯·毛奇（Helmuth von Moltke the Elder）的忠告："先思考，再行动。"

施莱谢尔确实在偏离巴本的威权主义方面，迈出了重要的几步，包括撤销了巴本关于政治罪的严厉的行政令。但是"交叉阵线"差不多立即遭到了失败。施莱谢尔既不能吸引希特勒，也不能吸引施特拉塞尔参加他的政府。12月5日，纳粹党和社会民主党都宣称，他们没法"容忍"施莱谢尔的政府。社会民主党人说，在国民议会碰头的时候，他们将立即启动一项不信任的动议，虽然他们不指望该动议能够获得成功，因为他们担心在其后的选举中会被共产党所超过。共产党人也说会提出不信任的动议，但与社民党人不同，共产党人确实指望动议能获得成功。然而事实上，国民议会在12月初碰头了几天，在讨论了几个法律方面的小问题之后就休会了，没有进行不信任投票。

希特勒再次断然拒绝允许施特拉塞尔加入施莱谢尔的内阁。按照希特勒的观点，要么是他本人当总理，否则纳粹就根本不去掌权。施特拉塞尔担心希特勒的"全要或不要"的政策，正在切断纳粹最后可能的掌权渠道。12月初，施特拉塞尔在纳粹党的领导层中已经越来越被边缘化了，因为其他领导人都坚持希特勒的方针。戈培尔日记中的一个备注描述了在一次会议上挨批评时，施特拉塞尔的脸色"看上去越来越阴冷了"。12月8日，他辞去党内职务，去意大利度假了。在写给希特勒的一封信中，他用施莱谢尔那样的措辞解释说，他认为没有把"积极分子"组建成一个广泛的阵线并

整合他们使其"安稳参政"是错误的。希特勒非常清楚，这位受人
欢迎的施特拉塞尔已经把纳粹党引入了危机之中。"希特勒脸色苍
白，"戈培尔写道，"如有必要，就有一场争斗。"希特勒和他的支持
者都认为，施特拉塞尔的辞职是"宫廷革命"的第一步。

　　对希特勒来说，这次危机来得不是时候。11 月份国民议会选举
纳粹失去了不少选票，接着，在 12 月初的图林根州级选举中，纳
粹的得票也减少了。他对运动的掌控已经出现了问题。在这样的形
势下，他采取了最好的措施：召集党内最重要领导人开会，并做了
两个小时的讲话，批评施特拉塞尔的政策，声情并茂地表达了对党
的忠诚。希特勒的演技保住了纳粹党的团结，在接下来的几个星期
里，他还要再次加强对追随者的掌控。结果证明，施莱谢尔和施特
拉塞尔夸大了施特拉塞尔在纳粹党内部的支持率，至少是在与希特
勒摊牌的时候。不惜与希特勒决裂，愿意跟随他的人数是微不足道
的。就自己来说，施特拉塞尔后来告诉他弟弟，他已经再也忍受不
了在纳粹党领导层内越来越被边缘化的处境。"我不喜欢被排在戈
林、戈培尔和罗姆后面。"他认为这样的排位是"对我个人的怠慢和
侮辱，是我不应该得到的"。

　　更令人奇怪的是，施特拉塞尔甚至没有努力去抗争——他缺乏
挑战希特勒的动力，他只是不去参加政治活动，虽然在 1933 年 3
月之前他依然是国民议会的议员。这方面有几个可能的原因。那个
时候他似乎没有抓住控制民族社会主义党的战略重要性。在前几年，
他在党外结交甚广，他很可能认为党外的人脉关系更为重要。辞职
后不久，他写信给一位朋友说，他想"促成团结一切有积极想法的
人，以新想法为基础，不管他们来自何方"。他补充说："我深信动
乱不安和党派斗争的时期快结束了，目前急需有勇气和责任感的人
进入政府。"然而，虽然施特拉塞尔一直表现得比纳粹党内层的其

他党员更为独立，但在最后要紧时刻，他没有意志与他的元首彻底
决裂。

进入 1 月份以后，施莱谢尔似乎依然模模糊糊地希望与施特拉
塞尔一起拿出政治方案，而施特拉塞尔也似乎依然模模糊糊地想参
加施莱谢尔的政府，尤其是在 12 月底他从意大利度假回到柏林之
后。但辞去党内职务以后，施特拉塞尔已经放弃了他的政治基地和
他施展影响的最佳机会。这意味着解决德国宪法僵局的方案，与以
往一样遥不可及。兴登堡依然铁心不让希特勒担任总理。那么，谁
能够担负起总理的这个职责呢？这个人又从哪里可以得到多数的支
持呢？唯一的方案是不是一个"相互争斗的内阁"，而且必须依赖军
队，还很可能会面临内战？强大的纳粹运动会有什么变化？在施特
拉塞尔投诚之后幸存下来的这个运动，该如何去面对似乎无法解决
的取得政权的问题？圣诞节前夕，戈培尔在日记中写道，1932 年
"只是厄运的一个轮回"。

很可能德国只有一个人可以想办法让希特勒掌权，从而摆平政
治圈的不稳定。那个人就是弗朗茨·冯·巴本。

1932 年的时候，巴本已经开始享受当总理的滋味，随着年底
的接近，他积聚了对原先的老朋友施莱谢尔的满腔怨恨。"巴本恨
透了施莱谢尔，"戈培尔在 1 月份写道，"想推翻他，彻底甩掉他。"

12 月 16 日，巴本在"绅士俱乐部"（Herrenklub）发表了演讲，
那是德国政界、工商界和精英人士的一个会所。此后，他与库尔
特·冯·施罗德（Kurt von Schröder）谈过话。施罗德是科隆的一位银
行家，曾经支持古斯塔夫·施特雷泽曼的德意志人民党，但在施
特雷泽曼去世之后，他向纳粹党靠拢。他是一个叫"经济之友"
（Freundeskreis der Wirtschaft）的团体的共同创始人，该团体的目标是为

纳粹党从工商界筹款。巴本回忆起施罗德曾经说过，总有办法与纳粹党共事。巴本说他和施莱谢尔都尝试过、失败过，但他还想再试一试。施罗德的追忆对巴本起到了积极的作用："我和冯·巴本见面的时候，他说：'我认为我们现在也许可以一起开会，理清把我们分开的这些不同观点。'"

171

　　1933 年 1 月 4 日，施罗德安排巴本和希特勒在他位于科隆的家中举行了秘密会面。希特勒正要去附近的利佩-德特莫尔德州参加竞选活动，于是他以这次旅行作为掩护。戈培尔、甚至是希特勒的一些随行人员，都只是在事后才得知这次会面。然而，会面的信息还是泄露给了施莱谢尔，一位摄影师抓拍到了满脸惊讶的巴本在施罗德家门前下出租车的一张照片。第二天，这个故事就刊发在所有的报纸上了。

　　开始的时候谈得不是很好。关于波滕帕的事件，"希特勒向我发火"，巴本回忆说。巴本告诉希特勒，谈论那个事情是在浪费时间。他来这里是因为希特勒想再次与政府接触，谈谈关于最近的将来。几天后，希特勒告诉戈培尔那天会面的情况。他说，巴本"依然与老头子（兴登堡）说得上话"，并且很想搞掉施莱谢尔。巴本和希特勒因此做出了一个"安排"。"要么是总理的职位，要么是有实权的部长：国防部和内政部，"这是戈培尔记录下来的，"我们在倾听。"这个新的阴谋——巴本和纳粹党反对施莱谢尔——与兴登堡的内层有密切联系，还能得到重要的内部消息：兴登堡已经拒绝了施莱谢尔关于签发命令解散国民议会的要求，免得有针对自己的不信任投票。这意味着，议会会议待定期间，施莱谢尔陷入了困境，他的时间快用完了。"他要去南方"，戈培尔欣喜地做了记录。

　　这个联盟的关键是巴本与兴登堡的密切关系。如果有谁能够说服兴登堡让希特勒当总理，那么这个人就是巴本。在整个 1 月份，

巴本和希特勒一直在谈判和互相答问。双方都想自己出任总理。谁
会让步呢？最后，兴登堡真的会同意建立一个希特勒的政府？施莱
谢尔又会做出什么反应？假设他有军队在为他撑腰，为阻止希特勒
或巴本取得政权，他会走多远？

172　　　施莱谢尔似乎没有认识到形势的严峻性。他知道没有确保联合
他就不能面对议会，而且早在1月6日，他就告诉社会民主党的普
鲁士总理奥托·布劳恩，在大选延迟超过规定的六十天期限的情况
下，兴登堡不会同意他解散议会。（在巴本政变之后，最高法院已
经部分恢复了布劳恩的职务和权力。）但在其他时候，施莱谢尔是比
较乐观的。在1月16日的一次内阁会议上，他很自信地表示，兴
登堡会让他解散议会，还会同意延迟此后的选举，而且希特勒再也
不想当总理了。施莱谢尔似乎认为，即使做出违反宪法的事情，兴
登堡也是会来救他的——12月份的时候，施莱谢尔还认为（巴本）
那样的做法是可能导致内战的，但他恰恰重蹈了巴本的覆辙。这事
很受兴登堡重视，在间隔的几个星期时间里，他是不会忘记的。

　　　施莱谢尔还在与施特拉塞尔联络，并且欣喜地把他的情况告诉
弗朗索瓦-庞塞，他向法国大使描述说，施特拉塞尔是纳粹党内唯
一有声望的人。1月初的时候，施莱谢尔显然不知道施特拉塞尔已
经在纳粹党内失势，他还是信心满满地认为施特拉塞尔会跟他走，
施特拉塞尔与他的"朋友们"会在国民议会拒绝投票反对施莱谢尔
政府。他甚至认为，如果议会解散，施特拉塞尔会与希特勒展开竞
选。施莱谢尔依然在巴本面前保持着趾高气扬的态度。当弗朗索瓦-
庞塞询问施莱谢尔关于1月4日巴本与希特勒会谈情况的时候，施
莱谢尔似乎只是认为，巴本犯了一个错误，试图想让希特勒去支持
施莱谢尔政府。"巴本是自讨没趣，"施莱谢尔继续说，"尤其是在
陆军元帅冯·兴登堡的心目中，他对（巴本的）处理方式很反感。"

施莱谢尔表示自己会宽容地对待朋友的错误："我会对他说：我的小弗朗茨，你真傻！"谈话结束与施莱谢尔分手之后，弗朗索瓦-庞塞认为，施莱谢尔似乎很高兴，很自信，而且很健康，"虽然脸色苍白"。

很快就会清楚，施莱谢尔对形势误判到了什么程度。

最终，一切都依赖兴登堡。1月份，施莱谢尔也遇到了这方面的麻烦。施莱谢尔想重启布吕宁关于把失业工人安置到破产的东普鲁士农场的政策，这个想法对于拥有那些土地的贵族地主来说，依然是极为讨厌的。1933年1月，兴登堡的邻居又来向他投诉这个政策。还出现了一个关于滥用"东普鲁士农民扶助计划资金"的丑闻，发现的情况是，普鲁士地主把农场发展资金用来提高生活享受。东部腐败的丑闻传到了兴登堡的耳边。被普遍认为是施莱谢尔传声筒的《每日评论》(*Tägliche Rundschau*)报纸报道说，为避开遗产税，兴登堡名下在纽德克的房地产，已经以他儿子奥斯卡的名义进行了登记。这对于十分关注自己名声的兴登堡来说，不是一件光彩的事情。根据来源，这个故事看上去很可能是施莱谢尔在向兴登堡施加压力。兴登堡肯定已经感觉到，他被迫做出选择，要么是施莱谢尔，要么是自己的形象和贵族乡邻。对兴登堡来说，这只能意味着施莱谢尔已经越来越可有可无了。

然而，在1933年1月份，兴登堡三番五次地告诉自己的顾问团，他坚持自己在头一年8月和11月立下的誓言，绝对不会把政府交给希特勒。不过，自1931年夏天以来，兴登堡一直希望建立一个右翼多数的政府，这在某种程度上必然会涉及希特勒和纳粹党。1月的这个愿景，与8月和11月的态度一样，是个妥协的结果。但在1932年，兴登堡不想以希特勒作为领导的代价，来建立一个右翼的政府。突然间，在1933年1月，这事起了变化。为什么呢？

173

　　一个因素是 1 月 15 日举行的利佩-德特莫尔德州选举。利佩-德特莫尔德州是一个小地方，总人口只有 173,000。在正常的情况下，这个州的选举对全国的政治来说是微不足道的。但继 11 月份的国民议会选举和图林根州选举遭遇失败，以及施特拉塞尔的背叛之后，在这次选举中，纳粹党看到了心理形势变化的一个重要机会。对这次在利佩-德特莫尔德州的选举，他们全力以赴。这个策略奏效了：纳粹党获得了 43% 的选票，社会民主党是 39%，而德意志民族党只有不到 8%。虽然对现实政治影响很小，但选举的结果给了纳粹党十分需要的宣传材料，也是对施莱谢尔的一个沉重打击。一直头脑灵敏的法国大使安德烈·弗朗索瓦-庞塞向巴黎报告说，利佩-德特莫尔德州的选举最终结束了施特拉塞尔对纳粹党团结的任何威胁。"施特拉塞尔实际上已经在 1 月 15 日消失了"，他写道。这次选举已经使施莱谢尔放弃了想让施特拉塞尔担任德国副总理和普鲁士总理的念头。施莱谢尔的总理府国务秘书欧文·普朗克告诉弗朗索瓦-庞塞，政府已经失去了施特拉塞尔能够随身带来纳粹党一大群分遣队的希望，这样的话，还不如施特拉塞尔依然留在纳粹党内继续制造分裂。

　　但是改变希特勒与施莱谢尔政治命运的更大的因素，是纳粹党对兴登堡进行违宪指控这一威胁的战略。在 1 月最后一个星期里的一些戏剧性事件，让这事显得特别清楚了。当时，在希特勒未来的外交部长约阿希姆·冯·里宾特洛甫的斡旋下，希特勒、巴本与兴登堡的顾问奥托·迈斯纳和奥斯卡·冯·兴登堡的谈判走上了一条紧张的、很难预测的道路。

　　里宾特洛甫在第一次世界大战期间服役过，但因为受伤不适合在前线作战而被派往土耳其，在那里，他结识了弗里茨·冯·巴本。这个关系在 1932 年 8 月的时候派上了用场，在兴登堡刚刚拒绝了希特勒当总理的要求之后，巴本联络了老朋友里宾特洛甫，要他担任自己与希特勒的中间人。里宾特洛甫也有纳粹的朋友，就在这个时候（比其他大多数纳粹党领导人晚得多），他加入了纳粹党。里宾特洛甫跑到贝希特斯加登去见希特勒，他后来回忆说，"希特勒给他留下了极为深刻的印象。"后来，里宾特洛甫深信，只有"（希特勒）和他的政党可以把德国从共产主义那边拯救过来"。当然在那个时候，由于希特勒的不满和兴登堡的固执，是不会发生什么事情的。

但在1月份，情况就不同了。希特勒的同事海因里希·希姆莱和商人威廉·开普勒（Wilhelm Keppler）询问里宾特洛甫，是否再安排一次希特勒与巴本之间的会面。里宾特洛甫提供了自己家的房子，于是在1月22日星期天的晚上，巴本在那里见到了希特勒、威廉·弗利克、赫尔曼·戈林、奥托·迈斯纳和奥斯卡·冯·兴登堡。先是希特勒把奥斯卡引到另一个房间，秘密谈了两个小时，然后是他与巴本的发言。对年轻的兴登堡来说，希特勒似乎只是传达关于他的政治计划的那种寻常、沉闷的长篇大论独白，对此，奥斯卡简单地回答，自己不是政治家。他们之间没有什么可以交流的；几天后，希特勒告诉戈培尔，年轻的兴登堡是"愚蠢的化身"。巴本告诉希特勒，现在他要敦促德国总统让希特勒当总理，但老元帅是否会接受这个意见，他心里没底。奥斯卡·冯·兴登堡和奥托·迈斯纳同坐一辆出租车返回柏林市中心。长时间的沉默之后，奥斯卡说如果巴本已经同意担任希特勒手下的副总理，那就没办法了，但他还是不喜欢这个主意。

事实上，兴登堡总统也不喜欢这个主意。第二天，当巴本与他见面的时候，兴登堡再次坚决拒绝任命希特勒为总理。倒不是说兴登堡想与施莱谢尔在一起——陆军元帅与将军的关系现在其实很

175

冷淡了。那天的晚些时候，施莱谢尔也来见兴登堡。施莱谢尔的部下已经准备了一份简要的提纲，内容包括"针对国民议会的行政对策"的三个方案。第一方案是要兴登堡宣布紧急状态、解散议会和延迟举行新的大选。第二方案只是简单地迫使国民议会休会，在代表们能够同意组成"一个积极的多数团体并做建设性工作"的时候再召集开会。第三方案最为新奇，该方案是基于《魏玛宪法》里的一个缺口：宪法规定可以举行不信任投票，但没有强制要求反对派必须由此提出一个能够获得多数支持的政府。宪法的制订者没有预见到，因为诸如纳粹党和共产党那样的"反对派"多数而造成的国民议会僵局。1933 年的时候，纳粹党和共产党占了微弱的多数，但他们只会同意对他们被囚的积极分子实施特赦这样的事情，其他的基本上是唱反调。因此，如果持反对态度的多数派要对施莱谢尔投不信任票，那么一种符合宪法的做法是，兴登堡要求施莱谢尔的内阁作为"看守"政府继续无限期留任，直至国民议会的多数提出一个可供替代的政府。

施莱谢尔的得力助手尤根·奥特建议总理在见到兴登堡的时候施加压力，要求实施紧急状态。施莱谢尔已经这样做了，但他没有提交"看守政府"的方案。由于这是最可行的和最合宪法的可以让他继续留任的计划，他没有提出来的动机至今尚不清楚。在当月早些时候，即 1 月 13 日的一次记者招待会上，施莱谢尔指出，在这个方案中，消极的多数依然可以投票否决内阁的行政命令，从而损害经济，造成最终政府面临其他选择的局面。因此，应该还有比这个更好的办法。许多与施莱谢尔总理谈过话的人，都感觉他一副筋疲力尽、压力重大的样子，肯定是不想长时间担任总理的职务。1月中旬，一位记者注意到，施莱谢尔看上去脸色苍白，"面孔比以前瘦了许多"。施莱谢尔以通常嘲讽的口气说他自己："我已经没有了妄想自大狂的倾向，这太不好了。"他以宿命论甚至是解脱的心态走到了 1 月底的结局。

1 月 23 日，兴登堡告诉施莱谢尔，他在考虑同意解散议会，但不会延迟大选。兴登堡说，这个举措"会被所有各方解读为违反宪法"，在采取这个行动之前，兴登堡需要得到所有政党领导人的确认，即他们认可紧急状态，不会指控他是违法行动。根据巴本的说法，兴登堡也明确指出："在 12 月 2 日，如果我同意巴本的建议，你们预计会发生内战。你们认为，军队和警察都不想介入国内动乱的平息行动。"在这之间的七个星期里，内部分歧更加尖锐了，纳粹党和共产党更加激进了，而军队和警察规模没有扩大。"如果那时候担心内战，那么发展到今天会是什么样子？"

到了 1 月 26 日，兴登堡似乎依然强烈反对任命希特勒为总理。那天，德军总司令库尔特·冯·汉默施坦因-埃克沃德越来越关注关于巴本和胡根堡的谣传，据说他们也许要组成一个新政府。这样的一个内阁几乎会遭到全国人民的反对，对军队来说，这是"最令人担心的"。汉默施坦因-埃克沃德带着这样的忧虑去见兴登堡。总统向他"保证绝对不会有任何政治影响"。汉默施坦因-埃克沃德在两年后做了这样的记录："但那个时候他似乎是在安慰我，说他绝对不会考虑让那个奥地利的下士担任国防部长或总理。"兴登堡对希特勒的反应，显然不是从汉默施坦因-埃克沃德关于对巴本的关心导出的。也许是兴登堡真的不想让巴本再担任总理，但不想直接承认。或者，他的评论也许是一个暗示，揭示了他最近与巴本的谈话。不管怎么说，老头子拒绝希特勒的态度似乎依然是明确的。大约也是在那个时候，据说兴登堡私下里告诉一位贵族朋友，希特勒最多能当个他的邮政部长。

然而，兴登堡的观点在变化。1 月 25 日，里宾特洛甫会见了奥斯卡·冯·兴登堡，此后，里宾特洛甫的夫人安娜利斯（Annelies）记录说，让希特勒出任总理的这个联合政府主意"并不是毫无希望"。谈判在继续，三天后，事情有了突破。1月28日上午，巴本再次面见兴登堡，这一次老头子的口气温和了。里宾特洛甫去见巴本，"巴本就这个问题与我见面了：'希特勒在哪里？'我告诉他，希特勒很可能已经离开了，但也许可在魏玛联系上他。巴本说他必须立即回去，不能耽搁，因为……经过与兴登堡的长时间谈话，巴本认为希特勒当总理是可能的。"

当天，兴登堡召集了经验丰富的保守政治家埃拉德·冯·奥尔登堡-雅努施绍（Elard von Oldenburg-Januschau）和即将成为国防部长的维尔纳·冯·勃洛姆堡（Werner von Blomberg），征求他们关于宪法危机问题的意见。两人都告诉总统说，希特勒政府是唯一的解决方法。这个消息在由兴登堡、他儿子奥斯卡、巴本和迈斯纳参加的一次会议上得到了加强。兴登堡的顾问们告诉老头子："似乎没有别的宪法解决方案，只能组成一个由希特勒领导的政府，而同时也得有一个尽可能强的反对力量来制衡民族社会主义。"最后，兴登堡勉强同意了。

为什么兴登堡以这种方式突然改变自己的主意，是希特勒兴起故事中最重要的问题之一。1月26日到1月28日之间发生了至关重要的事情。那时候以及后来，有人猜测关于东部援助的丑闻和兴登堡可能的避税问题，或者是受到了来自东普鲁士乡邻的压力。但答案似乎更多是与他害怕违反宪法而遭起诉有关。

在1月份的最后一周，兴登堡遭到了新闻媒体关于紧急状态合法性的狂轰滥炸。弗朗索瓦-庞塞在1月24日报告说，"公开独裁和压制议会的前景"惊醒了"自由派、天主教和社会主义的媒体"。同一天，社会民主党报纸《汉堡回声报》（Hamburger Echo）报道说，

"宣布紧急状态是没有宪法基础的"。无论谁想尝试，都是违反宪法的，报纸继续说，或者也许"知道这样的游戏如何开始，但不知道如何结束"。第二天，社会民主党的全国委员会发表声明说，很显然，宣布紧急状态就是搞政变，导致"一种无法律的境况，而针对这一境况的各种抵抗都是允许的，也是必要的"。1月26日，中央党领导人路德维希·卡斯神父（Monsignor Ludwig Kaas）写信给施莱谢尔，原件的副本抄送给了兴登堡。三天后，这封信刊登在天主教的报纸《日耳曼尼亚》上。普鲁士总理奥托·布劳恩则采取了不同的方法。在1月29日《日耳曼尼亚》刊发的他写给施莱谢尔的一封信里，布劳恩说，用暴力改变宪法的尝试，根据《刑法》第81条，是严重的谋反行为。宣布紧急状态会引发这样的行为。这意味着要求总统解散国民议会和延迟大选是煽动严重谋反，是要被判处十年监禁的。

毫无疑问，这些信息，与其他信息一样，达到了目的。当兴登堡与施莱谢尔在1月23日碰面的时候，显然，兴登堡主要担心的是，允许紧急状态会使他自己担负法律风险。多年后，海因里希·布吕宁回忆说，德国总理府的国务秘书欧文·普朗克在1月下旬访问过他，并抱怨"由于兴登堡害怕指控而导致的政府困境"。布吕宁说自己被告知"可以肯定"——但他没说是谁告知他的——这是兴登堡最后同意希特勒出任总理的一个原因。

以今天的观点来看，各类民主政治家居然都会坚决支持希特勒政府，而不是紧急状态，这似乎是令人震惊的。部分地，这是因为他们担心发生内战，从而使得纳粹党或共产党获胜；部分地，是因为社会民主党人根深蒂固地迷恋宪法的合法性，这种目光短浅的痴迷态度，甚至遭到了社民党内一些知识分子的强烈批评。

1月27日，国民议会资深人士委员会（Council of Elders）——由决定程序的各政党资深委员组成——同意在 1 月 31 日结束休会，举行议会全会。现在象征性的钟表开始走动，国民议会确信要在开会的时候尽快对施莱谢尔的不信任案举行投票表决。

1 月 28 日上午，施莱谢尔会见内阁成员时解释，没有解散令去议会露面是没有意义的，但兴登堡不愿意签发解散令。施莱谢尔告诉同事们，他最害怕的是"德国总统还是有可能任命希特勒为总理的"。虽然目前，据施莱谢尔所知，兴登堡还是拒绝这样做。因此，唯一的选择是另组建一个总统领导下的内阁，并且巴本和胡根堡要参与其中。而这样的一个内阁也许会触发"国家和总统危机"。施莱谢尔的部长们完全同意他对此的估计，内阁做出决议，如果兴登堡不同意签发解散令，所有成员就辞职。

施莱谢尔离开内阁会议去向兴登堡汇报。他告诉兴登堡有三个可能性：由希特勒领导的一个议会内阁，在议会有多数的支持（虽然施莱谢尔不确定希特勒能否获得多数的支持）；由希特勒领导的一个听命于总统的内阁；或者保持现在的政府，最后一个方案只是在解散令之后才有可能。一个以德意志民族党为基础的内阁——这意味着一个巴本的或胡根堡的内阁——会导致危机。

兴登堡态度坚定。解散议会是"目前形势下我不能做的事情"，他告诉施莱谢尔："我十分欣赏你们想赢得民族社会主义者的支持，并由此组成国民议会多数派的努力。但不幸的是，你们的努力没有奏效，所以必须采纳其他的可能性。"兴登堡接受了施莱谢尔内阁的辞职。施莱谢尔和他的部长们的最后一项决议是批准创造大量工作机会的计划。在接下来的半年时间里，200 万德国失业工人找到了工作，但希特勒把这个功劳归于自己，而不是施莱谢尔。

施莱谢尔辞职后不久，兴登堡召来巴本，正式要求他"验证在希特勒领导下组成一个政府的可能性"。但还是没人能够确切地知道会发生什么。听到关于 1 月 28 日施莱谢尔辞职消息的时候，戈培尔在罗斯托克。他也听说兴登堡要求巴本与各政党领导人就未来怎么安排的事项进行谈话。戈培尔也认为，如果巴本再次成为总理，"将会发生革命"。关于兴登堡与历届总理之间的关系实质，戈培尔也是头脑清楚的。"以缺乏忠诚而闻名的老头子让（施莱谢尔）走人……虽说对施莱谢尔可不能忠诚。"现在各政党之间的争斗要开始了，他写道，"老头子是不可捉摸的"。戈培尔认为，如果兴登堡转向巴本，也许是最好的，"因为那样的话，形势会变得相当危险，没有我们什么事情也办不成"。

在 1 月 29 日星期天，大多数细节情况都清楚了。希特勒和巴本在那天上午碰面了。希特勒坚持必须马上举行新的大选，然后是通过《授权法》（Ermächtigungsgesetz），让他的政府获得全面的权力。兴登堡不想举行新的选举，于是希特勒得去向他保证这是最后一次来说服他。那天下午，里宾特洛甫和戈林去见巴本。巴本告诉他们："一切障碍都已经清除了，兴登堡盼望希特勒明天上午 11 点钟去见他。"

1 月 29 日，在凯撒霍夫旅馆，戈林告诉戈培尔，内阁将由"希特勒任总理，巴本任副总理，弗利克任内政部长，戈林任普鲁士内政部长，胡根堡任危机部长"（这里的"危机"，戈培尔指的是经济和农业部）。国民议会将解散，并举行大选——"最后一次"，他们是这么向兴登堡保证的。但戈培尔不是十分确定："谁也不敢相信。巴本没说谎吧？谁知道呢？"

希特勒和他的随从听到谣言说，施莱谢尔和他在国防部的同事在秘密地搞军事政变（有些军官确实讨论过这个可能性，但被施莱谢尔坚定地否决了）。纳粹党高官全都在凯撒霍夫旅馆熬夜到凌晨 5 点钟，等待着新的消息并做好了采取任何行动的准备。什么也没

181

有发生。然后希特勒必须去总统办公室宣誓。

即使是在那个时候，事情仍差一点功亏一篑。就在上午 11 点钟之前，新的内阁成员在迈斯纳的办公室聚集。胡根堡刚刚获悉要举行新的大选的计划，那样的话，他拒绝加入内阁。接下去是一场激烈的讨价还价的谈判。只是在迈斯纳恼火地告诉政治家们，他们不能让兴登堡一直等待，以及希特勒庄重地答应胡根堡，不管选举结果如何，内阁组成人员不变之后，胡根堡才口气温和了。

"事情成定局了，"戈培尔记录说，"我们在威廉大街等待。希特勒成了德国总理。像是童话似的！"戈培尔一直意志坚定，很快补充道，"立即开展工作。国民议会将被解散。四个星期后举行大选。"

经历了纳粹统治的所有灾难之后，人们常常争论说，兴登堡别无选择，只得任命希特勒。战后，在纽伦堡法庭做证的时候，希特勒的财政部长卢茨·什未林·冯·克罗西克伯爵说："没有人，即使是希特勒的强烈反对者，都没有告诉我，在 1933 年的时候，除了诉诸最大政党的领导人之外，还有什么可能性，因为议会自己没有能力产生一个政府。"迈斯纳在自己的回忆录里赞许地引用了这句话，但这个申诉没有说清楚，像克罗西克和迈斯纳那样的保守政治家自己应该对发生的事情承担什么责任。1928 至 1930 年间，赫尔曼·穆勒的政府占据稳定的多数席位。就在遭兴登堡解职之前，海因里希·布吕宁也曾赢得国民议会的信任投票。没有必要在 1932 年举行大选。1932 年和 1933 年初的危机，希特勒得以作为唯一解决方案出现，其实是由政治右翼制造出来的表象，他们想排除一半以上人口的政治代表，并且拒绝任何折中方案。为此，一连串的保守政治家（胡根堡、布吕宁、施莱谢尔、巴本和兴登堡）将纳粹党视作符合他们要求、能够维持权力的唯一选择。结果导致了希特勒的夺权。

倒不是说在 1 月 30 日的时候希特勒的地位已经强大得势不可
挡。起初，11 位部长中只有 3 个是纳粹党的：除了希特勒，有内政
部长威廉·弗利克和不管部长赫尔曼·戈林。"钢盔"的代表人物
是弗朗茨·泽尔特（Franz Seldte），他担任劳工部长。其余的都是右翼
人士：诸如副总理巴本、外交部长康斯坦丁·冯·牛赖特（Konstantin
von Neurath），以及主管五个不同经济部门的阿尔弗雷德·胡根堡。
牛赖特与财政部长什未林·冯·克罗西克、运输部长保罗·冯·埃
尔茨-吕本纳赫（Paul von Eltz-Rübenach），以及司法部长弗朗茨·居特
纳（他的任命延后了几天，为的是给人们留下一个印象，让人们以
为这个部门是留给中央党代表的），都是从施莱谢尔和巴本内阁留
任的，似乎显得平稳过渡和具有延续性。许多德国人相信，内阁中
有这些保守派存在，那么兴登堡的权威和最后可以依靠的军队，肯
定能够保证希特勒循规蹈矩。巴本与以往一样昏庸和自信。"我们
雇用了他，"他告诉一位朋友，"几个月之内，我们就会把他踢到角
落里，任其发出刺耳的尖叫。"

　　并不是每个人都这么自鸣得意。敏锐的观察家可以看出危险
性。在汇报了由保守人士告诉他的所有令人放心的消息之后，安德
烈·弗朗索瓦-庞塞向自己的法国政府建议："希特勒-巴本-胡根堡
政府的组成，是德国和欧洲一个危险的实验。"他清楚地看到了当局
与纳粹关系的实质及其危险。"这正是那些人的一个意图，他们策
划并挑起了危机，为的是保存依然相当强大的纳粹力量。权力会不
会落到一心想滥用、想抓住不放的人手里，人们可以拭目以待。"德
国前检察长路德维希·埃贝迈尔（Ludwig Ebermayer）也表达了类似的
担忧。"这个内阁即使只存在半年，"他告诉儿子，"也会造成许多损
害，尤其是对外交政策的损害。"然后他严肃地补充说，"但它会长
时间存在。这不像会在某一天辞职的其他内阁。"

183

关注希特勒的人似乎忽视了一个重点。自从巴本在 1932 年针对普鲁士政府发动政变之后，普鲁士的关键部门已经是德国政府的一部分了。希特勒安排赫尔曼·戈林为普鲁士内政部长。这使得戈林及纳粹党能够控制普鲁士州强大的警察力量。我们已经看到，施莱谢尔推动巴本搞政变的其中一个动机是别让普鲁士警察机构落入纳粹党的手中。他的继任人就没那么仔细了。

对纳粹党来说，得到总理的职务很难说是圆满结束。这仅仅是为获取更大权力的前进道路上的第一步。"第一阶段，继续战斗！"戈培尔在日记里写道。然后，他列出了希特勒周围各个保守派部长的名字。"这些都是污秽。必须被清除掉。"

戈林的警察，以及纳粹想"清除污秽"的渴望，将塑造未来几个月的德国历史。

第七章
高压政策

"因为国会大厦起火，我就被逮捕了。我甚至都不知道大厦 184
起火了。"这是十几岁就入党的共产党积极分子莉娜·哈格（Lina
Haag）说的话。她甚至在共产党的青年部遇见了她的丈夫。

在这个星期二的下午，她在自己公寓的门边看到了两件军用
雨衣和两顶灰色礼帽。渐渐地，她注意到了一张"残忍的"嘴和
一张蜡黄的脸；她听到了一种"冷冰冰的、不愉快的"声音。官
员们很急。"他们看到了在炉灶上加热的午饭，而且我还有一个
孩子，我不能扔下这一切。"哈格后来回忆说。他们不管。官员
们把她的女儿留给邻居照顾，然后从衣钩上摘下她的大衣扔给了
她。"快走，快走！"他们说。她意识到，他们必须向新主子证明
他们"办事可靠"，他们必须让牢房住满囚犯。"任何时候的'最
不血腥的'革命都需要有受害人。"她后来说。

那是1933年2月28日。头一天的晚上，国会大厦发生了火灾。

"我们走楼梯下去的时候，"她继续说，"我听到了整栋公寓楼

的关门声，很轻柔、很仔细，但我听到了。"到了外面的街上，她突然感觉浑身发冷。她感觉到背后有眼睛在盯着。每一扇窗户都有眼睛在注视她。"我看不到，"她写道，"但我知道。"他们把她带到了位于戈特斯采尔的那个监狱，把她单独囚禁起来了。

　　他们已经逮捕了她的丈夫阿尔弗雷德·哈格。阿尔弗雷德虽然只有28岁，却是符腾堡州议会的共产党代表，而且是所有代表中最年轻的。莉娜试图要阿尔弗雷德去国外躲避，但他拒绝了。"抛下我的工人兄弟们？"他问道，"现在？"凌晨5点钟，希特勒当上总理才过了几天，冲锋队就来抓他了。"他们翻箱倒柜，把衣物扔得满地，把抽屉倒扣过来，还在书桌里搜查。"莉娜回忆说。他们并不是在寻找什么特别的东西，他们只是故意破坏。

　　冲锋队员准备把阿尔弗雷德带走的时候，莉娜对他说："可你是代表啊！"一名冲锋队员嘲弄地笑了。"代表，你们都听到了吗？"他对他的同事说。然后他朝哈格夫妇喊道："你们是共党分子！现在要清除你们这个肮脏的帮派！"

　　莉娜从窗口看着冲锋队员引领阿尔弗雷德走过街道。她看到他们开始殴打他。她不得不把女儿从窗户边拉开，这样小姑娘就不会看到父亲的遭遇。

　　莉娜一直被囚禁在监狱里，直至圣诞节的大赦。阿尔弗雷德就没那么幸运了。政治犯有一个信息网，莉娜听说了许多事。她听说盖世太保杀了她的一位老朋友，把他推向一个烧得通红的炉子。她也听说了关于阿尔弗雷德的情况。他被带到了奥贝勒库贝格集中营，在那里，他表现出一如既往的勇敢。当他拒绝向万字旗敬礼的时候，卫兵野蛮地殴打他。还有一次，卫兵让他手脚并用爬上一个山丘，嘴里喊着："我是卑鄙小人。我欺骗了工人，背叛了他们！"他的脸上全是血污，面目不清。

在莉娜·哈格被捕几个星期之后，冲锋队的一个小分队破门进入了玛丽亚·扬可夫斯基（Maria Jankowski）家。扬可夫斯基是社会民主党柏林市考佩尼克区委员会的顾问。冲锋队把她带到了他们的考佩尼克总部。在那里的一个院子里，他们迫使她脱下衣服，躺在一块木板上。他们在她身上覆盖了黑红金三色的共和国旗帜，然后用鞭子、木棒和铁棍对她殴打了两个小时。他们一边打，一边逼问社会党和共产党工人的名字，并迫使她把这面旗帜描述成"黑红狗屎"。他们问她："你是不是在失业工人那里偷窃过鞋子？你是不是准备了一份抵制纳粹企业的名单？"每当她痛苦地尖叫的时候，一名折磨者就会把她的脸压在一堆破布里。

"在我遭受了至少上百次打击之后，"她后来回忆说，"我从木板上掉下来。他们把我再次拉回到上面，并凶狠地打我的脸部，打得我陷进了一个坑里。"他们逼着她唱《德意志之歌》（*Deutschlandlied*），歌词中有一句"德意志高于一切"（Deutschland über alles）。这是自 1922 年以来的正式的德国国歌，但作为德意志民族主义颂歌的时间还要长很多。

冲锋队迫使扬可夫斯基签认一份声明，说她将退出社会民主党，永远不再参政，并且每星期四向纳粹的办公室报到。然后——她后来说——突然间"我的待遇发生了变化"。她得到了一杯水和自己的衣服，褐衫队队长命令一名队员"陪送这位女士出去"，并且有礼貌地祝她"晚安"。他们把她留在了街上，一位路人把她送进了医院。她勉强幸存下来了，但留下了遭受殴打的终身后遗症。此后不久，她把自己遭逮捕的事实通过国外的新闻渠道散发出去。纳粹党因为她"散布虚假的残暴故事"而对她进行迫害。

这就是纳粹党所宣称的"民族兴起"。1932 年 8 月的时候，

186

人们还是对残暴的波滕帕谋杀事件义愤填膺。现在，在 1933 年春天，冲锋队几乎肆无忌惮。

正如莉娜·哈格所写的那样："最好是别去看。在这个日益美好和幸福的德国，最好是别看到那么多。"

够快的了。希特勒当总理和赫尔曼负责普鲁士警察的用意开始明显起来。从 2 月初开始，紧锣密鼓的司法和治安措施加到了任何可能的纳粹反对者身上：共产党人、社会民主党人、自由主义者、和平主义者，包括知识分子和记者、艺术家、人权活动家——以及他们的出版机构。2 月 4 日，兴登堡签发命令，授予警察机关更大的权力，允许他们冲击政治集会、查封协会和关停媒体出版机构。社会民主党和共产党的报纸立即开始受到影响。2 月 14 日，柏林的一支警察小分队搜查了共产党在国民议会的办公室，十天后，警方关闭了共产党的柏林总部。2 月 17 日，戈林下令所有的警官都可以使用武器对待"国家的敌人"。2 月 22 日，又一道命令准许"爱国协会"——指的是冲锋队、党卫队和"钢盔"——的成员作为辅助警官。

然而，2 月 27 日的国会火灾彻底改变了形势。

火灾最重要的意义在于纳粹党做出的反应。希特勒政府声称，大选前六天发生在德国议会大厦会议厅的火灾是恐怖分子的纵火行为，是共产党造反的公开行动。第二天上午，内阁抓住这一紧急事态的机会，通过并由兴登堡签署了一条行政命令，其正式名称是《保护人民和国家的总统法令》，非正式名称是《国会纵火法令》。该法令把魏玛共和国的民主宪法连根拔除，一举取消了言论和集会自由、邮件和电报的隐私权，并可任意搜查、逮捕和拘押。法令的第二段允许中央政府废黜任何州政府——就像前一年的巴本政变，可以有效地消灭反对者。即使在国会大厦起火焚烧的时候，政府也在镇压反对派，在全国范围内逮捕了成千上万人。《国会纵火法令》成了希特勒十二年独裁期间的法律基础。有些学者称之为希特勒帝国的宪法。

由于国会火灾让希特勒的政权得手应心，那个时候的大多数非纳粹人士，以及后来的许多人似乎都认为，肯定是纳粹党自己纵火的。但自1933年以来，关于火源的问题依然是有争议的，历史学家还在为此争论不休。

主要的分歧是在犯罪现场被捕的一个人。那人名叫马利努斯·范德卢贝，是一个22岁的荷兰流动建筑工人。范德卢贝似乎是在晚上9点10分左右破窗进入国会大厦的二楼，手里拿着火柴和点火器（涂萘的锯屑球，那个时候常常用来点燃家里的炉灶）。在大约十五分钟时间里，范德卢贝在黑乎乎的、基本上是空荡荡的国会大厦内跑来跑去，由于他的设备不能对笨重的橡木家具和护壁板造成较大的损害，他就在几个部位点火。大多数火苗很快蔓延。9点25分，警察在大楼内部找到并逮捕了他。当时他光着膀子，浑身冒汗。

范德卢贝坚定地声称，是他一个人在国会大厦内放的火，包括正在熊熊燃烧的会议大厅。几个月来，在不断的刑讯逼供中，直到审判和在1934年初被纳粹党处决，他一直坚持这样的说法。当时人们很少相信他的口供。虽然大多数老练的国外媒体强烈批评纳粹党，认为是一小队纳粹党人放的火，但精于算计的纳粹党人开始明白范德卢贝这个故事的优点——如果只有一个罪犯，那么这个罪犯就是范德卢贝，与纳粹党没有干系。事情是够方便的，范德卢贝曾经是荷兰共产党党员。

188

　　然而，从现在得到的证据来看，范德卢贝几乎不可能独自一人放火。研究大厦起火遭受破坏的科学家开展了一系列独立调查之后，提出了这个观点。这个科学证据得到了其他方面的支持。范德卢贝本人几乎不可能是罪犯：由于之前工伤的结果，他差不多已经丧失了80%的视力，在起火的时候，国会大厦内部几乎是漆黑一片；此前范德卢贝从来没有进入过大厦，甚至根本不知道会议大厅在哪个位置——他把它说成"教堂"。警方和检验专家在国会大厦找到的证据，与范德卢贝单独作案的情况不符：通风管内的烟尘很可能只是煤油或汽油燃烧产生的，还有一个火炬的残体。范德卢贝和其他人都声称，他没有任何助燃剂或火炬。一些警察和消防队员认为，他们在大楼内发现了煤油或汽油的痕迹，虽然这个证据不是很明显。更重要的是，关于他怎么可能在会议大厅内大面积放火，范德卢贝本人不能给出一致的或令人信服的说法——他认为，当他拿着一片燃烧的布块在会议厅内跑来跑去的时候，是自发爆炸起火的。他做证说，他确实看到了不可能是他放的火焰，在会议厅内迅速蔓延。

　　如果范德卢贝不是一个人行动，那么几乎可以肯定，他是别人阴谋中的替罪羊。那是谁的阴谋？他的同谋的身份是我们也许永远无法确切回答的问题。但在1933年2月份的情况下，很难想象除了纳粹，任何人能够组织一帮罪犯进出国会大厦，而不留下警察能够发现——或者至少是想发现——的痕迹。除了这个常识性的争论之外，还有一些特别的证据怀疑是纳粹冲锋队的一个特别小组。战后在纽伦堡审判期间，两名在1933年时担任纳粹秘密警察的官员鲁道夫·迪尔斯和汉斯·贝恩德·吉斯维乌斯（Hans Bernd Gisevius），指认一个叫汉斯·乔治·格威尔（Hans Georg Gewehr）的前冲锋队员是纵火的主犯。格威尔否认了这个指控，但在1933年，他是冲锋队有名的放火专家。他变来变去地讲述起火的那天晚上他在哪里，都是些花言巧语的故事，而且据说后来至少有一次，他曾吹嘘自己参与过那件事。

国会大厦是被谁放火的问题，不单单是一个有趣的历史游戏。这对纳粹党有两个更大的意义。一是为取得和巩固政权，他们对冲锋队及其暴力活动的依赖程度。国会大厦火灾正好吻合20世纪20年代后期发生的一连串事件，也就是冲锋队的暴力活动的模式，包括之后把责任推给共产党人，接着是更多的暴力活动。1932年1月对费尔森内克聚居地的袭击，仅仅是许多事件中的一例。国会纵火案很可能是另一例。不管是不是冲锋队放的火，在火灾的几天和几周之后，冲锋队的暴力就没有限制了。这样的暴力及其产生的恐惧，是制止反对派和巩固新政府的一个重要因素，而且是纳粹党早在取得政权之前就已经考虑到的。1932年8月，在希特勒与兴登堡会谈之后，布吕宁的前国务秘书赫尔曼·平德尔（Hermann Pünder）从巴本的国务秘书欧文·普朗克那里听到，如果希特勒当上总理，纳粹党就计划在国民议会布置冲锋队，赶走"马克思主义者"。"而且，"他写道，"根据赫尔道夫伯爵（柏林冲锋队长）的说法，冲锋队要'开展'几天行动，名单上所列的大概5,000名马克思主义者届时会'变得老老实实'。"平德尔不知道这信息是不是正确。"对纳粹党的所作所为我当然不会感到惊奇。"他写道。他所描写的正是国会纵火案之后发生的事情。

第二点是关于纳粹党为取得政权和巩固政权在战略上的仔细程度。历史学家伊蕾妮·施特伦格（Irene Strenge）把这个描述为他们"取得政权的合法道路"。我们已经看到，纳粹党必须攻克兴登堡拒绝希特勒出任总理的境况。为此，最有效的武器是兴登堡违法或被起诉的恐吓——而且奏效了。然后，必须剥夺政治左翼和其他铁杆反

190

对派的一切权力，并使他们发不出反对的声音。国会的纵火案、警察的纳粹化和冲锋队的布置，都是为了这个目的。至少从 1931 年开始，纳粹党就一直在考虑使用冲锋队来巩固政权。在纳粹政权的最初几个星期里，他们得到了一系列行政命令的支持，采取关停自由派和左翼媒体出版机构的手段和允许警察冲击政治会议和集会的做法，使得政治反对派无能为力。这些行政命令，以及《国会纵火法令》，基本上都是由威廉·弗利克起草的，仔细地考虑了魏玛的先例。最后还有《授权法》的通过，据此，议会要把所有的立法权都委托给希特勒的政府。这也是纳粹长久计划中的一个目标。戈培尔在 1932 年 8 月的日记中提到了此事，希特勒反复说这是自己与兴登堡谈判时的其中一个要求。

　　纳粹党的夺权计划，虽然肯定是简单的、现成的，但并不是一直都很顺利。有时候，纳粹党人没有能力执行他们的计划。有时候，191　计划的战略目标被其运动核心的野蛮所排挤掉了。然而，他们对权力的追求是孜孜不倦的，他们对如何取得权力有许多想法。

　　1931 年 11 月，黑森州的一个纳粹政治家把一些文件泄露给了法兰克福警方。这些文件包括了针对想象中的共产党政变，纳粹要采取的反政变措施的一个声明草稿。这些计划证明了 1918 年德国革命对纳粹党造成的影响，而现在，纳粹党把德国革命作为未来的样板——区别在于，这次是右翼要对左翼发起反击。"德国的掌权者和联邦各州在最近几天（几周）的事件中瘫痪了"，文件里这么说，其意思是"正如在 1918 年 11 月"，一个新的法律秩序建立起来了。那就是按照方案现在已经掌权的冲锋队或其他准军事组织的建立；这给了他们的领导层"接管和行使被废黜的国家权力，以及拯救人民的权利和责任"。紧迫的任务是加强公共安全和食物供应管控。"只有对全体人口实施最严厉的纪律，并且武力镇压，才有可能完成这项任务。为此，冲锋队或其他准军事组织的命令，都要坚决服从，违者处死。"要成立军事法院来审判违规的行为。年满16周岁的所有德国人都要参加强制劳动，不然就无权获得食物供应。明示犹太人不具有参加劳动和分配粮食的权利。

这些被泄露文件的作者是黑森州一位年轻的纳粹律师和活动家，名叫维尔纳·贝斯特（Werner Best）。以后他将成为盖世太保高级官员，以及臭名昭著的党卫军高官莱茵哈德·海德里希（Reinhard Heydrich）的副手。这些文件后来以"鲍克斯海姆文件"（Boxheim Documents）闻名，是以贝斯特把文件呈交给几位黑森州纳粹领导人的那个农场命名的。由于这些文件明显与希特勒假惺惺谈论过的"合法性"不符，纳粹党的领导人对此感觉尴尬。戈培尔的报纸《攻击日报》声称，它们纯属贝斯特"假想的打败共产党血腥夺权"的个人计划。然而，在强调纳粹党总是想把共产党人说成侵略者、把自己说成保卫者的同时，戈培尔的报纸也报道说，贝斯特是对"一个完全按照莫斯科指令起草的要在德国暴力夺权计划"做出的反应。

有许多证据表明，"鲍克斯海姆文件"并不仅仅是贝斯特心血来潮写的。1931年9月初，贝斯特就向纳粹党全国委员会领导报告了他的这个计划。此后不久，戈培尔在日记中记录了与希特勒之间关于"冲锋队问题"的一次谈话。戈培尔写道："在德国共产党罢工的时候，怎么办？具体的行动计划。我会成为整个东部地区的警察专员……（冲锋队长沃尔夫·海因里希·冯·）赫尔道夫伯爵是我的军事指挥官。我们会很好地合作。"这当然与贝斯特的方案非常相似。在六个月后的1932年春天，柏林警方发现了冲锋队在发生"紧急"事件时的动员计划。预计的紧急事件是民主派或左翼力量发动的政变或反政变。在希特勒掌权前一天晚上的1933年1月29日，听说有军事政变谣传的时候，戈培尔在日记中写道，赫尔道夫与柏

192

林警官瓦尔特·韦克（Walther Wecke）一起制订对策。2月1日，戈培尔记录说，他已经"与希特勒讨论了关于红色恐怖的事情。现在还没有实施对策。先让它爆发"。"先让它爆发"是纳粹战略原则的一个简明总结。

在希特勒当政的最初几个星期里，这样的"爆发"似乎就是纳粹党正在准备的。新任秘密警察头子鲁道夫·迪尔斯写道，纳粹领导人正在企盼共产党造反，"像老虎在等待猎物的出现，然后把它撕成碎片。"迪尔斯回忆起，他的上司、普鲁士内政部长赫尔曼·戈林相信，如果纳粹党宣布共产党非法，那么共产党是肯定会"出巢"的。

然而共产党没有起来造反。德国共产党受到了两方面的牵制，一是苏联领导人约瑟夫·斯大林拒绝同意他们开展暴动；二是根据意识形态，他们认为希特勒的上台意味着资本主义很快就要崩溃，而共产党很快就会不战而胜。有一些证据表明，纳粹领导人自己也知道德国共产主义运动的微弱地位。在2月初的一次内阁会议上，希特勒不确定，在大选期间通过禁止共产党活动，从而最大限度地减弱共产主义威胁，是不是"在心理上可行"。

最后，国会纵火案给了纳粹党想要的和策划的：出现一次共产党的政变尝试，借此，他们可以部署冲锋队。

因此，纳粹党的战略是依赖一种模式，即给共产党披上挑衅的外衣，使之成为他们自己暴力行为的替罪羊。这需要精准的计谋和对媒体的操纵——这是戈培尔的拿手好戏。

在1933年11月，马利努斯·范德卢贝的庭审期间，戈培尔出庭做证，他叙述了共产党的暴力和纳粹做出的反应，并提供了一个很好的标准例子。他的故事是以1930年一个名叫霍斯特·韦塞尔（Horst Wessel）的冲锋队员遭谋杀开始的，韦塞尔是纳粹的积极分子，善于从共产党员中招募工人。实际上，韦塞尔被杀是由他与女房东之间的房租纠纷引起的。戈培尔继续叙说1932年初纳粹袭击费尔森内克聚居地的案子，他声称这是共产党预谋的一次伏击，实际上这是大约150名冲锋队员开展的一次军事形式的行动，他们袭击聚居地，目的是杀死共产党人弗里茨·克勒姆克。在戈培尔的叙述顺序中，最后的事件是国会纵火案。

不管戈培尔对国会纵火案的了解和参与程度如何，基本可以肯定的是，他指责共产党作案的宣传是精心准备的欺诈。戈培尔在日记中没有一句话说明范德卢贝是代表共产党采取的行动。警方收集到的证据——相对于警方自己所捏造的证据——中，也不支持这样的怀疑。由于纳粹德国没有搞过民意调查，我们不可能确切地知道，是不是有许多德国人接受这个故事的纳粹党版本，但所有能够得到的证据都显示出，纳粹党的支持者是相信的，而反对者是不信的。布伦瑞克的一位妇女在3月初写信给她在荷兰的女儿，她在信中赞许地说，社会民主党的一位编辑被逮捕了，因为他告诉国外媒体，也许是纳粹党在国会大厦纵火的。"这种关于民族社会主义者（纳粹）的假新闻，国外媒体一直在广泛报道，"她继续说，"人们已经不再惊奇了。"她还补充说，外国人是不可能理解"德国人民对希特勒有多么爱戴、拥护和尊敬"。许多年后回忆的时候，海因里希·布吕宁认为，"国会纵火案及其据说的罪犯新闻的影响之大，致使广大民众再也不会对政府的暴力行动感到不安了"。人民"似乎已经麻木了"。

194

戈培尔仔细考虑过如何说服人民，但与希特勒或鲁登道夫不同，他对其他形式的政治宣传没有多大的兴趣。他的模式是商业广告，他还知道主流的观点，即广告的目的应该是影响消费者，并伴之以简单的、部分潜意识的信息，再进行无休止的重复。朗朗上口和容易记住的标语口号是必要的。戈培尔学得很快：他对希特勒形象的管理和销售符合或超越了当时最好、最精美的商业广告。德国的广告专家颇感气馁（想到业务的损失），但同时也对希特勒任命戈培尔为新组建的"公共启蒙与宣传部"部长感到欢欣鼓舞——这是政府以他们从未想过的规模致力于广告的发展，是对他们工作的高度认可。他们自豪地声称，戈培尔是他们的其中一员。

纳粹党那些有着愤世腔调的虚假宣传，引发了大规模的非理性狂热，吸引了大批的追随者，激发了一场蔑视理性启蒙标准的革命。对20世纪20年代和30年代的大多数人来说，似乎这种反对理性的革命，是民主缓慢衰老的开始。

19世纪最后的三十年见证了两个重要且相关的发展。一是欧洲大多数国家出现了大范围的公民选举政治。1871年，欧洲只有两个大国的成年男子有权参加全国性大选的投票：德国和法国。即使是相对民主的英国，投票也只是与税单相连，把许多劳动人民排除在外。然而到1914年的时候，经过一轮又一轮的改革，许多欧洲国家已经接近实施"男性公民选举权"，女性的选举权显然也已经在酝酿之中了。

第二个发展是文明的欧洲人认为，属于遥远的中世纪时代的仇恨、偏见和迷信已经重新出现了。许多欧洲人认为，第二个发展是与第一个有关的。在19世纪末与20世纪初始，"杀生祭神"（ritual of murder）的主张在中欧和东欧流行。这就是关于犹太人谋杀基督徒的孩子，用他们的鲜血来烘烤逾越节薄饼的观念。即使是在文明发达的法国，1894年发生的阿尔弗雷德·德雷福斯上尉（Captain Alfred Dreyfus）的所谓叛国罪冤案，以及此后的丑闻事件，揭示了一种新的、尖酸恶毒的反犹主义。埃里克·泽洛（Erich Sello）是柏林最著名的预审律师和文雅的图书和期刊作家，他在 1903 年绝望地写道：
"道德和知识的野蛮由来已久，而其外饰面，也即文化……薄得令
人绝望。"国民中"自以为有教养的"阶级，再也"不能忍受广泛的
邪恶迫害。在我们看来，这样的迫害只是过去的一种凶险传说，在
我们这个启蒙和宽容的黄金时代，它的归来已经是不容置疑了"。

　　欧洲的思想家开始关注这种非理性的兴起，尤其是它对政治的
影响。法国社会学家古斯塔夫·勒庞因为创立了"大众行为"的理
论而闻名，还有德国哲学家弗里德里希·尼采对传统道德的深刻剖
析，以及奥地利心理学家西格蒙德·弗洛伊德提出的关于非理性性
冲动根植于人类动机之中的主张。突然间到处都出现了对非理性的
着迷，甚至在曾经被认为是公正逻辑之典范的法律和纪律之中。

　　"一战"的经历扩大了非理性的范围。关于战争的一切，都没
有多大的意义。缓慢地走向机关枪的火力范围，有什么意思呢？没
有一个国家的伤亡人数达到了这样的比例。而在所有的国家，人们
都被灌输了强调深仇大恨和欣喜若狂的四年宣传教育。

196

　　希特勒把这一切都归纳起来了——精心编造的谎言、对公共非
理性的关注，以及陶醉于这种非理性之中的渴望。纳粹党强调的作
为历史关键的种族，以及作为所有问题答案的种族思考，都是从战
前的非理性和战时的暴力中发展起来的。纳粹的种族思考，是有意
识的反智主义；"考虑到血统"是其口令。在欧洲的其他地方，这样
的种族论开始遭受抨击。在 20 世纪 30 年代的法国，"种族主义"
的概念是一种消极的论调。英国对德国实施的种族主义的反对依然
非常强烈。这些批评往往有其自身的模棱两可。支持优生学的英
国生物学家朱利安·赫胥黎（Julian Huxley）认为，纳粹党正在损害事
业。但他对于纳粹党种族主义教条的羞辱，恐怕再尖刻不过了。他
写道，"我们的德国邻居"，喜欢把他们自己想象为"长相俊美、头

颅较长、个子高大和刚健强壮"。赫胥黎"根据这个观点中最显眼的典型形象"给出了一张合成图："让他具有像希特勒那样的金发、像阿尔弗雷德·罗森堡（长着一张圆脸）那样的长头（头颅硕长、狭窄）、像戈培尔（5 英尺 5 英寸）那样的身高、像戈林（出了名的胖子）那样苗条……这与德国目标的匹配度有多大？"

　　拒绝理性常常是与拒绝自由的资本主义西方相连的，这是纳粹运动的中心，总体上也是魏玛极右翼运动的中心。第一次世界大战期间，小说家托马斯·曼美化德国的"文化"，把它与他所诋毁的英国和法国的自由资本主义"文明"做了比较。他后来改变了主意，但其他人则没有。民族主义的保守作家埃德加·尤里乌斯·荣轻蔑地写道，《凡尔赛和约》与国际联盟是"1789 年胜利的象征"——换句话说，是法国大革命的民主和自由价值。魏玛共和国类似于"通过启蒙运动进入欧洲中间的一个迟来者"。荣说，德国人应该用"传统、鲜血和历史精神"来反对启蒙运动。

　　现代观察家敏锐地注意到了纳粹党在诉求非理性中是如何获利的。其中一位聪明的观察家是年轻的彼得·德鲁克（Peter Drucker），他后来在美国成为著名的工商管理专家。20 世纪 30 年代，他是一名记者，并在德国学习法律。德鲁克出生在维也纳的一个犹太家庭，与奥地利的知识精英关系密切。著名经济学家约瑟夫·熊彼特（Joseph Schumpeter）、弗里德里希·哈耶克（Friedrich Hayek）和路德维希·冯·米塞斯（Ludwig von Mises）都是他的家庭朋友，著名法学家汉斯·凯尔森（Hans Kelsen）则是他的舅舅。

　　德鲁克本能地抓住了历史学家几十年后还在努力研究的纳粹主义的一些元素。他认为，纳粹和法西斯主义的教条是在信仰丧失——不但对资本主义，也对社会主义——的总体气候下发展起来的。因为对社会问题都没有给出积极的回答，纳粹主义只能是反对一切，甚至反对前后矛盾的事情：反自由主义和反保守主义、反宗教和反无神论、反资本主义和反社会主义，尤其是反犹太人。在特别敏锐的观察中，他注意到纳粹主义之所以能够成功，不是因为人民相信其宣传，而是不相信。他指出，纳粹的成功，其"见证人是敌视的新闻媒体、敌视的广播电台、敌视的电影院、敌视的教会和敌视的政府，这些机构一直在不厌其烦地指出纳粹的谎言，纳粹的反复无常、言而无信和纳粹事业的危险性和愚蠢性"。显而易见，他得出结论："如果理性地坚持纳粹的承诺是必要条件，那么谁也不会去参加纳粹党了。"

德鲁克遇到的对纳粹主义的最好的解释，来自纳粹的一个鼓动者。"许多年前，我听到过那人在一次农民集会上的声明：'我们不要低价的面包，我们不要高价的面包，我们不要一成不变的面包价格——我们要的是民族社会主义的面包价格。'"由于他们逻辑混乱的仇恨不能带来令人满意的社会进步，纳粹党唯一的依赖就是这种非理性：纳粹主义只能"通过奇迹完成任务"。高价面包、低价面包和价格不变的面包"全都失败了；唯一的希望寄托在不是这些的某种面包价格上，这是人们以前从来没有见到过的，也是对理性证据的无视"。

其结果往往是，越是贫苦和没有特权的人，越是认为普通人的民主力量是没有用的。当纳粹党在 1930 年取得第一次重大胜利的时候，普鲁士总理奥托·布劳恩认为，失败的不是民主的思想。失败的是"大量的德国人民"，他们与"突然压到他们肩上的责任"是不对等的。1933 年初，资深的社会民主党律师和政治家沃尔夫冈·海涅（Wolfgang Heine）写信给朋友卡尔·泽韦林，"在我看来，似乎工人阶级对这种民主意愿也没有成熟"。泽韦林回答，"用不着说"；他同意这个看法。这样的结果是不用责怪《魏玛宪法》的，他继续说。问题是"未接受过政治教育的人们不知道手中的权力该如何正确地行使"。革命的社会主义者恩斯特·托勒尔（Ernst Toller）在其 1933 年流亡期间完成的悲观的自传中，也表达了同样的感受："人们厌烦了理性，厌烦了思想和思考。他们问道，在最近的几年里，理性干了些什么，见解和知识为我们带来了什么好处。"

目光敏锐的政治记者康拉德·海登也感到内疚，因为他没能把纳粹党对真相的蔑视展示给读者，也没能有效地反击他们的谎言。有一次，他欣赏希特勒对"去（山区度假胜地）减肥的那个犹太人"的花言巧语的描述技能。事实上，虽然他穿着"崭新的黄色皮靴"，背着"漂亮的双肩包，可是说实话里面从来没有装过东西"，这个人肯定去不了山里。他会在火车停站的地方停下来，高兴地把自己局限在旅馆的酒吧内。"这些人肯定不是我们的工人阶级"，希特勒继续说。他拿 1913 年或 1914 年间消瘦、贫苦、疲劳过度和在生死线上挣扎的"德意志人"与之对比。对此进行评论的时候，海登哀叹道："去驳斥是没有意思的；穿着崭新黄色皮靴的肥胖的雅利安人也不乐意离开山区火车站太远，但提及这个也是没有意思的。"海登继续说，这是没有意思的，因为"驳斥会被听到，或许会被相信，但是肯定又会被忘记"。然而，希特勒的"光辉"形象是"不会消退的，一旦听说过，是永远不会忘记的"。

未来的德意志联邦共和国总统特奥多尔·豪斯在 1932 年出版了一本关于纳粹运动的图书，书名是《希特勒的道路》（*Hitlers Weg*）。在书中，他也对纳粹领导人的宣传技巧表示了类似的沮丧的敬意。豪斯注意到，在《我的奋斗》的宣传中，有些段落比书中的其他部分"写得更好、更准确，是一个明白事理的人所表达的"。

从直接且实质性的意义上来说，海登这样的记者，以及德国媒体中那些专注于社会现实理性调查和民主政治或中间政治的报刊，

"大萧条"使其生活艰难。魏玛共和国的自由大报《法兰克福日报》《福斯日报》(*Vossische Zeitung*)和《柏林日报》都是很有名的。然而，这些报纸也伴随着维持它们的中间派民主选区一起失败了。例如，《法兰克福日报》在 1918 年时的平均销售量是每天 11 万份，但到 1932 年时，每天的销售量降低了一半。其他两份报纸的命运也大抵如此。每年几十万马克的损失，显然是维持不下去的。由于工商界尤其是化学工业巨头法本公司的资金注入，《法兰克福日报》得到了"挽救"。

金融注入对该报纸的报道产生了预期的影响。小说家约瑟夫·罗特(Joseph Roth)的日常工作是为报纸写文章。1930 年，他报道了位于梅泽堡的劳伊纳化工厂造成的环境污染。法本公司董事局的一位成员写信给罗特的编辑，抱怨说："你们还没有把那些不安分的人，那些不择手段诋毁大企业的人清理出记者队伍。"《法兰克福日报》也对康拉德·海登进行了处分，他被安排去负责报纸的"插画版"和"妇女版"增刊——按照当时的标准，这对男记者是大幅度的贬降。

事实上，正是在新闻媒体和司法部门(本该是最为重视证据的理性评估的两个区域)，纳粹对真相和理性的蔑视展现得最为清楚。我们已经了解到，即使是在 20 世纪 20 年代的纲领中，纳粹党对待媒体的计划就很详细。一经掌权，纳粹党就开始关闭反对派的报刊。文笔辛辣的左倾思想记者，很可能会被发配到监狱或集中营。遭遇这样命运的文人有和平主义者和《世界舞台》(*The World Stage*)周刊的编辑卡尔·冯·奥西茨基，以及埃贡·艾尔温·基希。基希是著名记者和"妄想自大狂咖啡馆"的常客，擅长报告文学和调查报告的写作。没被送进监狱的记者很快就老老实实听候吩咐，每天按照指导意见该写什么就写什么，该怎么写就怎么写。到 1933 年年中的

200

时候，所有德国报纸的内容大都雷同、千篇一律。外国记者还可以为德国以外的读者说些真相，但他们也受到了威胁和干扰，偶尔也有遭逮捕的。他们的电文常常受阻。美国人埃德加·安塞尔·莫尔（Edgar Ansel Mowrer）是派驻德国的优秀记者，当他受排挤被迫离开德国的时候，盖世太保官员问他什么时候也许还会回来。莫尔做出了鄙视的回应："在我能够带来我的 200 万同胞的时候。"盖世太保官员明白这话的含义，他坚持认为，这样的事情是不可能的。"不是为了元首，"莫尔说，"元首能够带来一切。"

当上总理后不久，希特勒会见纳粹媒体代表，告诉他们说，他期望他们能够教育"全体德国媒体，把为人民服务作为最高原则"。媒体应该是"德国生活和德国精神的真实反映"——他继续说——但这项使命"现在常常被大部分媒体贬低为服从于其他的利益"。他要"用（他的）情感夫"对"那些滥用自由煽动反民族的媒体施加影响"。到 1934 年的时候，戈培尔感到了满意，媒体对一些事件的反应是"正确的"，即使没有被告知该怎么做。一如既往，他在日记中写道："依然有荣誉感的人都要当心，别去当记者。"

类似地，法官、律师和法律也都是希特勒所鄙视的，他的政权长期攻击法律的合理性、预计性和正直性。希特勒政权第一年最著名的案子是国会纵火案，在该案的审理期间，不但马利努斯·范德卢贝，还有三位保加利亚和一位德国共产党积极分子都遭到了叛国

201　重罪的指控。德国最高法院的法官表现了一点点勇气，他们宣判四位共产党人无罪，指控他们的证据要么是不存在的，要么是警方明显拙劣地拼凑起来的。希特勒对这样的判决十分恼火，他下令建立一个新的法院——最高人民法院，专门审判政治犯罪。在整个第三帝国时期，法官要听从直接批评，有时候还会因为做出的判决让元首不高兴而遭到解聘。清晰地规定了权利和义务的整个法律体系，

在希特勒政权时期被颠倒了。纳粹的法学家——包括担任过巴本和施莱谢尔政府法律顾问的臭名昭著的卡尔·施密特——糊里糊涂地解释说，法律就是元首说的话。在原来的宪法和法律的基础上，他们谈论了"元首权力"这个新的法律概念。虽然纳粹党谈及要重新制订德国的主要法律，尤其是刑法和民法，但他们从来没有做到过。事实是，即使是已经沦落为规范的他们自己的法律，也是太多地违背了希特勒的独断专行。

希特勒升为总理之后，纳粹党还是必须赢得他们所谓最后的大选，时间是 1933 年 3 月 5 日。这一次其他反对党面临着更多的困难，已经掀不起什么风浪了。经过又一次以野蛮暴力为标志的竞选，纳粹党获得了 43%的投票支持。他们的伙伴德意志民族党得到了 8%，使得他们的联合政府在议会中仅仅是微弱的多数。然而希特勒本来指望有更多的支持。戈林的新闻秘书马丁·佐默费尔特（Martin Sommerfeldt）声称，大选之夜他听到希特勒告诉戈林："只要老头子还活着，我们就无法摆脱那帮人。""老头子"当然指的是兴登堡，"那帮人"是指巴本、胡根堡和德意志民族党人。

希特勒要国民议会通过《授权法》，把立法权全都交由他的政府行使四年。根据宪法修正案的规定，这样的法律需要议会三分之二的多数通过。希特勒将不得不采取威胁或哄骗其他政党的手段来为他投票。

议会新的会议在所谓的"波茨坦日"（Day of Potsdam）召开了。波茨坦是位于柏林西南郊的一个小城，过去一直是普鲁士国王的所在地，也是保守的普鲁士爱国主义的精神家园。自 1929 年以来，当局的保守势力一直在寻求把希特勒的运动纳入他们的议程之中。"波茨坦日"应该是体现"民族团结"的一次游行。那天的开始议程分别是天主教和新教的仪式。国民议会的会议的开幕式在波茨坦的加里森教堂举行。对保守的普鲁士爱国主义来说，那是一个神圣的场所，那里埋葬着一些名人，包括两位伟大的帝王——腓特烈一世及其儿子腓特烈二世，即"腓特烈大帝"。

民族团结的概念早就与"1914年精神"的传说沾上关系了，而且"波茨坦日"发生的一切都萦绕着1914年的影子。在路德宗的仪式上，当地的教会领导人奥托·迪贝柳斯告诉听众，在1914年8月，"对人民群众的号召是：一个帝国、一个民族、一个上帝"，这是一个至今依然"令人渴望"的号召。他的讲话结尾是"在外国的奴役下，几十万兄弟姐妹还在呻吟。这一直是德国人民为自由而必须再次斗争的命运"。

宗教仪式之后是国民议会的正式开幕，这一天的结束是阅兵游行，参加的不但有波茨坦的卫戍部队，也有警察部队、纳粹党的冲锋队和党卫队，甚至还有他们的"德国少女联盟"（League of German Girls）。希特勒身穿礼服，在讲话的时候，岔开话题开始赞扬兴登堡并号召民族团结。身着陆军元帅制服的兴登堡出现了，他夸张地向参加活动的德皇威廉二世的儿子敬了个礼——表达了支持恢复君主制的姿态。

"波茨坦日"也显示了按照兴登堡和希特勒条件的团结局限性。希特勒避开教堂仪式，去了冲锋队员的墓地。社会民主党人也避开了仪式，这一次，共产党人也不能冒险露脸，他们不是已经被捕，就是已经逃到国外。即使迪贝柳斯也公开声称，"政府机构不能与个人专制混淆起来"，他的祷告词"一个帝国、一个民族、一个上帝"，也与纳粹的口号很不相同，因为他们把最后一个元素改成了"一个领袖"。"波茨坦日"其实勾勒的是一个右翼的民族团结，把三分之一的德国人民排除在外，对此，其他团体明显持有保留意见。

两天后，国民议会开会讨论具体事情了。由于代表通常开会讨论的会议室已被焚毁，他们就在附近的克罗尔歌剧院（Kroll Opera House）开会。希特勒穿着褐色的冲锋队制服参加会议，在场的还有纳粹党的大量执法人员。

会议开始前，社会民主党代表不得不决定是否冒险参加。有谣传说，纳粹党打算对他们采取暴力行动，"我们的议会党团代表如果有一半能够活着回来，就很幸运了"，来自巴伐利亚州的社会民主党代表威廉·霍格纳回忆说。当社会民主党勇敢地决定出席会议之后，他们发现"克罗尔歌剧院前面宽敞的广场上是一片黑压压的人群"，霍格纳继续说。迎接社会民主党和中央党代表的是"狂热的齐声高呼：'我们要《授权法》!'胸前挂着万字饰的年轻人鄙视我们，挡住我们的去路，从两边夹击我们，还冲着我们说'中央猪猡''马克思猪猡'。克罗尔歌剧院到处都是冲锋队和党卫队的武装人员"。代表们进入室内后，他们听说卡尔·泽韦林已经被捕了，他们还听说玛丽亚·扬可夫斯基也被捕了，并且遭到了殴打。"当我们社会民主党人在最左侧自己的席位就座后，冲锋队和党卫队人员在出口处站了一排，并且在我们身后的墙边站成了一个半圆形。他们的脸上没有一丝善意。"

如果说在波茨坦的上空弥漫着"1914年的精神"和团结的神话，那么与之对应，在克罗尔歌剧院的座席上则是分裂的神话和"背后捅刀"的神话。希特勒用长篇大论的发言宣告了大会辩论的开始。他用洪亮的声音说，"1918年11月那些人所做出的"一切承诺，结果成为"如果不是故意的欺骗行为，那么就是恶意的幻想"。正是多元化和差异化，"即个人完全相反地去理解国家、社会、宗教、道德、家庭和经济的概念"，摧毁了"任何可能的共同生活"。唯一的选择是"创建一个真正的'人民共同体'"，并提升到所有阶级和

204 社会阶层的利益冲突之上。因此，他的政府要在今天就一个问题做出一个"明确的决定"，即通过《授权法》。希特勒正在向"国民议会的各政党提供一个和平发展的机会，由此可以实现未来的理解"。然而，如果遭到拒绝，他的政府是不会感到迷惑或震惊的。他阴沉地总结说："好了，先生们，现在请你们在和平与战争之间做出选择！"

希特勒只是在这一天参加了议会的实际辩论。社会民主党领导人奥托·韦尔斯（Otto Wels）站起来发言，他反对希特勒的论调。在当天的情况下，在冲锋队和党卫队威胁社会民主党代表的情况下，在许多左翼成员已经入狱，遭到殴打、刑讯，甚至是谋杀的情况下，韦尔斯的讲话不仅精彩动人，更让人感受到了勇气。"反对者显然是想损毁我们的荣誉"，他说，但是这样做只能是"有一天反弹到"纳粹党的头上，"因为在全球的悲剧中，并不是我们的荣誉遭到摧毁"。"他们可以从我们身上剥夺自由和生命，"他继续说，"但不会是荣誉。"在纳粹打手的讥笑声、辱骂声和威胁声中，韦尔斯直视希特勒，总结说："《授权法》也不会授权你们去摧毁永恒的、不可磨灭的思想……我们致敬那些受到迫害的绝望的人。我们致敬我们在德国的朋友们。他们的坚定和忠诚是值得赞颂的。他们的勇气和不可动摇的信仰是走向更加光明未来的保证。"

社会民主党人之前已经把韦尔斯的发言稿交了媒体，希特勒也拿到了一份。他现在回到了讲台前。最能让希特勒光火的是向他发出的实质性挑战。而韦尔斯向他挑战了。

"你来晚了，但你还是来了"，希特勒开始说话，讥讽地引用了从施特雷泽曼到兴登堡的魏玛政治家都很喜欢的席勒歌剧《华伦斯坦》里的一句台词。社会民主党人可以反对德国战争犯罪的"谎言"，他们可以反对战争赔款，他们可以领导起义来反对《凡尔赛和约》。

但他们都没做。如果韦尔斯谈论迫害，那么"我认为因为你们的迫
害，我们这里在场的人很少没有坐过牢的"。社会民主党代表大声
表示抗议，这时候主持会议的戈林告诉他们："别说话，听发言。"
希特勒抱怨他所声称的社会民主党的媒体谎言，他越来越愤怒、越
来越激动了。最后，他告诉社会民主党人，他不要他们投票赞成他
的《授权法》。"德国会得到解放，但不是由你们来解放！"在"雷鸣
般的'万岁！'欢呼声中"，他坐了下来。

后来那天在举行投票的时候，除了社会民主党，其他所有政党
都赞成希特勒的法律。在长达十四年来一直是共和国基石的中央党，
以及两个老派自由政党——施特雷泽曼的德意志人民党和前德意志
民主党，在纳粹的恐吓下都放弃了他们的原则。

海因里希·布吕宁在战后声称，他和德国国民议会的几位成员
已经尽到最后的努力，试图阻止最糟糕的《授权法》。他们的设想
是搞一个法律附件，由此来规定六个月的期限，并恢复被《国会纵
火令》剥夺的公民自由。在"波茨坦日"，也就是加里森教堂仪式的
前一天，德意志民族党的党团领袖恩斯特·奥伯福伦与布吕宁说起
了这事，第二天，奥伯福伦的朋友奥托·施密特-汉诺威邀请布吕
宁晚上去见阿尔弗雷德·胡根堡。"胡根堡表现得特别敏感"，多年
后布吕宁回忆说，他们商定了附件的条款。

但德意志民族党的核心小组闹起了内讧，领头的是极右翼的
成员，他们想支持纳粹党。布吕宁不知道这个情况，直至第二次诵
读《授权法》的时候才获悉。"在每一排座位后面，都站着党卫队队
员，"布吕宁回忆说，"因此，施密特-汉诺威只能附带着在我耳边
轻声说两句。"施密特-汉诺威告诉布吕宁，头天晚上的会谈已经被
泄露了，他自己也受到了追查，不会有附件了。

《授权法》真正重要的，不是国民议会授权希特勒政府在四年

时间里可以制订法律，而是在得到这个授权之后，希特勒还可以撇开兴登堡独立行使职权。保守人士指望能够限制希特勒的一个重要保证，一下子就没了。在接下来的四个月时间里，保证自由的大多数法律规则，也将在纳粹巩固权力的过程中快速地被扫除掉。

206

纳粹党称为"一体化"（Gleichschaltung）或协同的这个词语是从电子学借用的，意思是所有的开关都在同一个电路上。在民众热情支持政府的高潮时期，纳粹对联邦体系发起了攻击，他们快速"协同"了各个州政府的调子，使之不会出现可能的反对声音，比如长期唱反调的巴伐利亚州。每一种职业组织都被接管和纳粹化了。在约瑟夫·戈培尔领导新设置的公共启蒙和宣传部的监管之下，广播电台和报刊都应该被"一体化"。

《职业公务机构恢复法》在4月份颁发执行了。该法律规定，任何公务员，如果其政治记录不"足以保证"其"在任何时候都能够全心全意地站出来捍卫民族和国家利益"，或者"不是雅利安人"，则政府可以把其从公务员队伍中开除。这个法律撒下了一张特别的大网，在德国，诸如大学教授和私人律师那样的团体，都在此范围之内。

各政党一个接一个遭到了打击，要么被宣布为非法组织，要么夹紧尾巴老老实实听从指挥，甚至德意志民族党也受到了打压。7月份，希特勒政府颁布条令宣布纳粹党是德国唯一的政党。

在通过《授权法》后过了一个星期，希特勒政府首先对犹太人社区动手了，宣布抵制犹太人的商品和服务。4月1日，冲锋队布置到了他们能够辨认的犹太人商店和公司前面，并警告德意志人，"为自卫起见，别从犹太人那里买东西"。然而，抵制活动虎头蛇尾，最后彻底砸锅了。许多德国人藐视冲锋队，照直踏进了他们常去购物的商店。老百姓不尊重抵制的行为使得政府很狼狈，于是戈培尔取消了这项行动。这表明，越是不为公众视野所见的歧视，比如《公务机构法》，越有效果。

在 3 月份的时候，纳粹党就大张旗鼓地宣布建立了他们的第一个集中营，这个词语是从"英布战争"（Anglo-Boer War）和俄国内战（Russian Civil War）借过来的。这个集中营位于慕尼黑附近的达豪。其他集中营也很快跟着建起来了，一个在柏林北郊的奥拉宁堡，是由一座啤酒厂改建的；其他的是在松嫩堡和勃兰登堡的前监狱，或者是经改造的要塞，诸如奥贝勒库贝格。第一批受害人大都是纳粹党的政治反对者：自由党人、左翼或和平主义的政治家、活动家、记者、作家和律师。其中有像汉斯·利滕、埃贡·欧文·基希、卡尔·冯·奥西茨基、马克斯·福斯特和莉娜·哈格那样载入历史的人物。利滕和奥西茨基都会在集中营死去。绝大多数囚犯所遭受的刑讯和殴打是难以形容的。

十二年后的 1945 年 4 月 27 日，当苏联红军包围柏林的时候，希特勒与他的忠心耿耿的宣传部长约瑟夫·戈培尔和一个叫威廉·蒙克（Wilhelm Mohnke）的党卫军少将聊起了过去的时光。大都市柏林已经几乎成了废墟，德国的大部分领土已经被外国军队占领了，几百万德国人已经在希特勒的战争中死去。蒙克——看上去不带讥讽地——评论说："我们没有实现 1933 年的预想，元首！"希特勒似乎表示同意，对此，他给出了一个令人惊讶的理由：他当总理早了一年半时间。旧的体系还没有得到足够的否定，他说。在他当总理的时候，兴登堡还活着，他不得不与保守势力打交道。希特勒抱怨自己"不得不从一个妥协转到另一个妥协"。他被迫任命许多不靠谱的官员，所以经常发生信息泄露的事情。希特勒还说，他计划公开"严厉批判"像汉默斯坦、施莱谢尔那样的人，还有"这些害

人虫周围的整个集团"。但在当了十八个月的总理之后，他变得温
和了，而且不管怎么说，德国经济和政治时运的飞速发展已经上路
了。"人们往往事后才表示遗憾，"希特勒说，"遗憾自己过于和善。"

希特勒对自己早期总理生涯（或者说，他的和善）的评估，并
不是完全错误的。在担任总理的最初一年半时间里，原先的保守势
力是他最大的担忧。只有他们才有足够的实权（政治、经济和军事）
把他推上总理的职位，而且也只有他们才能把他赶下台。

这个，他们是知道的。希特勒也是知道的。

第八章
长刀之夜

对弗里茨·君特·冯·切尔希奇来说，即将发生的事情的第一个苗头，是凌晨3点30分的一个来电。一个男子的声音说，他是从"钢盔"集团打来的电话。他想知道，切尔希奇和巴本副总理是不是在家。切尔希奇问他是不是疯了。接着又来了两个电话。现在切尔希奇警觉了，他打电话给巴本的新闻秘书赫伯特·冯·博泽。两人同意在博西格官（Palais Borsig）的副总理办公室见面，这个房子是为19世纪的铁路大亨艾伯特·博西格建造的。当切尔希奇把接到的电话内容告诉博泽之后，博泽脸色变白了，他说："现在完了。"切尔希奇没有完全明白，但他打电话给巴本并说服他也来副总理办公室。

切尔希奇年轻英俊，一双闪烁着智慧的眼睛里含有一丝嘲讽。他34岁，出生于西里西亚一个著名的贵族家庭。一位叔叔是第一次世界大战前德国驻维也纳的大使，另一位目前是荷兰驻柏林大使。切尔希奇是被选中在副总理巴本办公室工作的聪明能干的年轻人之一。他被任命为巴本的"副官"。实际上，他的工作是担任非正式的政治情报顾问。

209　　从上午 8 点钟开始，他们接到了从赫尔曼·戈林办公室打来的一系列越来越不耐烦的电话。从去年春天开始，戈林已经接替巴本成为普鲁士州总理。巴本会不会来与戈林会面？最后，戈林亲自打来了电话。巴本很恼火，他带上切尔希奇去了戈林的办公室。戈林告诉巴本，冲锋队企图搞政变。希特勒已经去慕尼黑指挥平定那里的形势。戈林负责柏林。巴本抱怨说，自己是副总理，应该由他来负责柏林的工作。必须宣布紧急状态，并且出动军队。戈林不听所有的反对意见。他送巴本出去，并命令切尔希奇把巴本的工作人员安排到巴本的家里，在那里等待局势明朗——这是为他们自己的安全考虑。

　　巴本与戈林会面的时候，切尔希奇在客厅里等候。他看到希特勒精英卫队党卫队头目海因里希·希姆莱从戈林办公室出来去打电话。"现在可以开始了。"希姆莱对着话筒说。

　　这是 1934 年 6 月 30 日。在接下来 24 小时内发生的事件，后来被叫作"长刀之夜"（The Night of the Long Knives）。

　　当巴本和切尔希奇回到博西格官的时候，他们发现那里全是穿黑制服的党卫队队员。一个似乎是便衣警官模样的人告诉切尔希奇，他已经被捕了。接下来发生了一件颇具黑色幽默的事情：当切尔希奇随警官正要离开的时候，另一个穿便衣的人来到了，他也要逮捕切尔希奇。"对不起，"切尔希奇有礼貌地告诉第二位警官，"可我已经被这位先生逮捕了。"这两个显而易见是秘密警察的人发生了激烈的争吵。然而，第一个警官的身后有几名党卫队员，而且配置了自动手枪，他赢得了争论。他把切尔希奇带到了位于阿尔布雷希特王子大街 8 号的盖世太保总部。地下室的牢房关满了人，因此切尔希奇与其他新近进来的人一样，临时被安排坐在走廊的长凳上。在很晚的时候，他才获悉巴本已经被带到了位于莱纳大街他自己的别墅里，并且被软禁起来了。

希特勒自己的卫队——"阿道夫·希特勒党卫队警卫旗队"（Leibstandarte SS Adolf Hitler）控制了博西格宫。队长安东·邓肯（Anton Dunckern）是盖世太保高级官员，也是希姆莱的朋友。党卫队还有一支由便衣警官组成的部门，叫保安处，负责人是柏林保安处处长赫尔曼·贝伦斯（Herman Behrends）。党卫队人员切断了博西格宫与外部联系的所有电话线，并在每个办公室门口布置了武装卫兵。

巴本的工作人员对待这次袭击表现得非常镇静。"我们今天全都被捕了。"赫伯特·冯·博泽用冷静的绞刑架幽默告诉同事们。一名卫兵警告这些人员不要试图抵抗，还说唯一要做的事情是"闭住嘴巴"。当博泽得知袭击的命令来自海因里希·希姆莱本人的时候，他一本正经地说："这不是一个好兆头。"他那强忍的冷静是为了安定他的同事，他完全明白正在发生什么事情。为万一事情"变得过于糟糕"做个准备，博泽把自己的一些物品让同事转交给他家属：他的公文包、印章戒指和几张纸币。

很快来了两个便衣人员——盖世太保的或者是保安处的官员——他们把博泽叫到一间办公室内，并关上了门。过了一会儿，响起了 10 声枪响，然后停顿了一下，接着是第 11 声。当那些人离开房间的时候，巴本的工作人员听到他们其中一人说："好了，完事了。"他们留下了博泽。房间里到处是血污，博泽倒在血泊之中。这时候大概是上午 11 点 40 分。

杀害博泽的凶手是什么人，这点从未被厘清。即使是在战后，德国警方也没能调查清楚。

210

当天午后 12 点半，库尔特·冯·施莱谢尔在柏林西郊新巴贝尔斯堡的家中。两个男子站在他家的前门外，与他的厨师玛丽·金特尔争吵，他们要见前总理。金特尔告诉他们，施莱谢尔去散步了。一个男子向金特尔出示了某种身份卡，但她没看清楚。他还威胁说，如果她说谎，那么后果相当严重。"我去看看。"她说，然后就去找施莱谢尔了。出示过身份卡的那个人立即跟在了她后面。

施莱谢尔正在书房的书桌边，他夫人伊丽莎白坐在旁边，两人在听收音机的广播。那天的晚些时候，金特尔把接下来发生的事情告诉了警察。"出示过身份卡的那位先生"询问坐在书桌边的人是不是冯·施莱谢尔将军。"是的。"施莱谢尔回答。出示过身份卡的那个人立即开火了，不仅仅对着库尔特·冯·施莱谢尔，也对着他夫人伊丽莎白。金特尔尖叫着跑出了房间。后来，医生宣布库尔特·冯·施莱谢尔当场死去，身上有 7 处子弹的伤口。伊丽莎白被送进了医院，但此后不久就不治而死。官方的解释是，

211

施莱谢尔因拒捕而被杀，他妻子在交火时中弹。施莱谢尔应该是在与冲锋队长恩斯特·罗姆和法国大使安德烈·弗朗索瓦–庞塞一起策划阴谋反对希特勒政府。但两个星期之后，希特勒在国民议会发表重要讲话谈到这些事件的时候，他似乎丢掉了施莱谢尔是"因拒捕而被杀"的说法。

希特勒只是简单地说，是他下令枪杀施莱谢尔的。

一年后，玛丽·金特尔莫名其妙地淹死了。她的家属相信，这是一个"消除证人"的案子。

那天下午，切尔希奇惊讶地看到卫兵打开他对面的牢门，让埃德加·尤里乌斯·荣出去上厕所。荣比切尔希奇大不了几岁，已经谢顶，他透过金属边眼镜凝重地看了一眼切尔希奇。虽然从

某种程度上来说，荣不是巴本手下的正式工作人员——他是签约的发言稿写手——但他是集团的中心人物。自 6 月 25 日起，他就被拘押了。切尔希奇确信能够读懂荣的眼色：这位发言稿写手正在思考"如果切尔希奇也来了这里，那就完了"。下一次卫兵把荣带出来的时候，切尔希奇已经做好了准备。他设法跟着荣去了厕所，站在了他旁边。"别担心，"切尔希奇告诉荣，"你看到我们也都在这里。上面发生了革命。我们被保护起来了，但不会有什么事情。"在切尔希奇看来，荣似乎宽慰了。他后来承认说，那个时候，他不想说实话；他是想安慰他的朋友。

这是切尔希奇最后一次看到荣。那天夜里，荣被带走了。第二天，他的尸体被发现躺在了柏林北郊路边的一条沟渠里。

荣的审讯者其实只想知道一件事：他有没有写过发言稿？

埃德加·尤里乌斯·荣不是一个安分的人。在魏玛共和国最初的混乱时期，他是家乡巴伐利亚州普法尔茨一个激进的民族主义活动家。1924 年，他领导一个暗杀小组谋杀了莱茵兰的一个分裂主义者，荣认为那个人是叛徒。后来，荣转移到了"青年保守运动"之中，并在 1927 年出版了一本关于民主的图书，名为《下等人的统治》(*Die Herrschaft Der Minderwertigen*)。他野心勃勃，而且很不讨人喜欢。即使是第一次世界大战期间在空军培训基地，他的指挥官也写道，荣的"行为举止需要经常训导"。性格外向、喜欢社交的切尔希奇说，"与荣交往不是很容易"，还有些人则怀疑，荣与希特勒之间的真正区别，在于希特勒是总理，而荣不是。

与其他年轻的保守主义者一样，荣仇视魏玛共和国、其议会民主及其各个政党。他相信世界历史走了一条弯路——1789 年的法国大革命把自由和平等引进了政治生活之中。荣要的是回归到一种中世纪形式的社会，由行业公会和基督教价值观所构成。他相信这是回归自然和回归上帝。荣追求的是一个知识精英统治的社会，在教育和自然才能的基础上，伟大的人物将由此担任领导。"群众"不需要参与政治。无须说明，荣自认为是这个自然统治集团中的一员。荒谬的是，他那晦涩的中世纪风格，竟然使他在鲁尔工业区的企业家圈子里大受欢迎。老板们喜欢他的精英主义和对民主的敌视。钢铁巨头保罗·罗伊施（Paul Reusch）成了荣的保护人。

但当希特勒上台执政的时候，荣经历了突然的改变。他发现纳粹党与魏玛共和国没什么不同。在荣看来，他们只不过是缺乏教育的群众观点的另一种世俗表达。他厌恶他们的暴力、他们的无法无天、他们的不诚实、他们的反智主义和他们对基督教原则的鄙视。他说他后悔写了一本著名的图书。有一次，他告诉一位社会民主党的记者："现在我要张开双臂欢迎每一位社会民主党人。"鲁道夫·佩歇尔是荣的朋友，也是高雅的保守主义刊物《德国评论》（Deutsche Rundschau）的编辑，荣在 1933 年 2 月写给他信中的一句话是最有特色的："这个家伙上台执政，我们是要承担部分责任的，我们必须搞掉他。"

事实上，大概自 1929 年起，荣的观点就一直以某种相当前瞻性的方式在发展。他成了坚定的联邦主义代言人，坚信联邦制是解决欧洲国家少数民族权益问题的出路。更有意思的是，炽热的民族主义者在 1924 年开始展望一种新型的欧洲联邦模式，为欧洲大陆带来和平和稳定——与法国外交部长阿里斯蒂德·白里安所希望的并无多大的区别，虽然荣似乎已经把欧洲想象为一个联邦之联邦，而不是一个政治同盟。

荣的积极进取的性格没有改变，他的旧观念痕迹也一样。他讨厌纳粹党的部分原因，是他认为作为一个群众运动，他们太自由、太民主了。他认为，基督教应该是德国和欧洲政治的组织原则。他反对纳粹党的暴力反犹行径，但他自己的观点也与启蒙相距甚远——他认为德国犹太人应该对他们自己的受压迫负责。作为得到了钢铁大王资助的人，他在自己的政治写作中总是仔细地宣传他们的利益。然而，荣勇敢、尖刻，在批评纳粹党的时候常常冷嘲热讽、不留面子。1933 年 7 月，他和他的天主教朋友埃德蒙·福施巴赫（Edmund Forschbach）去玛丽亚拉赫本笃会修道院参加天主教学校的一个会议。在那里，他们听到法学家卡尔·施密特赞扬纳粹党的"极权主义"统治方式，以及他们摆脱议会民主和各政党的方法。荣在发言中提议，如果所有的政党都被废除，那为什么没有废除纳粹党呢？如果一个国家现在没有了党派，那么纳粹党也没有作用了。一个纳粹官员悄悄地说："要把这家伙送去达豪（集中营）。"

实际上，荣最后是在弗朗茨·冯·巴本的圈子里终结的。

作为总理，巴本在德国大企业家那里一直很受欢迎，有些大老板担心希特勒的激进主义。其中一位叫尼古劳斯·冯·巴勒斯特雷姆（Nikolaus von Ballestrem）的老板，是弗里茨·君特·冯·切尔希奇家的朋友，也来自西里西亚。巴勒斯特雷姆虽然也很年轻，但他很富裕。他在中央党内是天主教的活动家，而且与巴本一样，也是中央党报纸《日耳曼尼亚》的大股东，他与巴本和布吕宁都是朋友。他决定利用这些优势建立一个抵抗小组，安插在政府内部。

巴勒斯特雷姆建议切尔希奇找一些"心明眼亮的、勇敢的年轻人"，建立一个小组，安插到巴本的办公室去工作，并利用巴本似乎强大的地位，作为反纳粹的抵抗基地。巴本的另一个被保护人威廉·冯·克特勒（Wilhelm von Ketteler）安排切尔希奇去与巴本见面并且仔细探询他的意见。切尔希奇发觉巴本"没有自己的观点，也没有实际的目标"；巴本只是假定，纳粹党最终会放弃暴力，而他巴本和兴登堡则将继续发挥制约作用。给切尔希奇留下深刻印象的则是巴本的"心明眼亮的、勇敢的"妻子玛尔塔（Martha），她把希特勒称作"渡渡鸟"，而且在整个第三帝国时期，甚至在希特勒在场的情况下，都明显地避免致纳粹礼。切尔希奇结束了与巴本的会谈，他得到的感觉只是迷惑和怀疑。

克特勒和切尔希奇没有放弃；他们只是改变了策略。切尔希奇安排巴本在布雷斯劳的一次集会上讲话。集会进行得很好，巴本很高兴。在坐火车返回柏林的路上，切尔希奇告诉巴本关于一年前在巴本政府时期他所干的一些情报工作，并告诉副总理一个主意，即在他目前的办公室里安排一个他能够信任的人干同样的工作。他们同意这个人就是切尔希奇本人。这是新办公室的开始。切尔希奇在1933年3月末担负起这项工作。

随着时间的推移，办公室扩大并改变了。起初，切尔希奇在巴本的办公室外间工作，那时候巴本还是普鲁士州总理。当巴本在1933年4月失去这个职位后，切尔希奇意识到，这也许会使巴本失去独立的办公场所。他认识德国财政部长鲁茨·什未林·冯·克罗西克伯爵，与之商谈后设法搞到了资金，在博西格宫建立了"副总理办公室"。慢慢地，切尔希奇和克特勒招募了其他的骨干人员，大都是年轻的法学院毕业生。

小组的核心人员是荣、博泽、克特勒和切尔希奇。前情报人员和巴本的新闻秘书赫伯特·冯·博泽40岁，是小组里最年长的，顺理成章地成了非正式的组长。在巴本的随从人员中，荣没有固定的职位，因此继续居住在慕尼黑，但他显然是小组里面出点子的领导人，而且在与纳粹党做斗争时他的意志最为坚定。克特勒在新闻办公室与博泽一起工作，切尔希奇的头衔是巴本的"副官"，以此来掩护他的实际工作。

这些人对巴本都没有好评，他们都没让他知道他们究竟在干什么。埃德加·荣是这么描述的："巴本曾是希特勒的看门人，现在他是我的看门人了。"还有一次，荣解释了巴本帮助希特勒掌权的站不住脚的借口，他的用词是"这个笨蛋真的相信了"。博泽把巴本比作了马，轻蔑地说他是一匹"没用的纯种马"，只会戴着眼罩思考。最心平气和的是切尔希奇，他承认在与巴本经历了"许多压抑"之后，很难对他做出客观的评价。他发现巴本(的品质)混杂着一个"年轻的骑士"、一个"老派的外交官和贵族"，和一个"有信仰的天主教徒"。在不是形势所迫或其他人所迫的情况下，他缺乏利用自己地位的能力。巴本是如此深信自己的良好意图，以致不知道"在他的自负的和一知半解的行动中经常造成的损害"。"对我们来说，"切尔希奇说，"他只能起到烟幕的作用。"

虽然巴本没有感觉到他的年轻的工作人员想干什么，但纳粹党和他们的秘密警察不然。他们从一开始就怀疑巴本手下的工作人员，不久，盖世太保就对他们实施了跟踪和电话窃听。1933年4月，纳粹党久经考验的老党员、被戈林任命为普鲁士警察局长的库尔特·达吕格(Kurt Daluege)拿到一份文件，该文件声称是纳粹党在国会大厦纵火。达吕格不知道文件来自何方，但他怀疑这是巴本办公室的产物。一天，纳粹的意识形态专家阿尔弗雷德·罗森堡站在德国总理府的花园里，向希特勒抱怨巴本办公室将信息泄露给媒体。希特勒朝博西格宫的方向做了个手势，说："是的，都是从那里来的。有一天，我要把整个办公室都清理干净。"荣和切尔希奇太不注意掩盖他们的观点了。荣继续高调地为各种报刊撰写文章，开始受到纳粹媒体越来越多的批评。

起初，巴本的工作人员集中力量努力帮助那些在纳粹党掌权初

216　期受到野蛮对待的人。他们的工作有的是解救被冲锋队或盖世太保拘押的囚徒，有的是为可能遭逮捕的弱势群体通风报信，有的是筹措资金和帮助颁发证件使他们能够移民国外。1933 年之前形成的政治和宗教分歧没有影响他们提供帮助的意愿。这些保守人士尽自己的努力去帮助共产党人、社会民主党人、劳工领导人、新教徒、天主教徒和犹太人。一如戈培尔在日记中反复记载的，他们的办公室成了"民主诉苦办公室"。

另一种形式的抵抗，是努力反击"协同"或"一体化"的进程。埃德加·荣千方百计去说服国民议会的几位代表投票反对《授权法》。他明白了现在德国面临的"极权主义"危险，这使他铁心坚决反对。巴本的工作人员成功地对兴登堡施加影响，任命了讨厌纳粹的维尔纳·冯·弗里奇（Werner von Fritsch）为陆军总司令，而不是亲纳粹的瓦尔特·冯·赖歇瑙（Walter von Reichenau）。他们还把德国的情况提供给国外媒体，尤其是英国、法国和美国的媒体。

然而到 1933 年夏天的时候，这个小组开始转向最活跃和最危险的抵抗——努力诋毁希特勒及其政权，最终要全面替代它。战略的第一步是荣的一个机智的想法。希特勒的政党在民主体系内参与竞争从而取得了成功，然后在他发展壮大之后就把这个体系摧毁了。荣的想法是渗入希特勒的体系之中去重复这个做法。副总理手下的工作小组计划利用希特勒要在 11 月 12 日举行的议会"选举"的机会，其间，投票人将得到唯一的一份纳粹批准的候选人名单。荣和共谋者们认为这是保证他们的人员能够打入体系内部的一个机会，这样，在政变到来的那天他们就能够做好准备。荣还认为，一旦这些独立人员进入议会并能够采取行动，希特勒将被迫承认他们是"忠心耿耿的反对派"。

副总理的工作小组做了一份大约有 80 人的候选人名单，交给

了内政部长威廉·弗利克。弗利克从中选了 12 人，报请纳粹党的
批准。荣本人想留在名单内，但弗利克知道不应该选他。荣的朋友　　217
埃德蒙·福施巴赫倒是在内的。

　　荣和其他人也在建立多种多样的潜在抵抗积极分子的网络。
荣联络了格雷戈尔的弟弟、反对纳粹的奥托·施特拉塞尔（Otto
Strasser），还有自由政治家特奥多尔·豪斯。副总理的工作小组联
系上了前总理海因里希·布吕宁、诸如奥托·施密特-汉诺威那样
的德意志民族党人、莱比锡市长卡尔·格德勒（Carl Goerdeler）、像奥
托·布劳恩和卡尔·泽韦林那样的社会民主党领导人、诸如特奥多
尔·杜斯特伯格那样的"钢盔"领导人，以及诸如天主教红衣主教
克莱门斯·冯·加伦（Clemens von Galen）和新教牧师奥托·迪贝柳斯
那样的教会人员。其中的迪贝柳斯曾在"波茨坦日"做过布道，但
此后就转为反对派。奥托·施特拉塞尔回忆起他与荣在 1934 年初
见面的时候，荣告诉他关于"希特勒内阁日益紧张的气氛、军队与
冲锋队之间的分歧、冲锋队与党卫队之间的摩擦……以及人民群
众针对不断恶化恐怖活动的越来越强烈的反对声"。他说，荣"让
我明白，各个有影响力的小组不会一直坐视这些事情而不采取行
动"。通过在体系内部的工作和同时建立广泛的网络，这些人开
发的方法，后来被用在了 1944 年 7 月刺杀希特勒的"瓦尔基里行
动"（Operation Valkyrie）之中。有些人实际上也参加了后来的活动：卡
尔·格德勒将继续是"瓦尔基里"抵抗组织在平民方面的领导人，
而且很可能荣联络了社会民主党人尤里乌斯·莱贝尔（Julius Leber），
因为莱贝尔后来也是"瓦尔基里"的一个中心人物。

　　因为有那么多的主要人物年纪轻轻的突然死去，没有留下死
因，所以通常很难追溯他们的脚步。然而似乎在 1933 年秋天，荣
和博泽联系了施莱谢尔和施莱谢尔的前国防部同事费迪南·冯·布

雷多，把他们招募到抵抗小组之中。有明显的证据表明，1933 年
12 月 4 日荣和施莱谢尔举行过一次会面，地点是在施莱谢尔朋友阿
诺·冯·莫伊希施韦茨（Arno von Moyzischewitz）的别墅里。1934 年 4
月 16 日，施莱谢尔写信给莫伊希施韦茨，谈及他刚刚看过的荣的
一份备忘录："我感觉很有趣，尤其是刚才我与作者谈论了所有的这
些问题。遗憾的是，在巴本时期我不认识这个人。也许会有许多不
同，这是命运！"确实是命运，布雷多很快就会轮到与施莱谢尔同样
的命运。他也在 1934 年 6 月 30 日遭到了谋杀。

到 1934 年初的时候，副总理的工作小组已经从努力缓和希特
勒德国的局势转而寻求把希特勒赶下台。荣考虑了一个暗杀计划。
"必须把他干掉。"荣告诉朋友利奥波德·齐格勒（Leopold Ziegler）。但
齐格勒警告荣，杀人犯没机会成为总理，这就足以说服荣采取温和
的措施。

比较成熟的计划是巴本给兴登堡的一份关于德国局势糟糕的
报告。他要强调来自冲锋队激进主义的威胁，对此，兴登堡最为关
注的军队将会做出反应。兴登堡将行使总统权力宣布戒严令，把希
特勒和戈林召到纽德克，告诉他们军队要解散冲锋队。在兴登堡接
管权力担任军队总司令期间，宪法将会被悬置。在政府中的保守人
士，陆军指挥官弗里奇·冯·伦德施泰特（Fritsch von Rundstedt）和格
尔德·冯·伦德施泰特（Gerd von Rundstedt）的管控下，在巴本、布吕
宁和格德勒的协助下，组成一个"过渡政府"或"临时政府"。希特
勒和戈林只得亲自到场阻止纳粹党的抵抗。在这个计划里，荣还是
赞成立即杀死希特勒，但其他人劝说他别这样干。经过一段时期的
戒严，纳粹的地方官员和警察局长就会变得老老实实，国民议会将
起草一部新宪法。

这些想法和计划，都是在 1934 年最初几个月政治形势严峻的

背景下发展演变的。希特勒开始统治的一年多以来，事情的发展对纳粹党来说不是很顺利。拥护希特勒掌权的真正的和自发的热情已经消退了。德国人已经彻底厌倦了冲锋队的无法无天和野蛮残暴。自由工会被取缔，使工人遭到了挫折。经济形势没有得到足够的改善，难以阻止牢骚怨言和不同意见。戈培尔的新闻检查制度使得出版业和娱乐业失去了活力和源泉。针对各种宗教社区的权益和传统，纳粹党采取的措施是，轻则不予理睬，重则坚决压制。5月份，戈培尔不得不发动一场大规模的宣传运动，严厉抨击"爱发牢骚的人和爱挑刺的人"，因为这样的人实在是太多了。

219

纳粹的领导层还必须担心一些特别的威胁。党的领导层与冲锋队的关系一直很复杂，而且常常是对抗的。1934年初，冲锋队许多人抱怨这个政权正在倒退滑向主流，有些人号召开展"第二次革命"，或者是"民族社会主义"革命，而不仅仅是"民族主义"革命。由于当时的冲锋队人数已经超过300万，他们的不满有可能对现在的政权带来严重的问题。但来自保守右翼的压力更加紧迫。军方高层越来越担心冲锋队，对希特勒施加了越来越大的压力，要求让冲锋队老老实实。

这个时候，德国总统冯·兴登堡已经86岁了，在1934年春天，他一直硬朗的身体开始衰弱。他走了以后怎么办？许多保守人士想借兴登堡去世的机会恢复君主政体，这就至少要不断地监督希特勒的权力，甚至可能把他赶下台去。当然，纳粹党知道在巴本办公室开展的颠覆活动。

在这样紧张和不满的形势下，巴本办公室的人希望对抗能够引发一场革命。他们的计划是要巴本去发表演说，坦率并且严厉地批评这个政权。他们要保证该讲话能够广为散布，在电台广播和在各地的报刊上登载。这会引起赞同巴本的大胆的和深入批评现政权的

浪潮。借助这股东风，巴本就会去找兴登堡，递交报告，让兴登堡
发布戒严令。

埃德加·荣要写这篇演讲稿。作为第一步，荣按照德国和欧洲
的基本原则在 4 月份起草了一份备忘录，并在朋友和同事中间广泛
散发。甚至巴本也同意里面的内容。荣的备忘录是纳粹德国时期第
一个纲领性的反对声明。我们已经知道，纳粹党是从根本上反对融
入欧洲和融入世界的。荣的备忘录主题，完全符合对外开放和加强
与其他国家联系的需求。

220　　　荣开始声称，建立在欧洲产业基础上的"白人统治"世界上其
他人种的日子，现在已经结束了。随着工业化发展和殖民地人民解
放的进程，欧洲不得不重新思考其经济组织。为购买来自海外的原
料，欧洲必须保持出口到其他地区产品的竞争力，但欧洲人不得不
调整输送到各个市场的商品数量。接下去是他们要建立一个共同的
经济区域。荣说，经济空间是自然的单元，但国界常常是人为设置
的：后者不应该限制前者。在 20 世纪，自主经济是乌托邦的梦想。
荣在这里证明了他的高瞻远瞩。第二次世界大战之后，欧洲国家确
实失去或放弃了海外殖民地，为替代失去的殖民地市场，欧洲各国
组成了欧洲经济共同体，也就是今天欧盟的前身。荣还认为，一
个整体的联邦欧洲不会发动"毁灭性的战争"，这里，他也预计到
了 20 世纪 50 年代的思路，以及间接地预见了 20 世纪 40 年代的大
屠杀。

荣主张德国人必须反对"法西斯体系"，这有好几个理由：这
个体系太意大利化了，因此类似于罗马天主教会的影响，会产生
"领袖崇拜式的法西斯风格"的威胁。根据荣的所有前瞻性思考，
他不能完全克服德国新教传统对天主教的怀疑。从长远来看，荣说，
法西斯主义不能满足诸如德国人那样的有教养和喜欢读书思考的人

民。法西斯主义缺少诸如出版自由之类的预防腐败的手段。而且，如果不补充下面的一句话，荣就不会是荣了：法西斯主义"不要政治精英；但没有精英，人民就没有了能量"。

或许最引人注目的是，荣写道，德国需要建立"欧洲正义"并克服民族分歧的外交政策。这意味着反过来，德国需要在文化和知识方面对其他国家的开放。纳粹党做不到这事，因为他们坚持"种族排外主义和民族排外主义"。荣总结说，突破"我们周围敌视眼光的重要先决条件，是放弃我们通过狭隘的意识形态自己设置的知识领域的孤立状态"。

221

备忘录之后，下一步就是演讲。6月17日在马尔堡大学联盟的集会上，巴本要发表主题讲话。他的工作小组认为，这是一个很好的机会。自然地，他们没把自己的计划向巴本透露一个字，但他们做好了安排，确保他不会因为他们要他说的内容而退缩。日耳曼尼亚印刷厂提前印制了1000份讲话稿，巴本的工作小组把稿子分发给了新闻传播媒体。在6月16日晚上的最后时刻，他们把讲话稿的一份摘要提交给了戈培尔的宣传部，这样就不会因为没有官方授权而被取消了。工作人员直到巴本坐火车去马尔堡的路上才让他看演讲稿的文本。与他同行的切尔希奇后来讲述了这个故事。

"在离开一会儿后回到车厢分隔间的时候，"切尔希奇回忆说，"我注意到冯·巴本先生正在发言稿上做记号。"切尔希奇问他在干什么。巴本说他必须做一些修改，因为稿子的某些内容"会让他（巴本）掉脑袋"。切尔希奇告诉他："不能再做改动了，因为已经有几百份原稿发往国内外的新闻媒体了。"经过"激烈的争论"，巴本勉强让步，认为"在符合这些条件的情况下，或许可以按照现在的稿子演讲"。

在马尔堡大学的大礼堂内，来听巴本演讲的有大约600人。许多当地的大人物也来了，还有大学生和教职员工。荣通过收音机收听这次演讲，与他在一起的还有他的朋友、前殖民地官员海因里希·施内（Heinrich Schnee）。荣担心巴本不会按照他写的稿子演讲；他担心有些地方巴本也许会跳过去。然而，"当第一处这样的地方到来的时候，"施内回忆说，"他很高兴，激动得叫了起来，身子前倾，一遍一遍地用手捶打桌子：'他念出来了，他念出来了！'"在激动中，荣没有停下来思考，他是在倾听他自己的丧钟敲响。

222　　　　巴本（或荣）的真实用意被仔细表达的、对希特勒及其政权敬意的烟幕遮掩了起来。巴本强调了他对"赢得了全国同志支持的世界大战中普通士兵"阿道夫·希特勒的"发自内心的拥护"。巴本还说，他有义务"比绝大多数德国人更加敏锐"地观察进展情况，他不会试图逃避责任。

巴本说，现在"热情已经平息"，事情已经清楚了，"这个规模的净化过程也产生了沉渣"。沉渣出现在"我们生活的各个领域，不管是物质的还是精神的"。

话锋隐约地从呼唤反魏玛的保守思想转换到了批评纳粹的做法上。巴本从宗教说起。他说，现在关于新的德国是"基督教的"还是"迷失于半宗教的唯物主义中"的议题在开展辩论。国家最好不要试图开展"暴力改革"，因为对宗教事务的政治干预，将会"迫使那些受影响的人以宗教理由起来反对总体化的权力——因为这种总体化是不自然的"。作为天主教徒，巴本说，他可以理解"建立在道德自由基础上的宗教信念，在内心深处是反对让自己接受政治领导的"。

宗教问题引导他进入了关于欧洲共同体对民族孤立的真正想法。"有这么几个圈子，他们希望有一个新的、按人种区分的宗教联盟"——这里他指的是，相比基督教，有些纳粹党人，诸如党的首席"哲学家"阿尔弗雷德·罗森堡更青睐的那种异教——"那么人们不禁要问,如果我们自愿地把我们自己排除在基督教人口的队伍之外,他们是如何想象德国在欧洲的使命。"这引导到了荣在备忘录里出现的对欧洲共同价值和文化的褒扬。

巴本继续说,在革命的愿望与其真正实践之间有了一个裂口,否认是没有意思的。在解释这个裂口原因的时候,荣的精英主义再次出现了。"德国革命"的"精神转变"受到了"自然的贵族原则"的激励,但这与更贴近马克思主义的一个"社会突破"是巧合——巴本(或荣)说的其实是,这是由他们想在政治上排斥的下层阶级推动的。由此导向了对纳粹党的反智主义的抱怨:"一种有限或原始的智力,无法为反智进行辩护。"巴本说,德国人在抱怨纳粹党的教条主义时,其实往往指的是那些"迫害非纳粹党员的著名科学家"的纳粹党人。

接着,巴本转而强烈批评纳粹关于自由和合法性的观念,巧妙地使用了许多反对魏玛的保守人士也许能够接受的术语。有些纳粹党徒认为,真正的人道主义是"自由主义的",而实际上它是古老的基督教文化的产物。纳粹党认为,自由是一个自由主义的概念,而实际上它是古代德意志的一个概念。法律面前平等的概念也一样,不是自由的,而是每一个公平裁决的先决条件:"无论是否在自由主义时期,国家之根基都在于正义;而这些人却扼杀这一根基。"纳粹党的攻击直接对准德国人经过几个世纪的奋斗才争取到的私人生活的"安全和自由"。

自由是人性的基本需求,巴本继续说。施加到全体人民身上的军纪是有限度的,而且"用恐惧使人民团结起来的想法,是要受到谴责的"。所有的恐惧,都是"道德不良的产物"。真正的教育只能建立在道德高尚的基础上,而"爱国主义、奉献精神和牺牲精神",

则只是在人们被告知这些是"神的诫命"之后才得以存在。

然后巴本再次把火力转向现在的政权，尤其是戈培尔及其压制一切不同声音的宣传部。我们不要低估人民的智慧，他说。德国人民知道现在的形势很严峻。他们只是嘲笑"通过虚假的粉饰试图手忙脚乱地欺骗他们的做法"。大张旗鼓的宣传永远得不到他们的信任，因为"被剥夺了公民权的人民已经没有了信任"。

演讲的总结是泛欧的论调。德国人是"欧洲人的一部分"，巴本说。如果他们忽视他们的文化遗产和欧洲的三千年历史，那么他们就会错失 20 世纪提供的机遇。

224 　　这位副总理后来回忆说，听众"带着疑虑、震惊和几乎是难以置信的表情"倾听了巴本的演讲。他们赞同他的结论的"雷鸣般的掌声"，表明他已经打动了听众。切尔希奇记得，在巴本结束演讲的时候，听众中有几十人激动地围住他，"赞赏他的坦率"。此外，两名在场的冲锋队员愤然离开了大厅。

巴本的工作人员既不天真，也不低估形势。他们知道纳粹领导人会对他们的挑战做出什么反应。戈培尔立即封锁了讲话稿的印刷和广播。与巴本在马尔堡的同一天，希特勒结束作为总理的初次国外访问后返回了。他去意大利访问了贝尼托·墨索里尼，但此行不是很成功。墨索里尼没有掩饰对希特勒的蔑视，因为在他看来，这是个刚刚加入独裁者队伍的新人。希特勒已经心情不好了，巴本演讲的消息使他勃然大怒。当天，他在图林根州小城格拉的一次地方官员会议上做了讲话。虽然他没有提及巴本的名字，但他的评论目标显然是够清楚的了。"在未来的几年和几十年里，"他开始咆哮，"民族社会主义将取得更多的胜利，那些幻想能够千方百计予以阻止的跳梁小丑，将被这个共同的思想扫到一边去。"小丑们忘记了，"无论他们相信发现了什么缺陷"，没有比实施纳粹体系更好的办法了。"可笑的是，这么一个小爬虫试图抗击强大的新生人民政权。可笑的是，这么一个小爬虫幻想自己能够用一些空洞的词语来阻碍强大的新生人民政权。"埃德蒙·福施巴赫注意到，希特勒的听众很可能搞不清"爬虫"和"小丑"的身份，但他们还是报之以热烈的掌声。

那天晚上，盖世太保突袭日耳曼尼亚印刷厂，没收了剩余的讲话稿。希特勒派遣新闻秘书瓦尔特·丰克（Walther Funk）去见德国总统，带去信息说，希特勒、巴本和兴登堡再也不能一起工作了。面对这么迅速的反应，副总理的工作小组已经在开始分析了。他们的问题，是把赌注压在了两个绝对不靠谱的演员——巴本和兴登堡——身上。巴本的演讲就是一个暗示，突然间，这位副总理无论走到哪里都会受到人群的欢呼和赞赏。一个有勇气、有决断力的人也许能够利用这股政治风潮，把希特勒赶下台去。但巴本不是那样的人。

希特勒巧妙地对付巴本。当巴本抱怨戈培尔压制他的演讲时，希特勒私下里安慰他，说他理解巴本的愤怒。希特勒不会接受巴本从内阁辞职的要挟。他用惯用的演技把巴本争取过来，表演了忠诚的同志这样的角色，还很欣赏巴本的军人责任感。当然，希特勒告诉巴本，这样敏感的事情只能是内部讨论，他还是拒绝允许巴本讲话稿的全文发表。

如果副总理工作小组的计划能够奏效，那么重要的是巴本应该立即去见兴登堡。然而，希特勒说服巴本晚一些去拜访兴登堡的老家纽德克。巴本的工作人员垂头丧气，但他们的老板已经屈膝投降，甚至命令他们不要再散发演讲稿了。然后巴本离开柏林几天，不是去东部见兴登堡，而是去了北方，先是基尔和汉堡，继之是去威斯特法利亚与家庭团聚了。令人惊奇的是，事后很少承认犯下政治错误的巴本，却坦陈犯了一个错，没在 1934 年 6 月抓住机会。

但是，即使巴本去见了兴登堡，也可能没什么区别。经久不散的迷云一直笼罩在同情兴登堡的那些保守人士头上，他们认为 1934 年的时候兴登堡已经不对希特勒抱有幻想了。在回忆录中，巴本描写了他在 5 月份与兴登堡的最后一次见面。他声称，兴登堡留给了他一句话："变得很可怕了，巴本。努力把事情搞定。"然而，巴本的回忆录有多处捏造，这句据说是兴登堡的话，几乎肯定是虚构的。这与兴登堡说过的其他许多话和他的行为总则是不相符的。兴登堡的基本政治目标一直是建立一个右翼团结政府，能够得到人民群众的广泛支持。希特勒已经为他做到了这个，而且兴登堡高度赞扬他的这位最后一任总理。6 月 18 日，瓦尔特·丰克向兴登堡报告了巴本的演讲情况，以及戈培尔采取的压制报告的措施。兴登堡同意了该措施，没有对巴本表示丝毫同情。"如果巴本不守纪律，"兴登堡说，"那他就要承担后果。"希特勒本人也在三天后拜访了兴登堡，他发现，据阿尔弗雷德·罗森堡的说法，"老头子从来没有这样友好过"。假如密谋者知道的话，还有更糟糕的消息。6 月 26 日，陆军总司令维尔纳·冯·弗里奇向兴登堡简要汇报了与冲锋队有关的问题。弗里奇和兴登堡同意，不管发生什么，军队都不应该去管，冲锋队应该由警察和党卫队去处理。这与他们的希望相符，即决不让军队介入国内事务，但这样一来，副总理工作小组的计划就大打折扣了。

任何政治信息灵通的人士，都不会相信巴本是亲自撰写马尔堡的演讲稿子。即使纳粹党也明白，巴本没有这种文才和口才。"谁为他写的稿子？"戈培尔在日记里感到纳闷。

他们用不着费力寻找。内部人士知道，在过去一年的大部分时间里，埃德加·荣为巴本写过理论文章。巴本演讲的观点和调子，与荣的写作风格有惊人的相似。6 月 20 日，阿尔弗雷德·罗森堡朝这个方向做了一个明显的暗示。他在《人民观察家报》以"反动派"为内容，以"论德国革命的意义与解读"为标题，写了一篇社论文章，明显涉及了荣——该文章能够让人们回想起他最近图书的标题。在私下谈话时，希特勒表示他也有相同的想法。荣本人渴望出名，在演讲稿的作者身份上做得不够隐蔽。

在差不多两个星期的时间里，德国政治似乎怪异地中止了运作。6 月 27 日，法国驻柏林临时代办发电报给巴黎说，德国政府经历了一个危机，"余波现在依然能够感觉到，全面的影响现在还不能确定"。某种类型的暴力发泄几乎肯定是会到来的，但在目前，政治家们忙于各自的工作，似乎一切正常。戈培尔和希特勒几乎肯定是在准备打击巴本的办公室。6 月 22 日，戈培尔与丰克谈及了"巴本问题"。"元首不得不去干预那里，"戈培尔写道，"巴本在搞破坏。甚至把军队也拉了进来。我相信元首也是这么认为的。"

在这些紧张的日子里，巴本与戈培尔几乎是以离奇的方式在兜圈子互相较劲。6 月 21 日，德国国家银行行长亚尔马·沙赫特（Hjalmar Schacht）在宣传部讲课，听众大都是应邀前来的外国记者和外交官。讲课结束的时候，一位美国记者直接向戈培尔提了一个问题："部长先生，因为马尔堡演讲，您与副总理冯·巴本先生的关系现在极为紧张，是不是这样？"

戈培尔立即叫巴本到前面来。巴本服从了。戈培尔走过去几步，张开双臂拥抱了巴本。"我亲爱的冯·巴本先生，"戈培尔说，"刚才那个话你听到了吗？我们两人似乎相互之间关系紧张。在所有人当中，我们两人是最要好的朋友！"巴本似乎感动得说不出话来，他只是点头。在场只有很少一些人——显然巴本不在其中——认为，这只是演戏给外国记者看。

三天后的 6 月 24 日星期天，巴本和戈培尔都去观看汉堡的德比马赛。所有可信的记录都表明，在人们向着巴本的热情鼓掌与欢呼，和公众回应以戈培尔的冷淡之间，有着惊人的区别。法国临时代办注意到，这是其中的一个迹象，即"公众的大部分，尤其是其中的中产阶级人士"，都站到了副总理一边。这对戈培尔来说是不能容忍的，他绝对不能接受他的对手能够在人群中得到更多的支持。戈培尔用纳粹对待现实的标志性态度，在日记中写道，公众一直"极力反对巴本……令人尴尬的场面。最后在与巴本在一起的时候，公众完全支持我。我与人民打成一片。这些热烈的掌声！可怜的绅士俱乐部，是不是有点不安"。

当天晚上，布吕宁内阁的前成员戈特弗里德·特雷维拉努斯和英国记者约翰·惠勒（John Wheeler）与荣在凯撒霍夫旅馆见面了。他们警告荣说，英国情报机关已经获悉关于要抓他的消息，敦促他当晚就离开德国。荣争论说，他有巴本和军队的保护。据说他后来同意去瑞士躲避，但那天晚上他不小心把计划泄露给了一个女子，该女子是党卫队保安处的特工。

228   第二天，盖世太保逮捕了荣，并搜查了他的公寓。他们找到了他为巴本撰写马尔堡演讲稿的证据，那是荣与巴本之间的通信往来，信中荣提出了巴本应该支付稿费的要求。得知荣被捕的消息后，巴本从威斯特法利亚飞回来，施压要求释放，但希特勒和戈林都不肯见他。希特勒在罗森堡面前尖刻地挖苦说，巴本想见他是"因为他的荣博士"——希特勒明确表示，荣的被捕是他亲自下达的命令。盖世太保头子海因里希·希姆莱告诉巴本，发现了一些罪证，表明荣与"奥地利正统王朝派"（Austrian legitimists）的圈子有联系，他们鼓吹恢复君主政体。这事必须厘清，但希姆莱答应，过几天就放了荣。

1934 年 6 月 30 日的"长刀之夜",是希特勒对受制于保守势力与激进的冲锋队之间的两难困境而做出的反应。保守人士,尤其是军队的高级将领,都是主要的目标和整个事件的观众。罗姆及其冲锋队只不过是一个附带的受害者。

长久以来,冲锋队员一直在谈论要成为新德国"人民军队"的核心,以替代由贵族军官组成的职业军人。这样的言论惊动了军队高层,1934 年初,将军们不断向希特勒施压,要求严厉管教罗姆,使之老老实实,不要乱说乱动。然而罗姆搞政变的威胁并不可信,并没有什么政变的迹象。事实上,为减少人们对冲锋队的关注,罗姆已经大张旗鼓地安排冲锋队领导层 7 月份去度假。即将发生政变的说法是谋杀的受益人,尤其是军方高层编造的故事,为接下来要发生的事情找个借口。

在计划中的度假开始之前,罗姆组织各地的冲锋队长,在慕尼黑附近的巴特维塞召开会议。6 月 30 日,希特勒亲自到那里,监督对他们的抓捕行动。罗姆本人在第二天被枪杀。在全国各地,尤其是在柏林,其他的冲锋队员也遭到了逮捕,被杀的有 90 人之多。

希特勒也借此机会对与他有过节的人开展报复,包括库尔特·冯·施莱谢尔。希特勒记得施莱谢尔对他做过侮辱性的评论("只是很遗憾他疯了"),他怨恨施莱谢尔在1932年把格雷戈尔·施特拉塞尔策反到了他的政府。希特勒还相信,施莱谢尔曾经在 1933 年 1 月想搞一次针对他的军事政变。并不让人感到意外的是,在这波浪潮中,施特拉塞尔也被抓了。切尔希奇待在盖世太保地牢期间,看到了发生在施特拉塞尔身上的事情。就在与荣在厕所里说完话回到廊道的长凳上之后,切尔希奇看到"一个高个子的粗壮男子,戴着镣铐,在三个佩戴着自动手枪的武装人员押送下"。切尔希奇立即认出,这是施特拉塞尔。卫兵们引领施特拉塞尔进入了另一条走

229

廊，那里有单独囚禁的牢房。"我听到了'门口警戒！'的命令，随之我们这个区域与那条廊道的门就关上了。在五声枪响过后，上尉马上从那扇门出来了，手里拿着枪，说：'那个猪猡被解决了。'"

兴登堡很欣赏希特勒在 6 月 30 日采取的行动。他给自己的总理发去一份电报，赞扬希特勒"果断地干预"和"勇敢地部署你自己的人员"，由此希特勒"把所有的叛国阴谋扼死在萌芽状态"，并且"把德国人民从巨大的危险之中拯救出来了"。7 月 6 日，希特勒告诉戈培尔关于他与德国总统见面的情况。"兴登堡棒极了，"戈培尔写道，"老头子有声望。"

捣乱的冲锋队虽说让希特勒有点担心，但在 1934 年，还算不上是对其统治的一个威胁。他担心的是军队，打击冲锋队可以让军队领导层放心，毕竟军队才是权力的关键。兴登堡也同样重要。1934 年初夏，政治圈的人都知道，兴登堡的时间已经不多了，他已经起草了一份"政治遗嘱"。很少人知道遗嘱的内容，但希特勒不惜一切代价，竭力阻挠兴登堡关于总统死后应该恢复君主政体的提议。冲锋队老实了之后，可以而且确实使兴登堡放心，希特勒在继续兼任总理的同时是适合当总统的。编造所谓的施莱谢尔、巴本的工作人员、冲锋队领导人和法国大使弗朗索瓦-庞塞共谋反对政府的复杂故事，给了希特勒同时打击在保守势力中他的更危险敌人的借口。可以预料，弗朗索瓦-庞塞肯定被他参与阴谋中的指控惊得目瞪口呆，他以典型的尖刻语调嘲讽了希特勒提供的证据和纳粹解决问题的手段。"提供的是脆弱的线索、巧合和随意的假设，好像这些都是事实证据似的"，他发电报向国内汇报说。使用的是同样的手段，他继续说，与国会纵火案预审时纳粹党用来纠缠共产党被告一样。但自此以后，他写道："该手段已经进行了完善。"1933 年，纳粹党犯了错误，把国会纵火案交给了法院处理，法官认为证据不足。这一次，法官被晾在了一边，没话可说了。"采取了预防措施，让被告远离（法官），并立即处决"，弗朗索瓦-庞塞说。

然而，纳粹这一招奏效了。大致是因为冲锋队的广泛不受欢迎，"长刀之夜"使现在的政权在德国的支持得到了有力的恢复——而且保守派的抵抗被粉碎了。

与兴登堡一样，军队也对结果表示高兴。诸如荣和博泽那样的抵抗积极分子已经死了。切尔希奇被流放去了英国。克特勒被安排去奥地利当外交官，但在1938年奥地利被纳粹德国吞并后，他遭到了谋杀，几乎可以肯定是盖世太保或党卫队干的。

6月30日之后巴本的故事，是极不光彩的，用他的传记作者的话来说，是处于"道德低下的境地"。在自己的工作人员被杀和被捕之后，巴本卑躬屈膝地乞求希特勒的恩惠。7月3日，他写信给希特勒，感谢他在"把祖国从巨大的危险之中拯救出来"的时候所表现的"军人的果敢"。在"对民族来说这么必要，而对您来说这么痛苦的"这条道路上，巴本继续说，没人比得上巴本"热心地"跟随着他。希特勒之所以解除了对巴本的软禁，让他活了下来，部分是因为兴登堡的影响，但他的副总理是当不成了。他被派去维也纳担任德国驻奥地利大使，然后在这个职位消失之后，去了土耳其，他在那里一直任职到第二次世界大战结束。1946年，纽伦堡国际军事法庭宣判巴本战争罪的罪行不成立。

如果这样还算不上胆小，那么在1952年出版的回忆录中，巴本声称，他的工作人员所从事的勇敢的抵抗活动，都是他不知道的。他还特别贬低埃德加·荣，他批评荣是出于虚荣心才安排的马尔堡演讲。巴本以一种唯我论的姿态，坚持认为荣和博泽所遭遇的谋杀，本来是针对巴本的。

1934 年 8 月 2 日，陆军元帅和德国总统保罗·冯·兴登堡因肾衰竭去世。希特勒立即接管了总统的权力。然后他解释说，兴登堡德高望重，谁也替代不了他，因此总统府也要废止。希特勒的正式头衔成了"元首和帝国总理"。武装部队的所有军人和全体公务员都必须宣誓效忠他本人。

希特勒的独裁统治现在全面开始，所有管控或"驯服"他的努力都彻底失败了。有效的政治反对派都需要制度上的基础，到 1934 年夏末的时候，已经没有了反对派。各个政党、工会、国民议会、内阁、联邦各州和冲锋队都老实听话站好了队。唯有军队依然是可能的反抗源头，但只要希特勒撕毁《凡尔赛和约》并扩充武装力量，官兵们也就满足了。从 1934 年 8 月起，开关就拨到了战争准备的那一边——通过攫取东欧广袤的领土，推翻英国和美国的全球经济优势，使德国成为一个经济超级大国。

但荣和博泽也不是白白牺牲的。他们的榜样鼓舞了从 1938 年开始的下一轮抵抗，也是在类似的几个圈子内（军队和保守的平民政治家），而且后来发展成了"瓦尔基里"阴谋。

"瓦尔基里"的一位领导人说的话，也适用于荣和博泽及其朋友们。1944 年 6 月，盟军在诺曼底登陆后，克劳斯·冯·施陶芬贝格伯爵（Count Claus von Stauffenberg）想知道，推翻希特勒是不是还有意义。他带着这个问题去与他的同事和共谋海宁·冯·特莱斯科夫（Henning von Tresckow）商量。特莱斯科夫的回答很明确：他们策划的政变一定要实施，他说："不惜一切代价。哪怕失败，也必须发动政变。"实际效果并不重要。重要的是，"在世界面前和历史面前，德国抵抗运动的成员要敢于冒着生命危险迈出决定性的一步。其他都是无关紧要的。"

荣和博泽也与施陶芬贝格和特莱斯科夫一样。没错，他们是有瑕疵的英雄，他们的身上带有他们的阶级、背景和时代的许多偏见，但他们依然冒险甚至不惜牺牲自己的生命想搞掉希特勒，这是很少人敢于想象和行动的，他们赎清了因为令希特勒上台而自觉负有的责任。在黑色时期，他们的勇气为这个国家打下了建设美好未来的道德基础。

　　记者常常把复杂的政治演变归纳成简单的公式：他们谈及"改变选举"或"投反对票"。没有简单的公式可以解释魏玛德国民主的消亡和希特勒及纳粹党的崛起。纳粹运动根植于第一次世界大战的经历和欧洲两次战争之间的许多危机。这些年类似的运动在欧洲大地风起云涌，尤其是在那些战败国内（意大利感觉自己是战败了）。然而，虽然纳粹党是那个时期的一个典型，但即使是在1932年，也几乎没人能够预见到，希特勒会在兴登堡死后攫取这样的权力和地位。极少人依然渴望这样的结果。在这个故事中，失算和短视与愤怒和憎恨一样多。

　　没有第一次世界大战，就没有纳粹党的成功。这里，在故事开头的地方，我们也看到：战败的创伤使千百万德国人相信一种特别的解说，不是因为可被证明是正确的，而是因为在情感上是必须的。在1914年8月的阳光下，这个民族是团结的，或者大多数德国人是这么认为的。然而，在1918年11月的寒雨中，因为国内懦夫的叛变行为——"背后捅刀"——使战场失利。这样的解说没有正确的部分，但在8月和11月之间的经常对比，使得纳粹党承诺，在打败11月的背叛之后，他们能够恢复8月的团结。一个民族对自己的过往所持有的印象，其重要性不亚于过往的真实情况。

233

　　实际上，德国是被英国、美国和法国强大的经济优势打败的。战后的几年，德国人所面临的问题是，他们是要融入西方世界的秩序之中还是反叛它。人人都明白，德国的内部和外部就像一个硬币的两面一样相连：与世界融为一体并与邻国和平相处的德国，也是一个民主的德国。反叛世界的德国，必然意味着史无前例、残酷无情的独裁。

经过五年的政治和经济危机、恶性通货膨胀和希特勒在 1923 年 11 月的"啤酒馆暴动"之后，魏玛共和国新的民主政体开始稳定——在此期间，德国重获国际社会中一个不可或缺的国家地位。没有诸如古斯塔夫·施特雷泽曼那样的政治家的勇气和技巧，这是不可能做到的。然而，施特雷泽曼从来没有忘记国内反动的民族主义者，为确保德国在和平世界的地位，这是他必须克服的"冰川"。

正是德国民主恢复的胜利，使得反民主的民族主义者越来越绝望和愤怒地实施了抵抗。大资本家想要削弱工会的力量和废止国家规定的工资仲裁。军队想要更多的资金和武器。农民想结束农产品进口和交易，因为这会使德国农业陷入集体破产。他们的委屈都有一个共同的根基：德国的世界地位，因为第一次世界大战的失败而被英美经济大国限定了。他们指出了一个共同的解决方案：把德国最大的政治党派——反军国主义的，以国际为导向，推崇民主、工人和城市的社会民主党——排除在政权之外。在实践中，这意味着要结束由社会民主党人建立的民主制度，另在农民、军人和工商界寻找一个政治基地。

魏玛共和国还涌动着其他怨言和愤恨：德国人民痛苦地被可以想象的界线划分得支离破碎。农村的人讨厌大城市，因为城里人破坏了宗教、两性和道德的传统。战后的难民潮，尤其是来自东欧的难民，给千百万德国人敲响了警钟。自宗教改革以来，德国的天主教徒和新教徒互不信任。战争和革命的压力，激化了这两个基督教团体的反犹主义。最终，这些不同的怨愤汇合了，尤其是在数量更多的新教徒之内：魏玛太犹太化、太天主教化、太现代化、太都市化了——总而言之，太道德败坏了。但这种文化代号对于超出了自身的东西常常表达了怨恨。反犹主义并不意味着德国民主的结束和希特勒的到来，但确实提供了一个说法，让反民主分子可以用来批评他们所憎恨的民主的全球秩序。

魏玛的起义团体中，很少有人想建立像希特勒那样的由某个人统治的无法无天和野蛮残暴的独裁。他们只是想以最快和最简单的方法来解决他们的特别问题，而且他们很不愿意向他们的对手妥协。当纳粹证明他们是最老练的政治家，能够吸引愤怒不平的人群，尤其是农村的新教徒的时候，政治天平发生了变化。1929 年之后，每一个反民主的联合都可以见到希特勒和纳粹党的影子。

这个事实对大资本家和军队高层提出了一个严峻的问题。民主并不是为他们服务的，因为他们的利益不能吸引大多数人的支持，甚至得不到选民的相对多数票。而希特勒的运动可以提供用以粉碎劳工运动和重建军备的广泛支持。但代价是什么呢？慢慢地，德国的保守政治精英决定，他们别无选择，只得设法与希特勒合作——利用他和他的运动。不然的话，他们将不得不放弃他们自己的许多利益。

"长刀之夜"是保守势力向希特勒献媚的结局。保守人士发现他们一个接一个地遭到惨败或者被边缘化——从胡根堡到布吕宁，到巴本和施莱谢尔，到荣和博泽。兴登堡把他们都出卖了。这位德国总统的首要任务是建立一个民族主义的右翼政府，同时不惜一切代价维护自己是伟大的统帅和团结实施者这个形象。最后，兴登堡本人也被他曾经鄙视过的那个"波西米亚下士"吸引过去了。在克服了 20 世纪 30 年代早期的政治分歧之后，他安详地躺进了坟墓里。当然，最后的讽刺意味是，兴登堡对希特勒的任命永久地、绝对地毁灭了他一直在仔细护卫的声誉。

235

在一个不断地倾向于制造神话和非理性的文化之中，大规模的抗议运动与精英自身利益的复杂模式最终发生了剧烈的碰撞。以这种方式来思考魏玛民主的结束，可以揭开新奇怪异的万字旗和正步行走的冲锋队伪装表象。这样，整个事情看上去就清楚了，而且也熟悉了。与魏玛时期德国政治的许多邪恶同时存在的是很不协调的天真：德国人很少能够想象到最坏的可能性。有些人认为，一个文明的民族不可能投票给希特勒。然而当他成为总理的时候，千百万人指望他的任期是短暂的和无所作为的。德国以遵纪守法闻名，也是一个有文化的国度。一个德国政府怎么可能系统性地残暴对待自己的同胞？德国犹太人是高度同化和高度爱国的，即使在形势变得越来越险恶的时候，许多犹太人依然拒绝离开自己的家乡。"我是德国人，我等待着德国人的回来，他们去了其他地方。"维克多·克莱普勒（Victor Klemperer）在日记里写道。他是一位拉比的儿子，也是第一次世界大战的老兵，他选择留下来，而且奇迹般地活了下来。

1933 年的时候，很少有德国人能够想象到特雷布林卡或奥斯维辛、巴比亚尔大屠杀或第二次世界大战最后几个月的死亡行军。很难责备他们没有预见到不可想象的事情。然而他们的天真使他们遭到了失败，而且他们对未来的设想是错得离谱的。与他们相比，后来者有一个优势：我们有他们的前车之鉴。

注　释

纳粹党的崛起和魏玛民主的消亡，是很大的课题。在这本供一般读者阅读的简短的图书里，我只能在正文和在注释中考量其中的一小部分。除了后文提及的引用资料之外，我想推荐引起我思考（有时候是不同意见的反思）的一些其他著作。这份书单并不是很全面，但我鼓励有兴趣的读者不妨去看看这些著作，以便了解更多的信息和不同的观点。

对魏玛共和国的一些重要研究，形成了关于这个主题的所有思考的起始点——虽然所表达的观点肯定是很不相同的。这些研究包括：Detlev Peukert, *The Weimar Republic: The Crisis of Classical Modernity*（New York: Hill and Wang, 1989）; Hans Mommsen, *The Rise and Fall of Weimar Democracy*（Chapel Hill: University of North Carolina Press, 1998）; Heinrich August Winkler, *Weimar 1918-1933: Die Geschichte der ersten deutschen Demokratie*（Munich: C. H. Beck, 1993）; Eberhard Kolb, *Die Weimarer Republik, 8.* Auflage（Munich: Oldenbourg Verlag, 2013）。近年来最有深度的著作中，有 Eric D. Weitz, *Promise and Tragedy*（Princeton: Princeton University Press, 2013）。

关于"1918 年革命"和共和国的早年时期：Joachim Petzold, *Die Dolchstosslegende: Eine Geschichtsfälschung im Dienst des deutschen Imperialismus und Militärismus*（East Berlin: Akademie-Verlag, 1963）; Richard Bessel, *Germany After the First World War*

（ Oxford: Oxford University Press, 1993 ）; Mark Jones, *Founding Weimar: Violence and the German Revolution of 1918–1919*（ Cambridge: Cambridge University Press, 2016 ）; Thomas Weber, *Wie Hitler zum Nazi wurde: Vom unpolitischen Soldaten zum Autor von* Mein Kampf （ Berlin: Ullstein, 2016 ）。

近来一些最有趣和最重要的著作，以不同的方式，检验了魏玛（和后来）的男女平等：Julia Sneeringer, *Winning Women's votes: Propaganda and Politics in Weimar Germany*（ Chapel Hill: University of North Carolina Press, 2002 ）; Wendy Lower, *Hitler's Furies: German Women in the Nazi Killing Fields*（ Boston: Houghton Mifflin Harcourt, 2013 ）; Robert Beachy, *Gay Berlin: Birthplace of a Modern Identity*（ New York: Alfred A. Knopf, 2014 ）; Laurie Marhoefer, *Sex and the Weimar Republic: German Homosexual Emancipation and the Rise of the Nazis*（ Toronto: University of Toronto Press, 2015 ）。

Susan Pedersen, *Guardians: The League of Nations and the Crisis of Empire*（ New York: Oxford University Press, 2015 ）一书对德国加入国际联盟的原委有一些精彩的描述。还有一本旧书也使我获益匪浅：Henry Ashby Turner, *Stresemann and the Politics of the Weimar Republic*（ Princeton: Princeton University Press, 1965 ）。

几部发人深省的图书，论及了外国的影响和魏玛德国人对未来的看法：Mary Nolan, *Visions of Modernity: American Business and the Modernization of Germany*（ New York: Oxford University Press, 1994 ）; Rüdiger Graf, *Die Zukunft der Weimarer Republik: Krisen und Zunkunftsaneignungen in Deutschland 1918–1933*（ Munich: Oldenbourg Verlag, 2008 ）; James Whitman, *Hitler's American Model: The United States and the Making of Nazi Race Law*（ Princeton: Princeton University

Press, 2017)。

工商和经济方面也有一些经典著作：Gerald Feldman, *Iron and Steel in the German Inflation, 1916–1923* (Princeton: Princeton University Press, 1977)；Henry Ashby Turner, *Germany Big Business and the Rise of Hitler* (New York: Oxford University Press, 1985)；Harold James, *The Germany Slump: Politics and Economics, 1924–1936* (Oxford: Clarendon Press, 1986)；Gerald D. Feldman, *The Great Disorder: Politics, Economics, and Society in the German Inflation, 1914–1924* (New York: Oxford University Press, 1993)；Peter Langer, *Macht und Verantwortung: Der Ruhrbaron Paul Reusch* (Essen: Klartext Verlag, 2013)。

关于魏玛共和国的政治方面：Richard F. Hamilton, *Who Voted for Hitler?* (Princeton: Princeton University Press, 1982)；Thomas Childers, *The Nazi Voters: The Social Foundations of Fascism in Germany 1919–1933* (Chapel Hill: University of North Carolina Press, 1983)；Peter Fritzsche, *Rehearsals for Fascism: Populism and Political Mobilization in Weimar Germany* (New York: Oxford University Press, 1990)；Donna Harsch, *German Social Democracy and the Rise of Nazism* (Chapel Hill: University of North Carolina Press, 1993)；Peter Fritzsche, "Did Weimar Fail?", *Journal of Modern History* 68, no. 3 (1996): 629–56；Larry Eugene Jones, *The Germany Right in the Weimar Republic: Studies in the History of German Conservatism, Nationalism, and Antisemitism* (New York: Berghahn Books, 2016)；还有琼斯撰写的其他许多具有启发性的期刊文章，包括 "'The Greatest Stupidity of My Life': Alfred Hugenberg and the Formation of the Hitler Cabinet, January 1933", *Journal of Contemporary History*, no. 1 (1992): 63–87。

关于 20 世纪 30 年代初期共和国的最后危机，也有一些很有价值的经典旧书：Karl Dietrich Bracher, *Die Auflösung der Weimarer Republik. Eine Studie zum Problem des Machtverfalls in der Democratie*（Düsseldorf: Droste Verlag, 2010）；Wolfgang Sauer/Gerhard Schulz, *Die Nationalsozialistische Machtergreifung. Studien zur Errichtung des totalitären Herrschaftssystem in Deutschland*（Berlin: Ullstein, 1974）；William Sheridan Allen, *The Nazi Seizure of Power: The experience of a Single German Town, 1930–1935*（Chicago: Quadrangle Books, 1965）；Thilo Vogelsang, *Reichswehr, Staat und NSDAP. Beiträge zur deutschen Geschichte 1930–1932*（Stuttgart: Deutsche Verlags-Anstalt, 1962）；Thilo Vogelsang, *Kurt von Schleicher: Ein General als Politiker*（Göttingen: Musterschmidt Verlag, 1965）；Alex Schildt, *Militärdiktatur mit Massenbasis? Die Querfronkonzeption der Reichswehrführung um General von Schleicher am Ende der Weimarer Republik*（Frankfurt: Campus, 1981）。

年轻的德国历史学家赖纳·奥尔特（Rainer Orth）最近出了一本精彩的图书，该书描述的从副总理冯·巴本办公室开展的抵抗活动，改变了我们的观点。见 *Der Amtssitz der Opposition? Politik und Staatsumbaupläne im Büro des Stelivertreters des Reichskanzlers in den Jahren 1933–1934*（Cologne: Böhlau, 2016）。我希望奥尔特的这部重要著作能够很快被译介，以便让更多的人详细了解德国。

引　言（行首数字为原书页码）

2　**"这不像警察会去约会的地方"**：Rudolf Diels, "Die Nacht der langen Messer ...fand nicht statt", *Der Spiegel*, June 2, 1949, p. 22.

2　**希特勒似乎已经知道是谁放的火**：Rudolf Diels, *Lucifer Ante Portas: Zwischen Severing und Heydrich* (Zürich: Interverlag, 1949), p. 144, translation from J. Noakes and G. Pridham, Nazism 1919– 1945: *A Documentary Reader*, vol. 1: *The Rise to Power* (Exeter: University of Exeter Press, 1998), pp. 140–141.

2　**在描述了大厦遭受巨大损毁之后**：Amtlicher Preussischer Pressedienst bulletin, February 28, 1933, Bundesarchiv Berlin-Lichterfelde R 43 II/294.

2　**半夜之前**：Willi Frischauer, *The Rise and Fall of Hermann Goering* (Boston: Houghton Mifflin, 1951), p. 4.

4　**警察的数量有五万人**：Benjamin Carter Hett, *Burning the Reichstag: An Investigation into the Third Reich's Enduring Mystery* (New York: Oxford University Press, 2014), p. 30.

4　**"我们雇用了他"**：Papen quoted in Joachim Fest, *Eine Biographie* (Berlin: Ullstein Taschenbuch, 1998), p. 528.

5　**独立的民族主义政治家**：Gottfried Reinhold Treviranus, *Das Ende von Weimar: Heinrich Brüning und seine Zeit* (Düsseldorf: Econ Vertlag, 1968), p. 366.

5　**社会民主党《前进报》主编弗里德里希·施坦普费尔**：同上。

5　**马克斯·菲尔斯特是一位年轻的木匠**：Max Fürst, *Gefilte Fisch: Und wie es weiterging* (Munich: Deutscher Taschenbuch Vertlag, 2004), pp. 658–659.

5　"会有人头落地"：Adolf Hitler, "Zeugenaussage vor dem IV. Straf-senat des Reichsgerichts in Leipzig", September 25, 1930, in Christian Hartmann, ed., *Hitler: Reden, Schriften, Anordnungen. Februar 1925 bis Januar 1933*, Bd.3: *Zwischen den Reichstagswahlen Juli 1928–September 1930*, Teil 3: *Januar 1930–September 1930* (Munich: K. G. Saur, 1995), pp. 434–451.

5　一位消息灵通和思维敏锐的观察员：Erich Ebermayer, *Denn heute gehört uns Deutschland...Persönliches und politisches Tagebuch: Von der Machtergreifung bis zum 31, Dezember 1935* (Hamburg: Paul Zsolnay Vertlag, 1959), p. 17.

6　法令表达了希特勒的理论："Verordnung des Reichspräsidenten zum Schutz von Volk und Staat", *Reichsgesetzblatt* 17, February 28, 1933.

6　"先是国会大厦的燃烧"：Walther Kiaulehn, *Berlin: Schicksal einer Weltstadt* (Munich: C. H. Beck, 1997), p. 567.

8　"举棋不定的德国人"：Wolf Jobst Siedler, "Glanzvolles Zwischenspiel auf abgeräumter Bühne, die lange Wirkung der kurzen Dauer", in Ruth Glatzer, *Berlin zur Weimarer Zeit: Panorama einer Metropole* (Berlin: Siedler Verlag, 2000), pp. 17–18.

9　许多令人尊敬的学者坚持认为：参见Volker Ullrich, *Hitler: Ascent, 1889–1939* (New York: Alfred A. Knopf, 2016), pp. 8–10。

10　全球自由资本主义大获全胜：关于这个主题，可参见Adam Tooze, The Deluge: *The Great War and the Making of Global Order* (London: Penguin Books, 2014); Robert Boyce, *The Great Interwar Crisis and the Collapse of Globalization* (New York: Palgrave Macmillan, 2009)。

14　共和国的卫士：Joachim Fest, *Hitler* (New York: Harcourt, 1974), p. 380.

14　希特勒感觉极为激动：同上，第 381 页。

14　"独裁、废除议会"：Ullrich, *Hitler*, p. 374。

14　"从必须要有一场新的战争的观念开始"：Theodor Heuss, *Hitlers Weg: Eine historisch-politische Studie über den Nationalsozialismus* (Stuttgart: Union Deutsche Verlagsgesellschaft, 1932) pp. 100, 160–163.

第一章　开战停战

15　他知道革命正在席卷德国大地：Maximilian, Prince of Baden, *The Memoirs of Prince Max of Baden*, trans. W. M. Caulder and C. W. H. Sutton (New York: Charles Scribner's Sons, 1928), p. 351.

16　马克斯亲王不知道：Wolfram Pyta, *Hindenburg: Herrschaft zwischen Hohenzollern und Hitler* (Munich: Siedler Verlag, 2007), pp. 365–369.

17　"太晚了……我已经牺牲了两个儿子"：Prince Max of Baden, *Memoirs*, pp. 357–363.

17　"这么说一切都是白费了"：Adolf Hitler, *Mein Kampf: Eine kritische Edition*, ed. Christian Hartmann et al. (Munich: Institut für Zeitgeschichte, 2016) (hereafter MK), Bd.1, 551–553.

19　有一个悖论：Martin Kitchen, *The Silent Dictatorship: The Politics of the German High Command Under Hindenburg and Ludendorff* (London: Croom Helm, 1976), p. 22.

19　古斯塔夫·施特雷泽曼是帝国议会议员：Anthony McElligott, *Rethinking the Weimar Republic: Authority and Authoritarianism 1916–1936* (London: Bloomsbury, 2014), p. 20.

19　即使是……《爱国辅助服务法》：同上，第 16 页。

20　战时他们的党员数量骤降：同上，第 19 页。

21　他们将因此而承受责备：Joachim Riecker, *Hitlers 9. November. Wie der erste Weltkrieg zum Holocaust führte* (Berlin: Wolf Jobst Siedler, 2009), pp. 28–32.

23　工人运动的制宪派和革命派之间的裂痕越来越大：Ulrich Herbert, *Geschichte Deutschlands im 20. Jahrhundert* (Munich: C. H. Beck, 2014), pp. 181–183.

23　革命派也对自己进行了重组：同上，第 187—188 页。

24　几年后：Frederick F. Blachley and Miriam E. Oatman, "Hugo Preuss Talks on the Weimar Constitution", *Southwestern Political and Social Science Quarterly* 6, no. 3 (December 1925): 252–253.

24　宪法的中心是国民议会：《魏玛宪法》正文，见Ernst Rudolf Huber, *Dokumente zur deutschen Verfassungsgeschichte*, 3rd ed. (Stuttgart: Verlag W. Kohlhammer, 1991), 4:151–179。

26　制宪者的一次争辩：McElligott, *Rethinking*, pp. 184–185.

26　1925 年，前来采访的美国记者询问普罗伊斯：Blachley and Oatman, "Hugo Preuss," p. 254.

27　起草法律的时候，必须心里装着"坏人"：Oliver Wendell Homes Jr., "The Path of the Law", *Harvard Law Review* 10 (1897): 457.

28　"为恢复我们人民的道德"：Benjamin Carter Hett, *Death in the Tiergarten: Murder and Criminal Justice in the Kaiser's Berlin* (Cambridge, MA: Harvard University Press, 2004), p. 218.

29　保守的知识分子埃德加·尤里乌斯·荣写道：Roshan Magub, *Edgar Julius Jung, Right-Wing Enemy of the Nazis: A Political Biography* (Rochester, NY: Camden House, 2017), p. 18.

29　长久流传的神话：Sally Marks, "The Allies, Germany, and the Versailles Treaty, 1918–1921", *Journal of Modern History* 85, no. 3 (September 2013): 632–633.

30　塞贝斯蒂安·哈夫纳如是写道：Sebastian Haffner, *Defying Hitler* (Lexington, MA: Plunkett Lake Press, 2014), p. 23.

30　后来成为剧作家的卡尔·楚克迈尔：Carl Zuckmayer, *A Part of Myself* (New York: Harcourt, 1970), p. 143.

31　就前者而言：Peter Fritzsche, *Germans into Nazis* (Cambridge, MA: Harvard University Press, 1997), p. 19.

31　就后者而言：Jeffrey Verhey, *The Spirit of 1914: Militarism, Myth, and Mobilization in Germany* (Cambridge: Cambridge University Press, 2004), p. 20.

31　这是一个许多德国人渴望回归的理想状态：同上，第 217 页。

31　1919 年春天：Riecker, *Hitlers 9. November*, p. 63.

31　1919 年 11 月：John W. Wheeler-Bennett, *Hindenburg: The Wooden Titan* (London: Macmillan, 1936), pp. 234–239.

32　1914 年的神话：Verhey, *Spirit of 1914*, pp. 213 and 219.

32　民主党人试图使用……：同上，第 222 页。

32　德国首个民主政体的关键问题：Riecker, *Hitlers 9. November*, p. 58.

33　华盛顿海军条约：Tooze, Deluge, pp. 11–12.

34　鲁登道夫的前顾问：Martin Kitchen, "Militarism and the Development of Fascist Ideology: The Political Ideas of Colonel Max Bauer, 1916–18", *Central European History* 8, no. 3 (September 1975): 206.

第二章　乱世政局

35　官员们担心他的安全……他们也是高贵的：Benjamin Carter Hett, *Crossing Hitler: The Man Who Put the Nazis on the Witness Stand* (New York: Oxford University Press, 2008), pp. 65–66 and 92.

37　高潮出现在……"这与本案无关"：同上，第93—98页。

37　关于这个情景的最深刻的评论……"别再相信他了"：同上，第102页。

38　"这个人是说话算数的"：Ullrich, *Hitler*, p. 97.

38　"在他演讲的高潮"：Heiden, quoted in Stefan Aust, *Hitlers erster Feind: Der Kampf des Konrad Heiden* (Reinbek bei Hamburg: Rowohlt, 2016), p. 84.

38　"他甚至对自己最亲密的朋友也不诚实"：Ullrich, *Hitler*, p. 7.

38　"谎言说大了……感到不好意思了"：Hitler, *MK*, 1:617.

39　"即使被告知事实真相之后……太清楚了"：同上。

39　"自古以来……帮助宣传真相"：同上。

39　"人民群众懒惰而懦弱"：Hitler, *MK,* 2:1477

40　"英格兰人那样的平均素质都没有"：Adolf Hitler, *Hitler's Second Book: The Unpublished Sequel* to Mein Kampf, ed. Gerhard Weinberg (New York: Enigma Books, 2006), p. 111.

40　"如果德国人民是脆弱的"：Ian Kershaw, *Hitler 1936–1945: Nemesis* (New York: W. W. Norton, 2000) (hereafter Nemesis), p. 555.

40　"只要有令他感兴趣的人……最可怕的说服力"：Ernst Hanfstaengl, *Hitler: The Missing Years* (New York: Arcade Publishing, 1994), p. 266.

41　希特勒可以表现得沉着：Ian Kershaw, *Hitler 1889–1936: Hubris*

(New York: W. W. Norton, 1998) (hereafter *Hubris*), p. 281.

41　康拉德·海登：Aust, *Hitlers erster Feind*, pp. 141–142.

42　阿道夫·希特勒出生在：Brigitte Hamann, *Hitler's Vienna: A Dictator's Apprenticeship*, trans. Thomas Thornton (New York: Oxford University Press, 1999), p. 7.

42　一开始我们就发现……是很普遍的：Kershaw, *Hubris*, pp. 3–5.

42　但希特勒本人……包括村庄的公墓地：Robert G. L. Waite, *The Psychopathic God: Adolf Hitler* (New York: Basic Books, 1977), pp. 128–131.

42　希特勒后来说：August Kubizek, *The Young Hitler I Knew,* trans. Geoffrey Brooks (London: Greenhill Books, 2006), p. 54.

43　这是希特勒关于自己的又一个真实性不大的故事：Ullrich, *Hitler*, p. 21.

43　为她治疗的医生回忆：Hamann, *Hitler's Vienna*, pp. 34–35.

44　"我俯下身子"：Hitler, *MK*, 1:453.

44　10 月 29 日：Thomas Weber, *Hitler's First War: Adolf Hitler, the Men of the List Regiment, and the First World War* (Oxford: Oxford University Press, 2010), p. 48.

44　"一种恐怖感……这其实只是胆怯"：Hitler, *MK*, 1:461–465.

44　"思想斗争结束了"：同上。

45　这方面的记录是有些争议的：Weber, *Hitler's First War*，特别是第 7 章。

45　"在总结所有信息的时候"：Ullrich, *Hitler*, p. 59.

45　这方面依然笼罩着迷雾……希特勒缺乏"元首"的能力：同上；Weber, *Hitler's First War*, chap. 7。

46　但……马克斯·阿曼在做证的时候：Ullrich, *Hitler,* p. 60.

46　战争的牺牲……"我要投身政治"：Hitler, *MK*, 1:553–557.

46　开始时希特勒确实：Weber, *Hitler's First War*, pp. 250–252.

47　1919 年春天：同上，第 250—251 页和第 257 页。

47　我们该如何把这个与希特勒后来的记录连接起来呢：同上，
　　　pp. 350–351；Ullrich, *Hitler*, pp. 79–80。

47　他用一个故事描述这个观点……"我开始仇恨他们"：Hitler,
　　　MK, 1:209 and 1:225.

47　希特勒……的许多狂热的表述：Hamann, *Hitler's Vienna*, pp.
　　　202 and 352; Weber, *Hitler's First War*, pp. 250–251.

48　一个委员会开始调查：Weber, *Hitler's First War*, pp. 255–256
　　　and 258–259.

48　"使人们为更好的生活奋斗"：Hitler to Gemlich, September 19,
　　　1919, in Noakes and Pridham, eds., *Nazism*, 1:12–13.

48　当时迈尔要求希特勒：Noakes and Pridham, eds., *Nazism*, 1:13.
　　　1920 年春天，希特勒在进行演讲，明确号召"终结所有的
　　　犹太人"。见*Hitler: Sämtliche Aufzeichnungen 1905-1924*, ed.
　　　Eberhard Jäckel (Stuttgart: Deutsche Verlags-Anstalt, 1980), pp.
　　　119–120。我很感激Gerhard Weinberg教授的这个参考资料。

48　"停 战 梦 境"：Wolfgang Schivelbusch, *The Culture of Defeat:
　　　On National Trauma, Mourning, and Recovery*, trans. Jefferson
　　　Chase (New York: Picador, 2001), p. 255n31.

49　在为迈尔上尉工作期间：Kershaw, *Hubris*, p. 124.

49　"我开始投入极大的热情和爱心"：Hitler, *MK*, 1:579.

49　希特勒无意中发现了他自己确实擅长的技能：Kershaw, *Hubris*,
　　　p. 125; Ernst Deuerlein, "Hitlers Eintritt in die Politik und die Re-
　　　ichswehr", *Vierteljahrshefte für Zeitgeschichte* 7 (1959): 177–227.

50　迈尔上尉开始尊重这个人：Kershaw, *Hubris,* p. 126.

50　还是军人的希特勒成了德国工人党的党员：同上，第 145 页。

50　慕尼黑警方的一份报告……"朝着我们的目标前进"：Reginald H. Phelps, "Hitler als Parteiredner", *Vierteljahrshefte für Zeitgeschichte* 11 (1963): 274–330 and 294–295.

51　康拉德·海登是少数几个：Aust, *Hitlers erster Feind*, pp. 21 and 82–84.

52　他少年时代的挚友：Kubizek, *Young Hitler*, pp. 157 and 174–175.

53　"与大多数愚昧之徒一样"：Hanfstaengl, *Hitler: The Missing Years*, p. 133.

53　"他惊奇地看着我"：Kubizek, *Young Hitler*, p. 182.

53　他惯常地咒骂知识分子和专家：Ullrich, *Hitler,* pp. 389–390.

53　兑换率：Richard J. Evans, *The Coming of the Third Reich* (New York: Penguin, 2004), p. 105.

54　"这个希特勒是个了不起的家伙"：Kershaw, *Hubris*, p. 216.

54　有这么一个传说：Ullrich, *Hitler*, p. 173.

55　开始的时候就有关于他的争议：Jonathan Wright, *Gustav Stresemann: Weimar's Greatest Statesman* (New York: Oxford University Press, 2002), "Introduction".

55　英国记者克劳德·科伯恩……自由政治家特奥多尔·豪斯……小说家托马斯·曼：同上，第 2 页。

55　艾伯农子爵的评价是很细微的：同上，第 498 页。

55　施特雷泽曼 1878 年出生在柏林：同上，第 1 章。

56　参加工作以后：同上，第 2 章。

56　一生中：同上，第 3 章。

56　施特雷泽曼开始愤怒地谴责：同上，第 106—107 页。

56 在他的担任总理的短暂时期：Wright, *Stresemann*, p. 494; Zara Steiner, *The Lights That Failed: European International History 1919–1933* (New York: Oxford University Press, 2005), chaps. 7 and 8.

57 国内外复杂的政治和经济因素：Wright, *Stresemann*, pp. 323 and 518.

57 德国总理汉斯·路德：同上，第 332 页。

58 英国外交大臣奥斯丁·张伯伦：同上，第 499 页。

58 在 1926 年的一次会议之后：同上，第 370 页和第 196 页。

58 阿尔弗雷德·胡根堡出身平平：John A. Leopold, *Alfred Hugenberg: The Radical Nationalist Campaign Against the Weimar Republic* (London and New Haven: Yale University Press, 1977), pp. 1–2.

58 1916 年，胡根堡收购了：同上，第 8—20 页。

59 胡根堡在 20 世纪 20 年代初期进入了：同上，第 21—23 页。

59 他担心的是自己的政党：Hugenberg, "Block oder Brei?", in Herbert Michaelis et al., eds., *Ursachen und Folgen vom deutschen Zusammenbruch 1918 und 1945 bis zur staatlichen Neuordnung Deutschlands in der Gegenwart* (Berlin: Dokumenten-Verlag Dr. Herbert Wendler, 1959–1978), 8:350.

59 古斯塔夫·施特雷泽曼明白：Wright, *Stresemann*, pp. 373–374.

60 希特勒后来告诉自己的外交部长：同上，第 514 页。

60 当胡根堡获得民族党领导地位的时候：同上，第 434 页和第 408 页。

60 那年的 7 月，施特雷泽曼告诉一位法国记者：同上，第 469 页。

60　"订一口两人用的棺材"：同上，第 501 页。

61　在 9 月 30 日：同上，第 482 页。

61　"德国崩溃"：Ullrich, *Hitler*, pp. 201–2 n70.

61　"老旧的产业造成了 1200 万人失业"：同上，第 201—202 页。

第三章　血腥五月

62　警方已经准备了几个星期：Thomas Kurz, *Blutmai: Sozialdemokraten und Kommunisten im Brennpunkt der Berliner Ereignisse von 1929* (Berlin: Verlag J. H. W. Dietz Nachf., 1988), pp. 13–14.

62　一个叫马克斯·菲尔斯特的年轻木匠：Fürst, *Gefilte Fisch*, p. 567.

62　上午的时候：Kurz, "*Blutmai*," pp. 29–30.

62　马克斯·菲尔斯特和他的年轻妻子：Fürst, *Gefilte Fisch*, pp. 568–569.

63　形势还在恶化：Kurz, "*Blutmai*," pp. 32–33.

63　有一个人没有立即服从命令：同上，第 45 页。

63　一些抗议者做出了反应：同上，第 36—40 页。

64　这样的事情也发生在新克尔恩区的赫尔曼广场：Bericht über die von dem Ausschuß zur Prüfung der Mai-Vorgänge am 6.6.1929 im Großen Schauspielhaus Versammlung, Landesarchiv Berlin A Pr. Br. Rep. 30 Tit. 95 Nr. 21731, Bl. 110.

64　许多媒体很快就用上了"血腥五月"：Kurz, "*Blutmai*", p. 63.

65　官方对 5 月 1 日的统计是：同上，第 42 页和第 47—48 页。

65　在"血腥五月"死去的人：Hett, *Crossing Hitler*, p. 55.

66 记者马特奥·昆茨：Matheo Quinz, "The Romanisches Café", in Anton Kaes et al., *The Weimar Republic Sourcebook* (Berkeley and Los Angeles: University of California Press, 1994), pp. 415–417.

66 咖啡馆只允许……少数几位客人：David Clay Large, *Berlin* (New York: Basic Books, 2000), p. 191.

66 历史学家埃里克·韦茨：Eric D. Weitz, *Weimar Germany*, New and Expanded Edition (Princeton: Princeton University Press, 2013), pp. 77–78.

66 长期担任德意志民主共和国对外情报局局长的马库斯·沃尔夫：Markus Wolf, *Man Without a Face: The Autobiography of Communism's Greatest Spymaster* (New York: PublicAffairs, 1997), p. 25.

67 "认信"阵营有三个：Jürgen Falter, *Hitlers Wähler* (Munich: C. H. Beck, 1991); Walter Dean Burnham, "Political Immunization and Political Confessionalism: The United States and Weimar Germany", *Journal of Interdisciplinary History* 3, no. 1 (Summer 1972): 1–30.

67 "我们必须捏着鼻子"：Kershaw, *Hubris*, p. 228.

68 直至 1932 年：Falter, *Hitlers Wähler*, pp. 51–52 and 368–372.

68 但在 1925 年时：Wolfram Pyta, *Dorfgemeinschaft und Parteipolitik 1918–1933: Die Verschränkung von Milieu und Parteien in den protestantischen Landgebieten Deutschlands in der Weimarer Republik* (Düsseldorf: Droste Verlag, 1996), p. 37.

69 这种社会结构在农村地区是不存在的：Shelley Baranowski, *The Sanctity of Rural Life: Nobility, Protestantism, and Nazism in Weimar Prussia* (New York: Oxford University Press, 1995),

pp. 6–8, 20, and 39.

69　农村地区的人不喜欢魏玛共和国，这是可以理解的：同上，第 118—122 页。

70　第一次世界大战也给农村地区带来了重大的影响：同上，第 102 页。

70　"柏林不是德国"：Large, *Berlin*, 164.

70　保守派记者威廉·施塔珀尔：Wilhelm Stapel, "The Intellectual and His People", in Kaes et al., *Weimar Republic Sourcebook*, pp. 423–425.

71　对大城市的性风俗开展了广泛批评：Baranowski, *Sanctity*, p.111.

71　诗人和儿童文学作家埃里希·凯斯特纳：Weitz, *Weimar*, p. 77.

71　记者库尔特·图霍夫斯基：Kurt Tucholsky, "Berlin and the Provinces", in Kaes et al., *Weimar Republic Sourcebook,* pp. 418–420.

71　威廉·施塔珀尔说得对：Baranowski, *Sanctity*, 129; Hett, *Burning the Reichstag*, pp. 80–81.

72　反犹主义是一个"文化代号"：Shulamit Volkov, *Germans, Jews and Antisemites: Trials in Emancipation* (New York: Cambridge University Press, 2006), pp. 113–115.

72　德意志的民族主义是最重要的：同上；Hermann Graml, *Antisemitism in the Third Reich*, trans. Tim Kirk (Oxford: Blackwell, 1988), pp. 67–68。

72　反–反犹主义：Volkov, *Germans, Jews, and Antisemites*, pp. 118, 129, and 135–139.

73　反犹主义在"一战"前的爆发：Peter Hayes, *Why: Explaining the Holocaust* (New York: W. W. Norton, 2017), pp. 53–56.

73　魏玛的政治结构：Graml, *Antisemitism*, p. 80.

73   "国际金融蜘蛛"：Ullrich, *Hitler*, p. 231.

74   1928 年，由苏联领导的共产国际召开了第六次代表大会：
      Eva Rosenhaft, *Beating the Fascists: The German Communists
      and Political Violence* (New York: Cambridge University Press,
      1983), p. 30.

75   一是结构性的：Fritzsche, *Germans into Nazis*, p. 79; Wolfram
      Pyta, *Die Weimarer Republik* (Berlin: Landeszentrale für poli-
      tische Bildungsarbeit, 2004), p. 156.

75   20 世纪 20 年代有好几次：Thomas Mergel, "Das Scheitern des
      deutschen Tory-Konservatismus: Die Umformung der DNVP zu
      einer rechtsradikalen Partei 1928–1932", *Historische Zeitschrift*
      275, no. 2 (2003): 325–326 and 337.

75   保罗·冯·贝内肯多夫-冯·兴登堡：Wheeler-Bennett, *Wooden
      Titan*, pp. 3–4.

76   1914 年 8 月 22 日：同上，第 26—29 页。

76   霍夫曼后来评论：Anna von der Goltz, *Hindenburg: Power, Myth,
      and the Rise of the Nazis* (Oxford: Oxford University Press,
      2009), p. 19.

76   他惯常表情严肃：Henry Ashby Turner, *Hitler's Thirty Days to
      Power: January 1933* (Reading, MA: Addison-Wesley, 1997), p. 4.

76   兴登堡象征着德国的历史：von der Goltz, *Hindenburg*, p. 14.

77   兴登堡很顾家：Pyta, *Hindenburg*, p. 21.

77   他是一个虔诚的新教路德会教友：von der Goltz, *Hindenburg*, p. 14.

77   社会民主党的一个代表团访问：Harry Graf Kessler, *Tagebücher
      1918 bis 1937* (Frankfurt: Insel Taschenbuch, 1996), p. 698.

77   "我自己也不明白"：Pyta, *Hindenburg*, p. 15.

77　德军最高司令部任命他：von der Goltz, *Hindenburg*, p. 15.

78　他经常出门旅行：Pyta, *Hindenburg*, pp. 18–19.

78　作为一名年轻的军官：同上，第 19 页。

78　他的报告写得精准到位：同上，第 559—560 页。

78　海军总参谋长马格纳斯·冯·莱维佐夫：同上，第 333 页。

79　当兴登堡决定作为民族主义的右翼候选人竞选总统的时候：
　　von der Goltz, *Hindenburg,* p. 93.

80　德国产业协会坚持认为：*Ursachen und Folgen*, 8:101–103.

80　企业领导人清楚地知道：Harold James, "Economic Reasons for
　　the Collapse of the Weimar Republic", in Ian Kershaw, ed., *Wei-
　　mar: Why Did Democracy Fail?* (London: Weidenfeld and Nicol-
　　son, 1990), p. 40.

81　"开放和坦诚的"：Vincenz Müller, *Ich fand das wahre Vaterland*
　　(East Berlin: Deutscher Militärverlag, 1963), p. 199.

81　德国人的幽默：Turner, *Hitler's Thirty Days*, p. 20.

81　同事们有时候不能确定：Irene Strenge, *Schleicher: Politik im
　　Reichswehrministerium am Ende der Weimarer Republik* (Berlin:
　　Duncker und Humblot, 2006), pp. 12–13.

81　"这个问题你真的想明白了？"：Müller, *Wahre Vaterland*, p. 196.

81　"是啊，只是很遗憾他疯了"：Otto Meißner, *Staatssekretär unter
　　Ebert—Hindenburg—Hitler* (Hamburg: Hoffmann und Campe Ver-
　　lag, 1950), pp. 257–258.

81　"说疏远太轻描淡写了"：Michaelis et al., *Ursachen und Folgen*,
　　Bd. 8, Doc. 1922, p. 711.

81　"恐惧而不是喜欢"……"而不是实实在在的、深沉的"：An-
　　dré François-Poncet, *The Fateful Years: Memoirs of a French*

Ambassador in Berlin, 1931–1938, trans. Jacques LeClercq (New York: Howard Fertig, 1971), pp. 28–29.

82   施莱谢尔 1882 年出生在：Strenge, *Schleicher*, pp. 11 and 54–55.

82   早在 1924 年：Müller, *Wahre Vaterland*, pp. 223–224.

82   德国必须摆脱《凡尔赛和约》的"枷锁"：同上，第 219 页和第 224—225 页。

82   在 1933 年的一次非正式谈话中："莫斯科文件"，见Henry Ashby Turner, *Hitlers Weg zur Macht: Der Januar 1933*, trans. Enrico Heinemann and Thomas Pfeiffer (Berlin: Ullstein, 1999), p. 184。Turner教授的英文原版图书中没有出现该文件的全文。

83   他后来解释说：同上，第 182 页。

83   1926 年 12 月：Strenge, *Schleicher*, pp. 46–51.

84   1928 年的选举：同上，第 62 页。

84   施莱谢尔知道：同上，第 60 页。

85   "你不能用刺刀来实施统治"：Müller, *Wahre Vaterland*, p. 223.

85   石荷州的农民受这些打击最为严重：McElliigott, *Rethinking*, p. 78.

86   然后还有"合理化"：Weitz, *Weimar*, p. 152; James, "Economic Reasons", p. 31.

86   德国有 130 万失业工人：Theo Balderston, *Economics and Politics in the Weimar Republic* (Cambridge: Cambridge University Press, 2002), p. 79.

86   是 1928 年华尔街的牛市：Liaquat Ahamed, *Lords of Finance: The Bankers Who Broke the World* (New York: Penguin Books, 2009), pp. 324–325.

86   著名外交史专家左拉·斯坦纳：Steiner, *Lights That Failed*, p. 641.

87　布吕宁曾是机枪连的一名中尉：Pyta, *Weimar*, p. 99.

87　"激励了信心和同情"：François-Poncet, *Fateful Years*, p. 4.

87　"越是荒谬和激进的诉求和承诺"：Heinrich Brüning, *Memoiren: 1918–1934* (Stuttgart: Deutsche Verlags-Anstalt, 1970), p. 243.

87　"从一开始"：同上，第 211 页。

88　1931 年深秋：同上，第 247 页。

88　他的才能、天生的权威气质所带来的影响：William L. Patch, *Heinrich Brüning and the Dissolution of the Weimar Republic* (New York: Cambridge University Press, 1998), p. 136.

88　1929 年 12 月下旬的一个饭局上：Strenge, *Schleicher*, p. 63; Treviranus, *Weimar*, p. 115; Brüning, *Memoiren,* pp. 150–151.

89　他的政府并没有"受缚于任何联合体"：Strenge, *Schleicher*, p. 67; *Akten der Reichskanzlei: Die Kabinette Brüning I und II (1930–1932)* (hereafter *AdR Brüning*), ed. Tilmann Koops (Boppard am Rhein: Boldt Verlag, 1982); *Verhandlungen des Reichstages*, 427:4727–4730.

90　1928 年 5 月：Jürgen Falter, *Wahlen und Abstimmungen in der Weimarer Republik* (Munich: C. H. Beck, 1986), pp. 90, 100, and 111.

90　纳粹党得到了回报：Fritzsche, *Germans*, p. 173.

90　1930 年 6 月底：Hermann Graml, *Zwischen Stresemann und Hitler: Die Aussenpolitik der Präsidialkabinette Brüning, Papen und Schleicher* (Munich: R. Oldenbourg Verlag, 2001), pp. 48–53.

91　前一年秋天：Wright, *Stresemann*, p. 476.

91　就在白里安准备执行自己想法的时候：Ferdinand Siebert, *Aristide Briand: Ein Staatsmann zwischen Frankreich und Europa* (Erlenbach-Zürich: Eugen Rentsch Verlag, 1973), pp. 545–547.

92   在 7 月 8 日的内阁会议上：*AdR Brüning*, Bd. 1, Dok. 68.

92   虽然大多数欧洲国家：Siebert, *Briand*, p. 553.

92   他的一些忠心耿耿的支持者……以便采取严厉措施：C. Edmund Clingan, *The Lives of Hans Luther, 1879–1962: German Chancellor, Reichsbank President, and Hitler's Ambassador* (Lanham, MD: Lexington Books, 2010), p. 87.

93   几年后：Müller, *Wahre Vaterland*, p. 349.

第四章   饥饿总理

94   "自动化和致命的经济危机"："Laubenkolonie Felseneck", *Die Rote Fahne*, January 20, 1932.

94   一个叫约翰·巴努舍尔的男子：Bundesarchiv Berlin-Lichterfelde R 22/66804, *Adam und Genossen*, judgment, December 22, 1932, pp. 23–35.

95   1 月 18 日晚上……他当场死亡：同上。

96   1930 年 9 月 15 日凌晨：Adolf Hitler, *Reden, Schriften, Anordnungen 1925–1933* (hereafter Hitler, Reden), 3:3, ed. Christian Hartmann (Munich: K. G. Saur, 1995), pp. 418–419.

96   恩斯特·汉夫施丹格尔声称：Ernst Hanfstaengl, *Zwischen Weißen und Braunem Haus: Memoiren eines politischen Aussenseiters* (Munich: R. Piper Verlag, 1970), p. 207.

96   根据鲁道夫·赫斯的说法：Ullrich, *Hitler*, p. 231.

96   "德国一个黑暗的日子"：Kessler, *Tagebücher*, pp. 677–678.

97   西娅·斯特恩海姆……贝拉·弗洛姆：Ullrich, *Hitler*, p. 233;

Bella Fromm, *Blood and Banquets: A Social Diary* (New York: Harper and Brothers, 1942), p. 25.

97 **英国大使贺拉斯·伦博尔德**：Michaelis et al., *Ursachen und Folgen*, 8:93.

97 **"畸形的"**：Fritzsche, *Germans*, p. 150.

97 **国家党在一次新闻发布会上哀叹**：Michaelis et al., *Ursachen und Folgen*, 8:92.

97 **新的国民议会在 10 月份开始运作的时候**：Fromm, *Blood and Banquets*, p. 25.

97 **担心的不仅仅是德国的自由人士**：Balderston, *Economics and Politics,* p. 84; Ahamed, *Lords of Finance*, p. 400; Thomas Ferguson and Peter Temin, "Made in Germany: The German Currency Crisis of July 1931", *MIT Department of Economics Working Paper Series*, February 2001, p. 12.

98 **他对希特勒获胜消息的反应**：Siebert, *Briand*, p. 562.

98 **纳粹党人是政治家**：Robert Paxton, *The Anatomy of Fascism* (New York: Vintage, 2004), pp. 83–84.

99 **"皇宫的辉煌已经消失了"**：*Berlin and Its Environs*, 6th ed. (Leipzig: Karl Baedeker, 1923), p. 50.

99 **反犹主义是纳粹纲领中的重要任务**：Noakes and Pridham, *Nazi Germany*, 1:14–16.

100 **我们要求开展法律战**：同上，1:15—16。

101 **"教会在政治上是中立的"**：Karl Wilhelm Dahm, *Pfarrer und Politik* (Cologne: Westdeutscher Verlag, 1965), pp. 104–109.我特别感谢Ky Woltering提供了关于魏玛新教徒的引文，以及他对德国新教徒情况的解释。

102 新教的一位传教团长说：Karl Wilhelm Dahm, "German Protes-tantism and Politics, 1918–39", *Journal of Contemporary History* 3, no. 1 (January 1968): 33.

102 "唯物主义启蒙与民主的结盟"：R. Seeberg, quoted in ibid., p. 40.

102 "一战"后在柏林流传的一首诗歌：Victoria Barnett, *For the Soul of the People: Protestant Protest Against Hitler* (New York: Oxford University Press, 1992), p. 16.

102 奥托·迪贝柳斯吹嘘：Michael Wildt, *Hitler's Volksgemeinschaft and the Dynamics of Racial Exclusion: Violence Against Jews in Provincial Germany 1919–1939*, trans. Bernhard Heise (New York: Berghahn Books, 2012), p. 84.

103 "一个真正意义的人民教会"……"基本的愤怒"：Richard Kar-wehl, "Politisches Messiastum", *Zwischen den Zeiten* 9 (1931): 520 and 530–531.感谢Dagmar Herzog提供这方面的信息。

103 考虑到……令卡韦尔感到厌恶：Dagmar Herzog与作者的会话，2017年2月。

103 甚至多年之后：Joachim Fest, *Plotting Hitler's Death: The Story of the German Resistance* (New York: Metropolitan Books, 2006), p. 316.

103 牧师和抵抗英雄马丁·尼默勒：Martin Niemöller, speech of December 22, 1946, Microform No. 252, WWII Era Records of the WCC, Yale Divinity School.

103 卡韦尔认为纳粹主义绝对克服不了自由主义：Karwehl, "Poli-tisches Messiastum", p. 531.

103 许多（最终或许是大多数）新教徒比卡韦尔走得更远：同上，第519—520页。

104　农村和中产阶级的新教徒在政治上是无家可归的：Riecker, *Hitlers 9. November*, p. 115.

104　战争结束的第二天：Fritzsche, *Germans*, p. 111，以及根据 Fritzsche的观点开展的讨论。

105　"对待人民的正确态度"……结合了社会改良和民族主义：同 上，第 182 页和 200 页；Pyta, *Hindenburg*, pp. 583–584。

105　在欧洲大地上……自卫反应的一部分：Paxton, *Anatomy of Fascism*, p. 81.

105　在 20 世纪 20 年代初有一段时间：Argument based on Fritzsche, *Germans*.

106　"德国财团"……"发出呻吟"：Hitler, *Second Book*, pp. 24–25.

106　贸易协定是令人愤怒的：Fritzsche, *Germans*, p. 173.

107　伯恩哈德·冯·布洛说：Hermann Graml, *Bernhard von Bülow und die deutsche Aussenpolitik. Hybris und Augenmass im Auswärtigen Amt* (Munich: Oldenbourg, 2012), pp. 33–34.

107　用最简单的术语来讲：Ahamed, *Lords of Finance*, pp. 11–13. 两次世界大战之间对金本位进行定义的著作，参见Barry Eichengreen, *Golden Fetters: The Gold Standard and the Great Depression 1919–1939* (New York: Oxford University Press, 1992)。我非常感谢Eichengreen教授、Benjamin Friedman教授和Edmund Clingan教授给我这方面的知识。

107　在"一战"之后的世界：Tooze, *Deluge*, pp. 487–488.

108　根据 1924 年的《道威斯计划》：Ahamed, *Lords of Finance*, p. 325.

108　比限制德国行动自由更厉害的是：Clingan, *Luther*, p. 98.

108　在 1930 年的一次发言时：Michaelis et al., *Ursachen und Fol-*

gen, 8:118.路德引用了银行家卡尔·梅尔希奥的话。

108　国务秘书伯恩哈德·冯·布洛认为：Graml, *Bülow*, pp. 33–34.

108　布吕宁强调：Michaelis et al., *Ursachen und Folgen*, 8:109.

109　正统的观点：同上，8:118。

109　极右翼记者费迪南德·弗里德：同上，8:5。

109　自由经济学家埃米尔·莱德勒：同上，8:7。

109　精明的纳粹宣传家约瑟夫·戈培尔：同上，8:7–8。

110　施特拉塞尔是纳粹领导人之一：Peter D. Stachura, *Gregor Strasser and the Rise of Nazism* (London: George Allen and Unwin, 1983), p. 3.

110　施特拉塞尔出生在：同上，第12—13页。

110　但施特拉塞尔还是在战争中负了伤：同上，第14页。

111　这次演讲中的一句话出了名，而且经久不衰：*Verhandlungen des Reichstages*，446:2511.

111　他争辩说，纳粹党要拯救农村经济：同上，446:2520。

112　戈特弗里德·特雷维拉努斯说：Graml, *Zwischen Stresemann und Hitler*, p. 53.

112　伯恩哈德·冯·布洛在1930年写道：Graml, *Bülow*, p. 92.

112　大战的结束导致了难民危机：Annemarie H. Sammartino, *The Impossible Border: Germany and the East, 1913–1922* (Ithaca, NY: Cornell University Press, 2010), pp. 2 and 120.

112　这次难民危机：同上，第10页。

112　显然，纳粹党的一些要人：Hett, *Burning the Reichstag*; Michael Mann, "Were the Perpetrators of Genocide 'Ordinary Men' or 'Real Nazis'?", *Holocaust and Genocide Studies* 14, no. 3 (2001): 331–66.

113　1928年：Rosenhaft, *Beating the Fascists*, p. 30.

113 德国共产党规模很大：Hermann Weber, *Die Wandlung des deutschen Kommunismus: Die Stalinisterung der KPD in der Weimarer Republik* (Frankfurt: Europäische Verlagsanstalt, 1971), pp. 362–364.

113 希特勒完全同意：Hitler, Hossbach Memorandum, in Noakes and Pridham, *Nazism*, 3:74–75.

114 这些教训：Ludendorff, *Nation at War*.

114 他们的国际影响主要来自土耳其：Stefan Ihrig, *Atatürk in the Nazi Imagination* (Cambridge, MA: Harvard University Press, 2014), p. 223.

115 纳粹党羡慕阿塔图尔克所取得的成功：同上，第 224 页。

115 1920 年到 1923 年间……及其阴谋的产物：Michael Kellogg, *The Russian Roots of Nazism: White Emigrés and the Making of National Socialism, 1917–1945* (Cambridge: Cambridge University Press, 2005), pp. 1–4.

116 "神圣的俄国怀有最崇高的敬意"……"德国共产党人"：Peter Longerich, *Goebbels: A Biography*, trans. Alan Bance et al. (New York: Random House, 2015), pp. 26 and 29.

116 在整个政治生涯中：Kershaw, *Hubris*, pp. 180–182.

116 朱塞佩·伦泽蒂在 1932 年报告：Hans Woller, "Machtpolitisches Kalkul oder ideologische Affinität? Zur Frage des Verhältnisses zwischen Mussolini und Hitler," in Wolfgang Benz et al., eds., *Der Nationalsozialismus: Studien zur Ideologie und Herrschaft* (Frankfurt: Fischer Taschenbuch Verlag, 1993), p. 46.

116 意大利法西斯党和纳粹党接触很多：同上，第 52 页。

116 墨索里尼想看到德国有个团结的右翼政府：同上，第 52—54 页。

116 伦泽蒂终于明白：同上，第 54—60 页。

117 这个代价包括：Weinberg, Introduction to Hitler, *Second Book*, pp. xiv–xxi.

117 在 1928 年的大选战役期间……达成了交易的第二天：Douglas G. Morris, *Justice Imperiled: The Anti-Nazi Lawyer Max Hirschberg in Weimar Germany* (Ann Arbor: University of Michigan Press, 2005), pp. 254–272; Allan Cassels, *Mussolini's Early Diplomacy* (Princeton: Princeton University Press, 1970), pp. 171–172.

118 德国支持纳粹党的模式：Paxton, *Fascism*, pp. 80–81.

118 它也是一个国际反应：Ihrig, *Atatürk*, p. 228; Kellogg, *Russian Roots*, p. 1.

119 但布吕宁认为：Patch, *Brüning*, p. 151.

119 1930 年 12 月：Brüning, *Memoiren*, pp. 222–224.

119 虽然 1931 年初有少许微弱的经济回暖迹象：Ferguson and Temin, "Made in Germany," p. 31.

119 在 5 月 30 日的一次内阁会议上：Heinrich August Winkler, *Weimar 1918–1933: Die Geschichte der ersten deutschen Demokratie* (Munich: C. H. Beck, 1993), p. 405.

119 在这样的阴郁气氛中：Ferguson and Temin, "Made in Germany", pp. 18–19.

120 随着会谈的持续：Graml, *Zwischen Stresemann und Hitler*, pp. 81 and 152–153.

120 "大萧条"给了他一个机会：同上，第 77—79 页。

120 1931 年 3 月 21 日：Winkler, *Weimar*, pp. 403–405; Brüning, *Memoiren*.

121　这在法国引起了一场轩然大波：Winkler, *Weimar*, p. 406.

121　布吕宁太聪明了：这是一个聪明并具有说服力的论证，见 Hermann Graml, *Zwischen Stresemann und Hitler*, p. 97。

121　一是再次表明：此论点见Boyce, *Interwar Crisis*, p.310。

121　布吕宁可以对"大萧条"满不在乎：Graml, *Zwischen Stresemann und Hitler*, p. 155.

122　6月6日：Ferguson and Temin, "Made in Germany", p. 34; Winkler, *Weimar*, p. 408.

122　已经有谣言说：Ferguson and Temin, "Made in Germany", p. 36.

122　就在那一天：Patch, *Brüning*, pp. 160–162.

122　布吕宁在英国契克斯庄园：Brüning, *Memoiren*, p. 413.

122　美国驻德大使萨克特和英国驻德大使：Patch, *Brüning*, p. 156.

122　胡佛政府的美国官员：Winkler, *Weimar*, p. 415.

123　结束战争赔款的支付：Ferguson and Temin, "Made in Germany" 的总体论据。

123　奥地利的一家大银行无力支付而倒闭：Barry Eichengreen, *Hall of Mirrors: The Great Depression, the Great Recession, and the Uses—and Misuses—of History* (New York: Oxford University Press, 2015), pp. 142–143 and 149–151.

123　他和部长们：Patch, *Brüning*, pp. 201 and 219.

123　更重要的是，布吕宁政府感觉：同上，第201—204页。

124　但这样的扩权所需要的钱从哪里来？：布吕宁对"大萧条"做出反应的整个问题，是专家们激烈争议的。争论的起点是克努特·博尔夏特在20世纪70年代出版的一部著作。博尔夏特反对当时还很流行的凯恩斯正统经济学，他争辩说，布吕宁别无选择，只能走自己选定的道路，因为魏玛经济相当"脆弱”，政府不可能借钱。我赞同以下文献的论点：Ferguson and Temin, "Made in Germany"；Edmund Clingan, *Finance from Kaiser to Führer: Budget Politics in Germany 1912–1934* (Westport, CT: Greenwood Press, 2001)；Clingan, *Luther*。并请见：Knut Borchardt, *Perspectives on Modern German Economic History and Policy*, trans. Peter Lambert (Cambridge: Cambridge University Press, 1991)；Eichengreen, *Golden Fetters and Hall of Mirrors*；Boyce, *Interwar Crisis*。

124 **金本位是和平、自由的资本主义世界秩序的最基本象征**：Tooze, *Deluge*, pp. 502–503.

125 **此后不久**：Brüning, *Memoiren*, p. 293.

125 **"柏林需要感觉"**：Joseph Goebbels, *Kampf um Berlin: Der Anfang* (Munich: Eher Verlag, 1934), p. 28.

126 **他承认说**：同上，第 21 页。

126 **"旋转的机器每天以几百万份报纸的形式"**：同上，第 27 页。

127 **到 20 世纪 30 年代初期**：关于柏林政治暴力的讨论，部分参照了 Rosenhaft, *Beating the Fascists*；Pamela E. Swett, *Neighbors and Enemies: The Culture of Radicalism in Berlin* (Cambridge: Cambridge University Press, 2004)；Hett, *Crossing Hitler*；以及 Hett, *Burning the Reichstag*。

127 **发生在费尔森内克聚居地的攻击**：Hett, *Crossing Hitler*, pp. 149–150.

128 **越来越多遵纪守法的中产阶级德国人认为**：Richard Bessel, "Violence as Propaganda", in Thomas Childers, *The Formation of the Nazi Constituency, 1919–1933* (London: Croom Helm, 1986), pp. 131–146.

128 在 1932 年 5 月国民议会的一次辩论期间：*Verhandlungen des Reichstages*, 446:2486.

128 这话激怒了许多人：Michaelis et al., *Ursachen und Folgen*, 8:398.

128 恩斯特·莱麦尔注意到：同上，8:399。

128 最直率和最精彩的评论：同上，8:400。

129 越来越明显的是：Swett, *Neighbors and Enemies*.

129 10 月份：Hermann Beck, *The Fateful Alliance: German Conservatives and Nazis in 1933—the Machtergreifung in a New Light* (New York: Berghahn Books, 2008), pp. 72–73.

130 戈培尔写了一篇直率的社论文章：同上。

130 私底下，他对巴特哈尔茨堡会议的评价更加不留情面：Joseph Goebbels, diary entry October 12, 1931, TB, Teil 1, Vol. 2/II, pp. 122–123.

第五章 紧急状态

131 "我们的战役"：约瑟夫·戈培尔，1932 年 3 月 1 日日记。

132 只有把纳粹追随者留在食槽边：Franz von Papen, *Der Wahrheit eine Gasse* (Munich: Paul List Verlag, 1952), p. 187.

133 "他们只能祈祷"：Diary entry of Schwerin von Krosigk, in Karl-Heinz Minuth, ed., *Das Kabinett von Papen* (Boppard am Rhein: Boldt Verlag, 1989), vol. 2, doc. 239b, p. 1038.

133 "在文化方面"：Brüning, *Memoiren*, p. 379.

133 记者康拉德·海登：Aust, *Hitlers erster Feind*, p. 157.

134 其中的一个原因：Strenge, *Schleicher*, pp. 77–78; Michaelis et

al., *Ursachen und Folgen*, 7:537–548.

134　"一个有趣的人"：Strenge, *Schleicher*, p. 81

134　"解除经济枷锁"：Winkler, *Weimar*, 422; *AdR Brüning*, 2:1470–1477.

134　与左翼的长期合作：Winkler, *Weimar*, p. 422.

135　他不想知道：Patch, *Brüning*, pp. 184–185.

135　1931 年 7 月：Winkler, *Weimar*, p. 422.

135　各人政治小算盘中的另一个重要因素：同上；Wright, *Strese-mann*, p. 341。

136　施莱谢尔主要关心的一个问题：Patch, *Brüning*, pp. 184–185; Winkler, *Weimar*, p. 425.

136　布吕宁明白了：Brüning, *Memoiren*, p. 386.

137　实际上，总统周围已经有阴谋活动了：同上，第 467—468 页。

137　他改组内阁：Strenge, *Schleicher*, pp. 83–84.

138　兴登堡本人不太愿意竞选连任：Wheeler-Bennett, *Wooden Titan*, p. 356.

138　为让这位老元帅的连任顺畅一点：Brüning, *Memoiren*, pp. 518–519.

138　即使是兴登堡担任荣誉领导人的"钢盔"：Winkler, *Weimar*, p. 445.

138　与他竞选的有三个主要的候选人：同上。

138　后来：Hanfstaengl, *Hitler*, pp. 176 and 196.

138　兴登堡没怎么参加竞选战役：Winkler, *Weimar*, p. 448.

139　复活节期间的竞选停战……竞选战役：同上，第 452 页。

139　布吕宁认为这次竞选：Patch, *Brüning*, p. 247; von der Goltz, *Hindenburg*, pp. 153–154.

139　投票数据的一份分析报告显示：Falter, *Hitlers Wähler*, pp. 123–

124.

139　现在兴登堡的支持者是：Patch, *Brüning*, p. 247.

139　作为例行的礼节：Winkler, *Weimar*, p. 414.

140　有理智的人和消息灵通的人都清楚：*AdR Brüning* 2: 692; Strenge, *Schleicher*, p. 90; Winkler, *Weimar*, pp. 447–448 and 454.

140　施莱谢尔惊呆了：Strenge, *Schleicher*, pp. 89–94.

141　施莱谢尔承受的一些压力：Brüning, *Memoiren*, p. 580.

141　施莱谢尔利用：Brüning, *Memoiren*, p. 580.

142　威廉·弗利克直截了当地告诉施莱谢尔的传记作者：Rudolf Fischer, *Schleicher: Mythos und Wirklichkeit* (Hamburg: Hanseatische Verlagsanstalt, 1932), p. 10.

142　人人都知道：Strenge, *Schleicher*, p. 95.

142　4 月下旬的一天：Brüning, *Memoiren*, p. 547.

142　布吕宁要求将军：同上，第 547—552 页。

143　4 月份和 5 月份：约瑟夫·戈培尔，1932 年 4 月 24—27 日日记记载。

143　"我们面临着艰难的抉择"：约瑟夫·戈培尔，1932 年 4 月 27 日和 25 日日记记载。

143　4 月 28 日：约瑟夫·戈培尔，1932 年 4 月 29 日日记记载。

143　"布吕宁似乎要下台了"：约瑟夫·戈培尔，1932 年 5 月 9 日日记。

143　5 月 9 日也是：Winkler, *Weimar*, p. 465; Brüning, *Memoiren*, p. 587.

144　此后施莱谢尔声称：Strenge, *Schleicher*, p. 106.

144　"斗篷掉下，公爵倒下"：约瑟夫·戈培尔，1932 年 5 月 12 日日记。

144　到 5 月 24 日：约瑟夫·戈培尔，1932 年 5 月 25 日日记记载。

144　接下来的 5 月 29 日星期天：Brüning, *Memoiren*, p. 600.

144　"炸弹在昨天爆炸了"：约瑟夫·戈培尔，1932 年 5 月 25 日
　　　和 31 日日记。

145　巴本 1879 年出生在：Rainer Orth, *Der "Amtssitz der Opposi-
　　　tion?" Politik und Staatsumbaupläne im Büro des Stellvertreters
　　　des Reichskanzlers in den Jahren 1933–1934* (Cologne: Böhlau
　　　Verlag, 2016), pp. 29–31.

145　1914 年 1 月：同上，第 33—34 页。

145　类似 20 世纪 30 年代早期：同上，第 34—35 页。

145　1917 年，他作为参谋军官：Ihrig, *Atatürk*, pp. 103 and 119.

145　战争结束的时候：Orth, "*Amtssitz*", p. 37.

146　巴本离开部队：同上，第 41—42 页。

146　"完全明白自己的知识局限"：Papen, *Wahrheit*, p. 185.

146　"宁愿被朋友或敌人轻视"：François-Poncet, *Fateful Years*, p. 23.

146　虽然巴本自己声称：Papen, *Wahrheit*, pp. 184–185.

147　"巴本不是头儿！"：Orth, "*Amtssitz*", p. 55.

147　有 7 位贵族：Winkler, *Weimar*, p. 479.

147　他签发了两条行政命令：Hett, *Crossing Hitler*, p. 129.

147　布吕宁是依靠：McElligott, *Rethinking*, p. 193.

147　敏锐的日记作者：Kessler, *Tagebücher*, pp. 709–710.

148　阴谋者交给迪尔斯一项重要的任务：1949 年 12 月 26 日奥特
　　　致冯·巴本，Institut für Zeitgeschichte ZS 279 Eugen Ott.

149　迪尔斯拿到了证据：Hett, *Burning the Reichstag*, pp. 31–32.

149　戈培尔事先就知道：约瑟夫·戈培尔，1932 年 7 月 20 日日记
　　　记载。

149　一份书面的正式声明：Huber, *Verfassungsgeschichte*, 4:563.

149　然而，7 月 20 日晚上：弗朗茨·冯·巴本 1933 年 7 月 20 日广播讲话，Deutsches Historisches Museum/Deutsches Rundfunkarchiv, Stimmen des 20. Jahrhunderts: Preussen in Weimar, 录音CD，2001 年。

150　大选的那天晚上：Hett, *Burning the Reichstag*, p. 82.

151　高潮出现在：Daniel Siemens, *Stormtroopers: A New History of Hitler's Brownshirts* (New Haven: Yale University Press, 2017), pp. xiv–xviii.

151　巴本签发的：Huber, *Verfassungsgeschichte*, 4:574–577.

151　8 月 11 日：Siemens, *Stormtroopers*, pp. xiv–xviii.

151　纳粹领导人对这次判决：同上，第xix页。

151　在纳粹的《人民观察家报》上：Beck, *Fateful Alliance*, p. 81.

151　戈林也向那些人发去了一份表示支持的电报：Siemens, *Stormtroopers*, p. xix.

151　这一系列事件：Wolfram Pyta, *Die Weimarer Republik* (Berlin: Landeszentrale für politische Bildungsarbeit, 2004), p. 143.

151　似乎纳粹党再次：Strenge, *Schleicher*, p. 138.

151　纳粹领导人有一个如何夺权和掌权的计划：Irene Strenge, *Machtübernahme 1933: Alles auf legalem Weg?* (Berlin: Duncker und Humblot, 2002), pp. 92 and 98.

152　根据《魏玛宪法》的第 43 条：Huber, *Verfassungsgeschichte*, 4:158 and 4:160.

152　海因里希·布吕宁多年后回忆说：Heinrich Brüning, "Ein Brief", *Deutsche Rundschau* 70, no. 7 (July 1947): 13.

153　希特勒已经在头一天：约瑟夫·戈培尔，1932 年 8 月 5 日日记。

153　但当施莱谢尔把这个计划：*AdR Papen*, Dok. 99n4, p. 380; Strenge, *Schleicher*, p. 134.

153　8 月 10 日：*AdR Papen*, Dok. 99, pp. 378–386.

154　"老头子很不愿意"：约瑟夫·戈培尔，1932 年 8 月 12 日日记。

154　"巴本变得软弱了"：约瑟夫·戈培尔，1932 年 8 月 11 日日记。

155　要求希特勒进入政府：约瑟夫·戈培尔，1932 年 8 月 12 日日记记载。

155　"然后就是决定"：约瑟夫·戈培尔，1932 年 8 月 13 日日记。

155　下午 3 点钟：约瑟夫·戈培尔，1932 年 8 月 14 日日记记载。

155　兴登堡以友好的语调：*AdR Papen*, Dok. 101, pp. 391–392.

156　这样的威胁：Strenge, *Machtübernahme*, p. 78.

156　希特勒认为：Strenge, *Schleicher*, p. 135.

156　给予了很大的帮助：Ernst Rudolf Huber, "Carl Schmitt in der Reichskrise der Weimarer Republik", in Helmut Quaritsch, ed., *Complexio Oppositorum: Vorträge und Diskussionsbeiträge des 28. Sonderseminars 1986 der Hochschule für Verwaltungswissenschaften Speyer* (Berlin: Duncker und Humblot, 1988), pp. 33–70.

156　8 月 30 日：*AdR Papen*, Dok. 120, pp. 474–479; Strenge, *Schleicher*, p. 143.

157　戈林无意中说出了：Strenge, *Machtübernahme*, p. 103.

157　安德烈·弗朗索瓦-庞塞：François-Poncet, *Fateful Years*, pp. 38–39.

158　"现在我们要发起攻击"：Noakes and Pridham, *Nazism*, 1:106.

158　10 月份："Versammlung", Bundesarchiv Berlin-Lichterfelde R. 8005 Bd. 60.

158　**"你们继续玩下去吗?"**：Strenge, *Schleicher*, p. 163.

158　**有一次**：同上，第 171 页。

159　**施莱谢尔或许是指望**：同上，第 172—173 页。

159　**施莱谢尔已经听说**：同上，第 178 页。

159　**这些事情是非解决不可了**：Papen, *Wahrheit*, pp. 243–244.

160　**接着是施莱谢尔的发言**：同上，第 244 页。在成为总理之后，施莱谢尔原来计划要做的事情是有争议的。例如亨利·A. 特纳反对施莱谢尔通过拉拢施特拉塞尔，让他进入内阁，从而去分裂纳粹党的想法（Turner, "The Myth of Chancellor von Schleicher's Querfront Strategy", *Central European History* 41 [2008]: 673–81）。特纳指出，施莱谢尔 12 月 1 日会议上提出的战略思考，其来源只能是很不靠谱的巴本回忆录。实际上，这个观点至少在迈斯纳的会议记录（Huber, *Verfassungsgeschichte*, 4:621），以及 1932 年 12 月 11 日在《福斯日报》上的一篇标题为"将军"文章里，有过暗示，很可能来自施莱谢尔的信息，因为他与《福斯日报》关系密切。法学家和历史学家恩斯特·鲁道夫·胡贝尔是卡尔·施密特的学生和保护人，他在 20 世纪 80 年代回忆起，他和施密特参加了关于"交叉阵线"的会谈（Huber, "Carl Schmitt in der Reichskrise", 47）。可以肯定的是，虽然巴本的回忆录虚假成分很多，但这方面的叙述应该是可靠的。特纳本人认为，施莱谢尔想分裂纳粹党的想法，给后人留下了一个较好的印象，而巴本则千方百计损毁施莱谢尔的形象。我们在后面一章可以看到，巴本的叙述与同时的其他来源是一致的。

160　**施莱谢尔的建议**：Papen, *Wahrheit*, p. 244.

160　**兴登堡静静地**：同上，第 244—245 页。

160　**他来参加内阁会议**：Lutz Graf Schwerin von Krosigk, diary entry, December 2, 1932, *AdR Papen*, Bd. 2, Dok. 239b, pp. 1036–1038.

161　**"陆军元帅静静地听取了我的解释"**：Papen, *Wahrheit*, p. 250.

第六章　攫取政权

162　**17 岁的梅丽塔**：Melita Maschmann, *Account Rendered: A Dossier on My Former Self* (London: Abelard-Schuman, 1964), pp. 9–12.

163　**约瑟夫·戈培尔在凯撒霍夫旅馆等待着**：约瑟夫·戈培尔，1933 年 1 月 31 日日记记载。

163　**保守的知识分子**：Edmund Forschbach, *Edgar J. Jung. Ein konservativer Revolutionär 30. Juni 1934* (Pfullingen: Verlag Günther Neske, 1984), p. 54.

163　**他的反应最为简练**：Bernd Küster, *Max Liebermann. Ein Maler* (Hamburg: Eller und Richter, 1988), p. 216.

163　**当手持火炬的游行队伍**：Verhey, *Spirit of 1914*, p. 224.

164　**现在，兴登堡站在**：Pyta, *Hindenburg*, p. 808.

165　**他们中有一个叫赖因霍尔德·科德曼**：Stachura, *Strasser*, p. 100.

165　**政府就应该努力争取**：Strenge, *Schleicher*, pp.173 and 178–180. 前面一章已经提及，对于施莱谢尔的这个战略问题，历史学家是颇有争议的。长久以来，作为一个既定思路，在成为总理之后他追求"交叉阵线"政策，其中的中坚力量建立与社会民主党人和工会主义者的联盟，包括让施特拉塞尔进入内阁，利用施特拉塞尔去分裂纳粹党，并把大约 60 名纳粹议会代表带进施莱谢尔治下的多数联合政府。对这种解释，最近的学术界表示怀疑。我们已经知道，亨利·A.特纳坚持认为，施莱谢尔这个计划的证据来源，是不靠谱的巴本回忆录。但即使巴本讨厌施莱谢尔，他的叙述是花言巧语，然而依然得到了更多可靠来源的支持，诸如法国大使安德烈·弗朗索瓦-庞塞在1932年11月29日发给巴黎的报告（见以下）。另一个修改的因素是涉及约瑟夫·戈培尔的日记。1934年，戈培尔出版了这个时段的自己日记的修改版，标题是"从凯撒旅馆到德国总理府"。冷战结束后，戈培尔日记的原稿在莫斯科被发现，于是2006年慕尼黑的现代史研究所出版了一个学术版——1932年记载的。戈培尔最后的传记作者彼得·隆格里希认为，在"凯撒旅馆"的版本中，戈培尔清楚地叙述了施莱谢尔以分裂纳粹党为目标，向施特拉塞尔提供职位。这个情况在1932年未修改的原版中是没有的。（隆格里希还说，戈培尔日记的"凯撒旅馆"版，是关于施莱谢尔提供职位的"唯一资料来源"，忽视了在正文中讨论的诸如巴本回忆录和弗朗索瓦-庞塞11月29日，以及1933年的报告，这些都表示，施莱谢尔确实向施特拉塞尔提供了这样的职位。）隆格里希争辩说，"凯撒旅馆"版出版的时候（1934年1月），施特拉塞尔显然是戈培尔的政治对手，戈培尔可以向他复仇，他也相应地扩大了施特拉塞尔的作用。毫无疑问，戈培尔两个版本的日记，都与巴本回忆录一样，有大量的虚假成分，必须批判地阅读。但关于施特拉塞尔的观点，并不像隆格里希所提议的那样清晰。实际上，1932年12月的日记记载表明，戈培尔相信施特拉塞尔会加入施莱谢尔的政府，并试图分裂纳粹党。12 月 9 日，在记录前一天事件的时候，戈培尔注意到施特拉塞尔"想当部长。施莱谢尔……［已经］启动了这个议程"。稍后，在同一份记录中提到，施特拉塞尔"想进入施莱谢尔的内阁。他认为，他很快就可以听到消息"。第二天，戈培尔写道，"施莱谢尔的政变失败了。我们不是德意志民族人民党，我们只有一位戈特弗里德·特雷维拉努斯"——这最后一句说的是，特雷维拉努斯反对胡根堡的领导，想分裂德意志民族党。戈培尔的话显然意味着，纳粹党唯一的特雷维拉努斯就是施特拉塞尔，不管怎么想，他都不可能引领其他人脱离纳粹党。这样的话，戈培尔在"凯撒旅馆"版中对施特拉塞尔"背叛"的描述，更多的是对他当时所记录内容的补充，而不是事后的凭空捏造。当然，戈培尔日记的原版也与巴本的描述吻合。总而言之，施莱谢尔追求"交叉阵线"战略，想争取施特拉塞尔和一部分纳粹党员的想法，是很有说服力的，也是有证据的。见 Longerich, *Goebbels*, pp. 194–195; Joseph Goebbels, *Vom Kaiserhof zur Reichskanzlei* (Munich: Franz Eher Nachf., 1938), pp. 196–202; Goebbels, *Die Tagebücher von Joseph Goebbels*, ed. Elke Fröhlich, Teil 1, Bd. 2/III (Munich: K. G. Saur, 2006), entries for December 9 and 10, 1932, pp. 77–79。

165 **因此，这个战略的关键**：Stachura, *Strasser*, pp. 10 and 96–105.

165 **11 月 28 日**：François-Poncet to Herriot, November 29, 1932, *Documents Diplomatiques Français, 1932–1939*, 1re Serie, Tome II (Paris: Imprimerie Nationale, 1966), p. 89.

166 **在 12 月 7 日内阁会议上**：Anton Golecki, ed., *Das Kabinett von Schleicher* (Boppard am Rhein: Boldt Verlag, 1986) (hereafter

AdR Schleicher), Dok. 5.

166　**"如果你们胆敢"**：Strenge, *Schleicher*, p. 183.

166　**施莱谢尔与希特勒**：*AdR Papen*, Bd. 2, Dok. 232.

167　**最有可能的是**：Strenge, *Schleicher*, p. 183.

167　**现实是**：同上，第 182 页。

167　**在接受了总理职位之后不久**：*AdR Schleicher*, Dok. 25.毛奇的
　　　引语用德语读起来是朗朗上口的：Erst wägen, dann wagen
　　　（先思考，再行动，或三思而行）。

168　**12 月 5 日**：Strenge, *Schleicher*, p. 201.

168　**戈培尔日记中的一个备注**：约瑟夫·戈培尔，1932 年 12 月
　　　9 日日记记载；施特拉塞尔信件文本，见Stachura, *Strasser*,
　　　pp. 113–114.

169　**这次危机来得不是时候**：Kershaw, *Hubris*, pp. 399–400.

169　**就自己来说**：Stachura, *Strasser*, p. 115.

169　**辞职后不久**：同上。

169　**虽然施特拉塞尔**：同上，第 116 页。

170　**"只是厄运的一个轮回"**：约瑟夫·戈培尔，1932 年 12 月 24
　　　日日记。

170　**"巴本恨透了施莱谢尔"**：约瑟夫·戈培尔，1933 年 1 月 10
　　　日日记。

170　**巴本回忆起**：Papen, *Wahrheit*, pp. 253–254.

170　**施罗德的追忆**：Freiherr von Schröder, Vernehmung, June 18,
　　　1947, Institut für Zeitgeschichte ZS 557.

171　**"希特勒向我发火"**：Papen, *Wahrheit*, pp. 255–256.

171　**几天后**：约瑟夫·戈培尔，1933 年 1 月 10 日日记记载。

172　**在 1 月 16 日的一次内阁会议上**：*AdR Schleicher*, Dok. 56, 1

月 16 日内阁会议。

172 施莱谢尔还在与施特拉塞尔联络：François-Poncet to Paul-Bon-cour, January 7, 1933, *Documents Diplomatiques Français*, 1re Serie, Tome 2, pp. 375–376.

173 一个因素是：Kershaw, *Hubris*, p. 415.

174 一直头脑灵敏的：François-Poncet to Paul-Boncour, January 25, 1933, *Documents Diplomatiques Français*, 1re Serie, Tome 2, pp. 528–529.

174 里宾特洛甫在第一次世界大战：Joachim von Ribbentrop, *The Ribbentrop Memoirs* (London: Weidenfeld and Nicolson, 1954), pp. 1–15.

174 在 1932 年 8 月：同上，第 21 页。

175 对年轻的兴登堡来说：Turner, *Hitler's Thirty Days*, pp. 114–115.

175 巴本告诉希特勒：Ribbentrop, *Memoirs*, p. 23; Papen, *Wahrheit*, p. 265.

175 长时间的沉默之后：Turner, *Hitler's Thirty Days*, p. 116.

175 第二天，当巴本与他见面的时候：Ribbentrop, *Memoirs*, p. 23.

175 施莱谢尔的部下已经准备了：*AdR Schleicher*, Dok. 56, Anlage 2.

176 一次记者招待会上："莫斯科文件"，见Turner, *Hitlers Weg zur Macht*, p. 185。

176 应该还有比这个更好的办法：Turner, *Hitler's Thirty Days*, pp. 128–130; "Moscow Document", in Turner, *Hitlers Weg zur Macht*, p. 179.

176 1 月 23 日：Huber, *Verfassungsgeschichte*, 4: 651.

176 根据巴本的说法：Papen, *Wahrheit*, p. 266.

176 到了 1 月 26 日：Huber, *Verfassungsgeschichte*, 4:655.汉斯·蒙

森写道，汉默斯坦告诉兴登堡，军队的观点是，希特勒的政府优于巴本-胡根堡内阁，对此，兴登堡的反应是拒绝让"奥地利的下士"担任总理。蒙森的推测肯定是合乎逻辑的，但汉默斯坦对该次会谈的记录是与此矛盾的。而且因为蒙森图书的英文版没有资料来源的注释，德文版的资料来源不支持这种观点，从而导致读者去阅读一部完全矛盾的著作：Thilo Vogelsang, *Reichswehr, Staat und NSDAP: Beiträge zur deutschen Geschichte 1930—1932* (Stuttgart: Deutsche Verlag-Anstalt, 1962) , pp. 378–379。该书认为，汉默斯坦向兴登堡发出关于希特勒的"警告"。汉默斯坦的会谈记录是在1935 年做的，那个时候他没有压力可以随意叙述，隐藏其对希特勒的支持。见Mommsen, *The Rise and Fall of Weimar Democracy* (Chapel Hill: University of North Carolina Press, 1998), pp. 522–523 ; Mommsen, *Aufstieg und Untergang der Republik von Weimar 1918–1933* (Berlin: Ullstein, 2009), p. 631, 687n44。

177　**大约也是在那个时候**：Turner, *Hitler's Thirty Days*, p. 117.

177　**1 月 25 日……1 月 28 日 上 午**：Ribbentrop, *Memoirs*, pp. 24–25; Papen, *Wahrheit*, p. 269.

177　**当天**：Otto Meissner, *Staatssekretär unter Ebert, Hindenburg, Hitler* (Hamburg: Hoffmann und Campe Verlag, 1950), p.266.

178　**弗朗索瓦-庞塞在 1 月 24 日报告说**：François-Poncet to Paul-Boncour, January 24, 1933, *Documents Diplomatiques Français*, 1re Serie, Tome 2, pp. 504–505.

178　**社会民主党报纸**：Strenge, *Machtübernahme*, pp. 108–109.

178　**路德维希·卡斯神父……普鲁士总理**：Huber, *Verfassungs-*

geschichte, 4: 649–650.

179 海因里希·布吕宁回忆说：Brüning, "Ein Brief," p. 15.

179 遭到了……强烈批评：Pyta, *Weimar*, p. 151.

179 1月28日上午：*AdR Schleicher*, Dok. 71.

179 施莱谢尔离开内阁会议：同上，Dok. 72。

180 最后一个方案：Turner, *Hitler's Thirty Days*, p. 133.

180 施莱谢尔辞职后不久：Papen, *Wahrheit*, p. 69.

180 但还是没人能够：约瑟夫·戈培尔，1933年1月29日日记记载。

180 在1月29日星期天：Ribbentrop, *Memoirs*, p. 26.

180 在凯撒霍夫旅馆：约瑟夫·戈培尔，1933年1月30日日记记载。

181 希特勒和他的随从：同上。

181 即使是在那个时候：Meissner, *Staatssekretär*, p. 270.

181 "事情或定局了"：约瑟夫·戈培尔，1933年1月31日日记。

182 "我们雇用了他"：Fest, *Hitler*, p. 528.

182 在汇报了：François-Poncet to Paul-Boncour, January 30, 1933, *Documents Diplomatiques Français*, 1re Serie, Tome 2, pp. 542–543.

183 德国前检察长路德维希·埃贝迈尔：Erich Ebermayer, *Denn Heute gehört uns Deutschland: Persönliches und politisches Tagebuch* (Hamburg: P. Zsolnay, 1959), p. 13.

183 "第一阶段"：约瑟夫·戈培尔，1933年1月31日日记记载。

第七章　高压政策

184　**"因为国会大厦起火……面目不清"**：Lina Haag, *Eine Hand-voll Staub: Widerstand einer Frau 1933–1945* (Frankfurt: Fischer Taschenbuch Verlag, 1995), pp. 8–18.

185　**在莉娜·哈格被捕几个星期之后**：*Baunbuch über Reichstags-brand und Hitlerterror*是 1933 年原版的副本（Frankfurt: Roderberg Verlag, 1978），第 210—212 页。*Baunbuch*中的许多材料，尤其是关于国会纵火案的处理，是不可靠的，但这个故事的事实得到了其他资料的支持，例如可见Wilhelm Hoegner，*Der schwierige Aussenseiter: Errinerungen eines Abgeordneten, Emigranten und Ministerpräsidenten*（Munich: Isar Verlag, 1959），第 93 页。

186　**"最好是别去看"**：Haag, *Eine Handvoll Staub*, p. 23.

186　**够快的了**：Hett, *Burning the Reichstag*, pp. 69–71.

187　**希特勒帝国的宪法**：Ernst Fraenkel, *The Dual State: A Contribution to the Theory of Dictatorship* (New York: Oxford University Press, 1941), p. 3.

187　**由于国会火灾**：Hett, *Burning the Reichstag*; Benjamin Carter Hett, " 'This Story Is About Something Fundamental': Nazi Criminals, History, Memory, and the Reichstag Fire", *Central European History* 48, no. 2 (June 2015): 199–224。直至最近几年，历史学家的主流观点是，马利努斯·范德卢贝确实是单独作案的。持这种观点的最有影响力的作家是弗里茨·托比亚斯：Tobias, *Der Reichstagsbrand: Legende und Wirklichkeit* (Rastatt: G. Grote'sche Verlagsbunchhandlung, 1962)，翻译成英语后，

篇幅只有一半，参见Tobias, *The Reichstag Fire* (New York: Putnam, 1964)。托比亚斯的观点，得到了著名历史学家汉斯·蒙森的赞同：Mommsen, "Der Reichstagsbrand und seine politische Folgen", VFZ 12 (1964):365。然而，20世纪90年代中期以后可以查阅的大量原始资料，改变了人们的争论。参见Marcus Giebeler, *Die Kontroverse um den Reichstagsbrand: Quellenprobleme und historiographische Paradigmen* (Munich: Martin Meidenbauer Verlagsbuchhandlung, 2010); Hersch Fischler, "Neues zur Reichstagsbrandkontroverse", in *Der Reichstagsbrand und der Prozeß vor dem Reichsgericht*, ed. Dieter Deiseroth (Berlin: Verlagsgesellschaft Tischler, 2006); Alexander Bahar and Wilfried Kugel, *Der Reichstagsbrand: Geschichte einer Provokation* (Cologne: PapyRossa Verlag, 2013)。2014年，作者发现了一份文件，据此可以毫无疑问地确认，德意志联邦共和国国内情报机关高级官员弗里茨·托比亚斯根据正式命令写书，其目的是想恢复前纳粹警官的名声并开展有效的冷战宣传。他还捏造证据和要挟与他持不同意见的历史学家（参见Hett, "This Story Is About Something Fundamental"）。然而，并不是所有的历史学家都认同这个新的证据和托比亚斯在这个自相矛盾中的令人可悲的作用。参见Richard J. Evans, "The Conspiracists", *London Review of Books* (LRB), May 8, 2014 及"Letters" ,LRB, June 5, 2014，还有作者的发表在互联网上的长篇评论，网址：http://urban.hunter.cunny.edu/~hett/reichstag.html。

190　**1932年8月**: Hermann Pünder, *Politik in der Reichskanzlei. Aufzeichnungen aus den Jahren 1929–1932*, ed. Thilo Vogelsang (Stuttgart: Deutsche Verlags-Anstalt, 1961), p. 141.

190 **历史学家伊蕾妮·施特伦格**：这一段紧跟施特伦格*Machtüber-nahme*中的主要论据。

190 **纳粹党的夺权计划**：纳粹党仔细思考了如何夺取政权，并规划了合法的程序。历史学家认为，这是"意向主义的"解释，是在第二次大战刚结束后出现的，并且似乎是一种明显的本能。这样的解释后来受到了被称之为"机能主义"解读的挑战。机能主义的历史学家们——其中有像马丁·布罗萨特和汉斯·蒙森那样的著名历史学家——反对他们称之为机能主义的"希特勒中心论"观点。他们认为，这是对所谓的希特勒天才和高瞻远瞩纳粹宣传的一种讥讽。机能主义者特别强调机构和结构的作用，以及突发和不可预见事件及其结果的作用，部分是因为纳粹党内部的争斗，部分是因为即使是独裁的政党或国家也没有控制一切的能力。从20世纪60年代开始，在20世纪70年代和80年代加速发展的"意向主义-机能主义"争论，常常是尖刻辛辣的，而且主导了对纳粹德国各方面的研究。到20世纪90年代，争论渐渐平息，双方都走向了中庸，虽然也许可以称为"新意向主义"的潮流在近几年开始兴起。伊蕾妮·施特伦格的著作可被归类为这种主题，还有美国历史学家蒂莫西·斯奈德。请参见Timothy Snyder, *Bloodlands: Europe Between Hitler and Stalin* (New York: Basic Books, 2010)。

191 **这些计划证明了**：Michaelis et al., *Ursachen und Folgen*, Bd. 8, pp. 377–379.

191 **戈培尔的报纸《攻击日报》**：Hett, *Burning the Reichstag*, pp. 67–68.

192 **此后不久**：约瑟夫·戈培尔，1931年9月16日日记记载。

192　在六个月后：Martin Schuster, "Die SA in der nationalsozialistischen 'Machtergreifung' in Berlin und Brandenburg 1926–1934" (Berlin: PhD dissertation, 2005), pp. 222–225.

192　1月29日：约瑟夫·戈培尔，1933年1月30日日记记载。

192　2月1日：约瑟夫·戈培尔，1933年2月1日日记记载。

192　新任秘密警察头子：Diels, *Lucifer Ante Portas*, p. 131.

192　在2月初的一次内阁会议上：Karl-Heinz Minuth, *Die Regierung Hitler* (Boppard am Rhein: Boldt Verlag, 1983), Bd. 1, pp. 29–30.

193　并提供了一个很好的标准例子：Hett, *Burning the Reichstag*, pp. 47–49; Daniel Siemens, *Horst Wessel: Tod und Verklärung eines Nationalsozialisten* (Munich: Siedler Verlag, 2009), pp. 96–98.

193　戈培尔在日记中没有一句话：Longerich, *Goebbels*, pp. 289–290.

193　布伦瑞克的一位妇女：Hedda Kalshoven, *Ich denk so viel an Euch. Ein Deutsch-Holländischer Briefwechsel 1920–1949* (Munich: Luchterhand Literaturverlag, 1995), p. 168.

194　许多年后回忆的时候：Brüning, *Memoiren*, p. 652.

194　他的模式是商业广告：Longerich, *Goebbels*, pp. 81–82.

194　戈培尔学得很快：Pamela E. Swett, *Selling Under the Swastika: Advertising and Commercial Culture in Nazi Germany* (Stanford, CA: Stanford University Press, 2014), p. 42.

194　德国的广告专家：同上，第42—43页。

195　"薄得令人绝望"：Hett, *Death in the Tiergarten*, p. 154.

196　在欧洲的其他地方：Mark Mazower, *Dark Continent: Europe's Twentieth Century* (New York: Knopf, 1999), pp. 101–102.

196　民族主义的保守作家：Edgar J. Jung, *Sinndeutung der deutschen Revolution* (Oldenburg: Garhard Stalling, 1933), pp. 42–43 and 46.

197　德鲁克本能地抓住了：Peter F. Drucker, *The End of Economic Man: A Study of the New Totalitarianism* (New York: John Day, 1939), pp. 18–19.

197　最好的解释：同上，第 13—14 页。

197　纳粹主义只能"通过奇迹完成任务"：同上，第 84 页。

198　当纳粹党在 1930 年：Michaelis et al., *Ursachen und Folgen*, Bd. 8, pp. 129–130.

198　1933 年初：Carl Severing, *Mein Lebensweg*, Bd. 2 (Cologne: Greven Verlag, 1950), pp. 375–376.

198　革命的社会主义者：Ernst Toller, *Eine Jugend in Deutschland* (Reinbek bei Hamburg: Rowohlt, 2006), p. 8.

198　目光敏锐的政治记者：Aust, *Hitlers erster Feind*, pp. 89–90.

199　在 1932 年出版：Heuss, *Hitlers Weg*, p. 129.

199　从直接且实质性的意义上来说：Aust, *Hitlers erster Feind*, pp. 147–148.

200　派驻德国的优秀记者：Philip Metcalfe, *1933* (Sag Harbor, NY: Permanent Press, 1988), p. 156.

200　当上总理后不久：Max Domarus, *Hitler: Speeches and Proclamations 1932–1945: The Chronicle of a Dictatorship*, trans. Mary Fran Gilbert (Wauconda, IL: Bolchazy-Carducci Publishers, 1990), 1:252. 参照多马鲁斯编辑的德语版，我对译文稍微做了一些改动。

200　到 1934 年的时候：Richard J. Evans, *The Third Reich in Power* (New York: Penguin, 2005), pp. 148–149.

201　**然而希特勒本来指望**：Martin H. Sommerfeldt, *Ich war Dabei: Die Verschwörung der Dämonen* (Darmstadt: Drei Quellen Verlag, 1949), pp. 31–32.

202　**在路德宗的仪式上**："Staatsakt" in *Verhandlungen des Reichstages*, Bd. 457, p. 4.

202　**宗教仪式之后**：Pyta, *Hindenburg*, p. 822.

202　**"政府机构不能与个人专制混淆起来"**："Staatsakt", p. 4.

203　**"克罗尔歌剧院前面宽敞的广场上"**：Hoegner, *Der schwierige Aussenseiter*, pp. 92–93。部分译文来自Noakes and Pridham, *Nazism*, 1:159–160。

203　**希特勒用长篇大论的发言宣告了大会辩论的开始**：Domarus, *Hitler*, 1:275–85。参照德语版，我对译文做了一些修改。

204　**"反对者显然是"**：同上，1:287—289。

204　**"你来晚了"**：同上，1:290—295。我参照弗洛拉·基米希翻译的席勒文本。Friedrich Schiller, *Wallenstein: A Dramatic Poem*, trans. Flora Kimmich, with an introduction by Roger Paulin (Cambridge: Open Book Publishers, 2017).

205　**海因里希·布吕宁在战后声称**：Brüning to Hans Bernd Gisevius, August 20, 1946, IfZ ED 82; Brüning, "Ein Brief," pp. 17–18.

206　**纳粹党称为"一体化"**：Evans, *Coming of the Third Reich*, p. 381.

206　**在4月份颁发执行了**：德意志历史研究所法律条文，Deutsche Geschichte in Dokumenten und Bildern, Bd. 7,网址：http://germanhistorydocs.ghi-dc.org/sub_document.cfm?document_id=2325。

207　十二年后："Hitlers Lagebesprechungen am 23., 25., und 27. April 1945," *Der Spiegel*, October 1, 1966; Kershaw, *Nemesis*, p. 814.

第八章　长刀之夜

208　对弗里茨·君特·冯·切尔希奇来说：Fritz Günther von Tschirschky, *Erinnerungen eines Hochverräters* (Stuttgart: Deutsche Verlags-Anstalt, 1972), pp. 188–189.

208　从上午 8 点钟开始：同上，第 189—191 页。

209　当巴本和切尔希奇回到博西格宫：同上，第 119—194 页。

209　希特勒自己的卫队：Orth, "*Amtssitz*", p. 497.

210　巴本的工作人员对待这次袭击：同上，第 498 页。

210　很快来了两个便衣人员：同上，第 498—500 页。

210　当天午后 12 点半："Zur Ermordung des Generals Schleichers," *Vierteljahrshefte fur Zeitgeschichte*, Bd. 1 (1953), pp. 71 and 85–86.

211　一年后：Rainer Orth, *Der SD-Mann Johannes Schmidt. Der Mörder des Reichskanzlers Kurt von Schleicher?* (Marburg: Tectum Verlag, 2012), p. 148.金特尔私下里提供了更详细的与谋杀一致的重要情况。奥尔特编了一个花言巧语的案子，要见前总理的那个保安处人员是施莱谢尔的杀手，或许是因为自己太紧张而造成了意外——他也许只是奉命来逮捕施莱谢尔的。

211　那天下午：Tschirschky, *Erinnerungen*, pp. 194–195; Orth, "*Amtssitz*", pp. 503–504. 关于荣的尸体发现地点，许多信息是矛盾的。似乎显然他的尸体被运送到了市中心的北边（很可能是奥兰宁堡），而且根据前盖世太保官员汉斯·吉泽菲乌斯的说法，那就是发现尸体的地方。也有可能是在柏林北边的雷尼肯道夫区。

212　即使是第一次世界大战期间：Magub, *Jung*, p. 14.

212　性格外向……切尔希奇说：Tschirschky, *Erinnerungen*, p. 103; Joachim Petzold, *Papen: Ein deutsches Verhängnis* (Munich: Buchverlag Union, 1995), p. 176.

212　与其他年轻的保守主义者一样：Magub, *Jung*, p. 81; Petzold, *Papen*, p. 176.

212　但当希特勒上台执政：Orth, "*Amtssitz,*" p. 445.

212　有一次……"我们是要承担部分责任的"：同上，第 305 页和第 402 页。

212　他成了坚定的联邦主义代言人：Forschbach, *Jung*, p. 16.

213　虽然荣似乎已经：Magub, *Jung*, p. 200.

213　他讨厌纳粹党的部分原因：同上，第 183、199 和 201 页。

213　1933 年 7 月：Forschbach, *Jung*, p. 81.

213　巴勒斯特雷姆建议：Tschirschky, *Erinnerungen*, p. 96.

214　切尔希奇发觉：同上，第 96—97 页。

214　克特勒和切尔希奇没有放弃：同上，第 98 页。

214　随着时间的推移：同上，第 100—104 页。

214　小组的核心人员：Orth, "*Amtssitz*", pp. 359–367.

215　这些人对巴本都没有好评：同上，第 356—357 页；Forschbach, *Jung*, p. 104; Tschirschky, *Erinnerungen*, p. 135。

215　虽然巴本没有感觉到：Orth, "*Amtssitz*", p. 900n959.

215　1933 年 4 月：Hett, *Burning the Reichstag*, p. 136.

215　一　天：Alfred Rosenberg, *The Political Diary of Alfred Rosenberg and the Onset of the Holocaust*, ed. Jürgen Mattäus and Frank Bajohr (New York: Rowman and Littlefield, 2015), p. 36.

215 荣和切尔希奇：Orth, "*Amtssitz*", pp. 446–447.

215 起初，巴本的工作人员：同上，第 359—367 页；Tschirschky, *Erinnerungen*, pp. 108–109。

216 另一种形式的抵抗：Orth, "*Amtssitz*", pp. 378–380.

216 他们还把德国的情况：同上，第 396—397 页。

216 副总理手下的工作小组计划：Forschbach, *Jung*, pp. 88–89.

216 副总理的工作小组：Orth, "*Amtssitz*", pp. 404–412.

217 而且很可能荣联络了：Forschbach, *Jung*, p. 85.

217 然而似乎在 1933 年秋天：Orth, "*Amtssitz*", p. 419.

218 到 1934 年初的时候：Petzold, *Papen*, p. 176.

218 比较成熟的计划：Tschirschky, *Erinnerungen*, pp. 177–178.

220 荣开始声称："Denkschrift Edgar Jung", in Marek Maciejewski, "Edgar Julius Jung und der Nationalsozialismus. Zur Geschichte der 'konservative-revolutionären' Opposition gegen Hitler", in Gerhard Ringhausen and Rüdiger von Voss, eds., *Widerstand und Verteidigung des Rechts* (Bonn: Bouvier Verlag, 1997), pp. 12–21.

221 "在离开一会儿后"：Tschirschky, *Erinnerungen*, p. 172.

221 荣通过收音机收听：Orth, "*Amtssitz*", p. 463.

221 巴本（或荣）的真实用意：巴本的演讲文本，见 Forschbach, *Jung*, Appendix, pp. 154–174。

224 听众……倾听了巴本的演讲：Tschirschky, *Erinnerungen*, p. 172.

224 在未来的几年和几十年里：Domarus, *Hitler*, 1:464.

224 埃德蒙·福施巴赫注意到：Forschbach, *Jung*, pp. 120–121.

225 如果副总理工作小组的计划：Orth, *"Amtssitz"*, pp. 475–476.

225 他声称：Papen, *Wahrheit*, p. 344.

225 兴登堡的基本政治目标：Pyta, *Hindenburg*, p. 845.

226 还有更糟糕的消息：同上，第 848 页。

226 "谁为他写的稿子？"：约瑟夫·戈培尔，1934 年 6 月 18 日日记。

226 他们用不着费力寻找：Orth,*"Amtssitz,"* p. 471; "Hitler Halts Move to Ban Stahlhelm; Papen Aide Seized," *New York Times*, June 28, 1934.

226 法国驻柏林临时代办发电报：Arnal to Barthou, June 27, 1934, *Documents Diplomatiques Français*, 1er Serie, Teil 6, 795.

226 6 月 22 日：约瑟夫·戈培尔 1934 年 6 月 23 日日记记载。

226 在这些紧张的日子里：Orth, *"Amtssitz"*, pp. 478–79; "Goebbels Berates 'Gentlemen' Critics", *New York Times*, June 22, 1934.

227 三天后的 6 月 24 日：Arnal to Barthou, June 27, 1934, *Documents Diplomatiques Français*, 1er Serie, Teil 6, 795.

227 戈培尔用纳粹对待现实的标志性态度：约瑟夫·戈培尔 1934 年 6 月 25 日日记记载。

227 当天晚上：Orth, *"Amtssitz,"* p. 480.

228 第二天……过几天就放了荣：同上。

228 希特勒在罗森堡面前尖刻地挖苦说：Rosenberg, *Political Diary*, p. 35.

228 罗姆搞政变的威胁：Siemens, *Stormtroopers*, p. 164; Eleanor Hancock, "The Purge of the SA Reconsidered: 'An Old Putschist Trick?'", *Central European History* 44, no. 4 (2011): 671–672.

229 看到了发生在施特拉塞尔身上的事情：Tschirschky, *Erinnerungen*, p. 195.

229　**兴登堡很欣赏**：Michaelis et al., *Ursachen und Folgen*, Bd. 10, pp. 195–196.

229　**7 月 6 日**：约瑟夫·戈培尔 1934 年 7 月 6 日日记记载。

230　**"提供的是脆弱的线索"**：François-Poncet to Barthou, July 18, 1934, *Documents Diplomatiques Français*, 1er Serie, Teil 6, p. 996.

230　**6 月 30 日之后巴本的故事**：Petzold, *Papen*, pp. 226–227.

231　**如果这样还算不上胆小**：Papen, *Wahrheit*, pp. 352–366.

231　**1944 年 6 月**：Fabian von Schlabrendorff, *Offiziere gegen Hitler* (Berlin: Siedler Verlag, 1984), p. 109.

235　**"我是德国人"**：Victor Klemperer, *I Will Bear Witness: A Diary of the Nazi Years*, vol. 2 (1942–1945), trans. Martin Chalmers (New York: Random House, 2001), pp. 63–64.

致　谢

项目结束了，在此要感谢给我提供过重要帮助的人，这是我的荣幸。

首先，我必须感谢我的代理斯科特·门德尔（Scott Mendel）和亨利·霍尔特出版公司（Henry Holt）的编辑保罗·戈洛布（Paul Golob），没有他们的鼓励和创作灵感，这本书是不会写作出版的。与这两位先生的合作真的很愉快、很有帮助。

这种类型的图书肯定要依赖和引用其他许多学者的著作。写作的时候，我认真阅读了关于魏玛共和国结束和纳粹党崛起的大量精彩的学术著作。我用"注释"的形式表达了谢意。

对于魏玛时期的思考，几位同事提供了极为重要的帮助。达格玛·赫佐格（Dagmar Herzog）帮我了解了关于德国新教徒和性史的大量知识，她还推荐我去阅读她外公理查德·卡韦尔（Richard Karwehl）的有关著作。我与克里斯托弗·基米希（Christoph Kimmich）经常一起吃午饭聊天，这本身也是一个受教育的过程。克里斯托弗与以前一样，认真通读了本书的草稿，给了许多仔细的反馈意见。海伦娜·罗森布拉特（Helena Rosenblatt）对我的法语译文提出了宝贵的建议。

我十分感激本杰明·弗里德曼教授（Professor Benjamin Friedman）、巴里·艾肯格林教授（Professor Barry Eichengreen）和埃德蒙·克林根教授（Professor Edmund Clingan），他们积极帮我理解关于"金本位"的一些细节，以及20世纪30年代初期的金融危机。

基·沃尔特林（Ky Woltering）是我带的一个研究生，他对魏玛时期德国新教徒的研究，给了我很大的帮助。基很耐心也很幽默，他设法使我理解了一些与 20 世纪中叶的政治相关的神学知识。

我也要感谢詹纳·多兰（Jenna Dolan），她仔细修改了我的稿件，使我得以纠正许多错误。

无须说明，其余的所有错误和任性的判断，都将由我独自承担责任。

这是我的第四本书，是我妻子科琳娜（Corinna）不得不忍耐的。她的反应是与往常一样的忠诚、慷慨和幽默。我很难用言辞来表达我的谢意，但如果没有她，我们的生活是不可想象的。

鉴于本书的主题和我们生活的时代，本书的献词不言自明。

图书在版编目（CIP）数据

长刀之夜：从魏玛共和国到第三帝国 /（美）本杰
明·卡特·赫特著；舒云亮译 . – 上海：上海三联书
店，2022.6

ISBN 978-7-5426-7723-5

Ⅰ .①长… Ⅱ .①本… ②舒… Ⅲ .①德国—现代史
—研究 Ⅳ .① K516.404

中国版本图书馆 CIP 数据核字 (2022) 第 120008 号

长刀之夜：从魏玛共和国到第三帝国

著　　者 /［美］本杰明·卡特·赫特
译　　者 / 舒云亮

责任编辑 / 张静乔
策划机构 / 雅众文化
策划编辑 / 曹雪峰
特约编辑 / 陈雅君
装帧设计 / 浮生华涛
监　　制 / 姚　军
责任校对 / 王凌霄

出版发行 / 上海三联书店
　　　　（200030）中国上海市漕溪北路 331 号 A 座 6 楼
邮购电话 / 021-22895540
印　　刷 / 山东临沂新华印刷物流集团有限责任公司

版　　次 / 2022 年 10 月第 1 版
印　　次 / 2022 年 10 月第 1 次印刷
开　　本 / 1194mm×889mm　1/32
字　　数 / 260 千字
印　　张 / 10.75
书　　号 / ISBN 978-7-5426-7723-5 / K·669
定　　价 / 69.00 元

敬启读者，如发现本书有印装质量问题，请与印刷厂联系　0539-2925659